U0109169

古代歷史文化研究輯刊

二四編

王明蓀　主編

第8冊

宋代集市貿易興起及其成效（未定稿）

張履鵬　著

國家圖書館出版品預行編目資料

宋代集市貿易興起及其成效（未定稿）／張履鵬 著 -- 初版
-- 新北市：花木蘭文化事業有限公司，2020〔民 109〕
序 8+ 目 4+198 面；19×26 公分
（古代歷史文化研究輯刊 二四編；第 8 冊）
ISBN 978-986-518-258-8（精裝）
1. 貿易 2. 市場經濟 3. 宋代
618   109011117

ISBN-978-986-518-258-8

9 789865 182588

古代歷史文化研究輯刊
二四編 第 八 冊   ISBN：978-986-518-258-8

宋代集市貿易興起及其成效（未定稿）

作　　　者　張履鵬
主　　　編　王明蓀
總 編 輯　杜潔祥
副總編輯　楊嘉樂
編　　　輯　許郁翎、張雅淋　美術編輯　陳逸婷
出　　　版　花木蘭文化事業有限公司
發 行 人　高小娟
聯絡地址　235 新北市中和區中安街七二號十三樓
　　　　　　電話：02-2923-1455／傳真：02-2923-1452
網　　　址　http://www.huamulan.tw 信箱 hml 810518@gmail.com
印　　　刷　普羅文化出版廣告事業
初　　　版　2020 年 9 月
全書字數　155687 字
定　　　價　二四編 21 冊（精裝）台幣 62,000 元

版權所有 · 請勿翻印

宋代集市貿易興起及其成效（未定稿）

張履鵬　著

作者簡介

張履鵬（1929～2020），天津市寧河蘆臺人，早年曾經在河南省內的研究所和大學從事農業技術、農業歷史研究與教學工作，擔任過教授和研究員職務有多項研究成果，享受國家有貢獻專家津貼。學術團體中曾任河南省農史研究會會長，首屆中國農業歷史學會副理事長，中國農業經濟史學會副理事長。退出崗位後，租田數畝，躬耕於鴻溝，不輟書生之筆，將滿懷興國策，述於三村種樹書。

提　　要

　　宋朝是由農耕文化發展的起來的國家，經常受北方游牧民族的入侵。經歷三百餘年，以儒家治國為理念，得到社會顯著進步、理學和經濟同步發展，其動力是致力於社會改革。

　　集市貿易是社會進步的重要表現，打破了前代「重農抑商」和「市坊制」。由集市貿易起始，發展城鎮，開展海外貿易。

　　集市貿易興起的基礎是農業改革的「佃耕制」。宋代實行「不抑兼併」、「不設田制」的土地政策，把土地推向市場。農民土地依附關係鬆弛，選擇職業有更大的周旋餘地，許多人從事集市貿易，農產品商品化。城市的發展，容納了大量的「三教九流」、「五行八作」服務行業人員。在宋代「商民」已經不是「四民」中的「末業」地位大大提高，原因是「資本主義」市場經濟的興起。宋代吏治清明，百年無內亂，出現許多明君賢相，民間少有冤獄。人們富裕，茶樓、酒肆、旅店、浴池、遊樂場所大發展。

　　隨著集市貿易興起，經濟改革應時推進。稅收制度適應了市場經濟。貨幣是用量大增，並且開始應用「紙幣」，是歷史上一大創舉。

　　總之，宋代是我們值得研討的改革開放朝代，崖山之後標誌著中國古典時代的終結。征服者是文化上落後於被征服民族的游牧民族，正常的社會發展進程被打斷，商品經濟發展遲滯近千年。

紀念張履鵬先生

張先生年逾耄耋而筆耕不輟，是我社幾位高齡作者之一。去年接到《宋代集市貿易興起及其成效》來稿，排版剛成，卻得知先生仙逝的訊息，此書遂成遺作，令人悲痛。

六年前，蒙鄭州大學歷史系王星光教授推薦，有幸結識張先生，得其《中國八年抗日參戰各軍傳略》一稿。先生時年八十五，身體強健，很有些「不知老之已至」的氣概，要親至北京，將書稿面交與我。

北京城交通系統複雜，若非衛星導航，本地人也容易迷路，何況八十多歲的外地老者。我勸他郵寄即可，老先生卻執意要來：「段祺瑞執政的時候，我就在北京讀書，對北京熟悉得很！」我想，老先生大概不知道北洋政府時期的北京，跟現在的北京不一樣吧？

結果卻證明，我低估先生了。那時，正逢我社總編輯杜潔祥先生來京，遂邀張老先生一聚。張老先生輕車熟路，徑至酒店門口與我們會合。其時，先生腳力已衰，每邁三、五步身軀即一顫，但堅決不許人攙扶。很難想像，他是怎樣邁著這樣的步子，從鄭州一人來北京，又從火車站轉車到酒店的。其心意之專，意志之堅，可見一斑。

如此年紀的老人，生逢中國歷史上少有的動盪時代，有放不下的心結。張先生第一放不下的，是抗日戰爭正面戰場的國軍將士，需得正名。他說《中國八年抗戰參戰各軍傳略》一書，不需要做太多評價，將事實擺出來，公道自在人心。

另一件放不下的，是普通民眾沉沒在歷史巨浪之下的冤屈。那一年，他與我們聚會之後，說要去看看老朋友，還要去北京大興區做調研，因為那裏

曾發生過一起歷史上有名的滅門慘案。「連孩子都殺，沒有天理！」我還記得他說這話的神態，雪白的頭髮，隨腳步的蹣跚而顫抖著。

後來，張先生《宋代奠定的佃耕制及其後世沿革》《中國農業歷史研究》二書，也先後交由我社出版。特別是《中國農業歷史研究》，出版後被國務院收為參考書，張先生很高興，專門寫信來與我分享此事。

張先生年事越高，著述越勤，很有些「以學術養生」的興頭。去年他再次聯繫我出版新作《宋代集市貿易興起及其成效》時，年已 90，社中同事都驚嘆，六年來著述 4 大冊，是老先生一生學養厚積薄發的成果。當時我還在想，有這樣的勁頭，老先生百歲可期。

不料今年春季，先生仙逝，這本書成了他對我們最後的託付。願此書的出版，能告慰先生在天之靈。

花木蘭文化事業有限公司　副總編輯楊嘉樂

2020.7.26

序言一

王星光

張履鵬教授是中國經濟史、中國農業史研究的著名學者，已過耄耋之年的他，在閑暇躬耕稼穡的同時，仍然筆耕不輟，最近又完成了《宋代集市貿易興起及其成效》大作。在交出版社正式出版之際，囑我為該書寫序。照實說來，我是張先生的晚輩，豈敢造次為長者大作惹續貂之詬，但拗不過張先生的懇誠催促和我們忘年之交的真情厚誼，權當藉對先生的新作先睹為快的機緣，談談自己的感想，與讀者分享。

在張先生的眼裏和筆端，宋代是一個溫情而愜意的時代，商品經濟繁榮，科學技術發達，文化藝術燦爛，百姓生活安適，而集市貿易的興起和昌隆，則是宋代令人神往的一大景觀，也是張先生濃墨重彩的焦點。對宋代的集市貿易，張先生認為農業推行佃耕制農民依附土地關係鬆弛，農村「草市」大量湧現、草市進一步向商業集鎮演變和商業集鎮向手工業專業市鎮轉化。北宋時期，這些市鎮的性質開始發生變化，純粹以貿易為特徵的市鎮大量湧現，在縣和草市之間也就有了鎮的建置，市和鎮之間的區分標準也發生了本質的變化，「以商況較盛者為鎮，次者為市」。北宋東京開封府有 31 鎮，西京河南府有 22 鎮，北京大名府有 20 鎮，南京應天府有 13 鎮。而南宋時代，隨著江南經濟的快速發展，江南地區的市鎮異軍突起。臨安府增至 28 鎮，嘉興府達 15 鎮，蘇州達 19 鎮。可見，經由宋一代，草市不僅發展成集鎮，而且數量增加也相當迅速，並且專業化城鎮也成規模。

張先生對宋代鄉村集市的記述反映了宋代市場貿易繁榮鮮活的一大景觀。宋人集市週期較為靈活，一般間隔為兩日或一日，集會的時間都是按照干支記日法推算，週期稍長的期日集市，則是三數日一集。蜀中的「痎市」，則是

隔日一集，已接近常設市形式。夜市和午後的交易活動也很常見，可趁此買「摟底貨」，價格更便宜。夜市活動時間延伸，意味著農村集市發展水平的提高，也是人們生活富庶的體現。到南宋時期，夜市越來越多地成為鄉村集市的活動形式。詩人陸游「鵲飛山月出，犬吠市船歸」，就是對家鄉紹興鄉村夜市的生動寫照。宋代的早市也很活躍，稱曉市或朝市，縣城、集鎮、農村都有早市。宋人王之道詩云：「炭重烏銀爭曉市，蔬挑翠羽荷鄰家」；項安世詩云：「曉市眾果集，枇杷盛滿箱，梅施一點赤，杏染十分黃。青李不待暑，木瓜寧論霜。年華緣底事，亦趁販夫忙。」蘇東坡《水龍吟》寫黃州鄉村早市：「小溝東接長江，柳堤葦岸連雲際。煙村瀟灑，人閒一哄，漁樵早市」。范成大寓居蘇州石湖，牆外就是早市：「菜市喧時窗透明，餅師叫後藥煎成。閒居日出都無事，惟有開門掃地聲」；梅堯臣有詩云：「曉日魚蝦市，新霜桔柚橋」；范成大有詩「晨興過壚市，喜有魚蝦賣」；趙蕃詩云「晨鐘離野寺，早市出村壚」，描寫的也是一村鎮的早市。鄉村集市有草市、壚市、村市、山市、野市等稱呼。范成大在江南東路也親見「趁壚漁子晨爭渡」的場面，他有一次曉泊浙西路橫塘鎮，「短夢難成卻易驚」，是因為「洶洶前村草市聲」。從以上張先生採擷宋代文人對夜市、早市的詩文，我們看到的豈止有東京夢華的接踵摩肩，也有鄉村樵叟村夫自在購物的從容和自鳴得意的瀟灑。由此可見張先生《宋代集市貿易興起及其成效》一書的貼近宋代生活，觸及社會犄角的研究特色。

窺一斑而見全豹。僅從張先生大作中對鄉間集市小景的記述就可知該書研究視角之獨特，運用文獻之嫻熟，文史結合之巧妙，史學闡釋之精到。其實民間盛行的遊樂旅行，茶樓、酒肆、旅店、浴池、遊樂場等的發展，書中都有周詳的描述。如讀者通讀全書，自當有更多的收穫和愉悅，我這裡就不絮叨贅述了。張履鵬先生是我相識多年、為十分崇敬的長者，在他的新作付梓之際，我寫出以上淺薄管見，以為賀！

王星光
2019 年 11 月 16 日於鄭州大學

序言二

關付新

　　承蒙張履鵬老先生抬愛和信任，得以乘為此書寫序之先機，學習這部巨擘之作。儘管借助百度和詞典等工具對自己掃盲，解決遇到的書中諸多問題，仍然有很多內容是囫圇吞棗，一知半解。斷斷續續用了一個多月的時間通讀全書，越看越發敬仰 90 歲老先生的治學精神，越學越發感慨自己才疏學淺。飽受難為之苦，盡享學習之樂。此書豐富了我對宋代的瞭解，宋代深化了我對中國的認知。在此，以序代言，僅我所能，以「此書－宋代－中國」為線索，表述自己的學習心得。

　　此書的「點」、「線」、「面」、「體」，以點引線，用線串面，多面成體。以集市貿易這個「點」，引出集市貿易發展繁榮主線，在主線上串有制度、政治、社會、文化、產業等多個方面，以及對象的大、中、小，階層的上、中、下，產業的一、二、三等多個層面，多個方面和多個層面構成有機聯繫的整體。從時間、空間和主體等多維度、全面地描述宋代集市貿易發展。以歷史事件、數據資料和文學作品等多種證據，客觀地反映宋代的制度變遷、技術進步、經濟發展、文化繁榮、社會變化和朝代興衰。此書描述了多重紛繁複雜關係和聯繫，主要有佃耕制與農業發展的關係，生產、流通、分配和消費的關係，農業、手工業和商業關係，集市貿易繁榮和城鎮發展的關係，貿易和金融關係，官、商和農民的關係，政治、經濟和文學的關係，邊貿、軍事和外交的關係等，所歸納的歷史經驗和揭示的發展規律，至今仍有價值和意義。學習此書，彷彿聽小提琴領奏的交響樂，不僅聽到小提琴之音，還能聽到弦外之音，享受一曲交響樂。此書中的集市貿易的「小提琴」，給讀者一曲宋代「交

響樂」。學習此書，沿著集市貿易發展這條主線讀懂一個宋代。

宋代的「新」、「仁」、「活」、「榮」，因應而生，相輔相成。雖然宋代疆域小於漢、唐，軍事弱於漢、唐，但是，其經濟和文化盛於漢、唐，社會發展和技術進步顯著於漢、唐。此「榮」源於其「新」、「仁」和「活」。「新」是宋代「黃袍加身」的開國方式新，不同於此前歷代以戰爭立國，因而有其「仁」。其「新」還在於土地制度不設田制的市場化佃耕制，激發市場和人的活力，促進了人口在階層、產業和城鄉間的社會流動，因而有其「活」。經濟和文化有活力，技術有發展，因而有其經濟和海外交易的「榮」。其「仁」是察民情，順民意，顧民生，君仁政，臣清明，官場之爭，君子之交，因而有其社會和文化的「榮」。宋代社會經濟和文化繁榮所達的高度，是農業社會的頂點。宋代管理水平和制度的先進程度，是傳統農業國家的高峰。在千年前的宋代可以看到城市管理、鄉村旅遊和貨幣流通等現代事物的雛形。宋代經濟發達，技術領先，社會文明，文化繁榮，制度先進，是工業社會和資本主義制度之前的農業文明頂峰。此書集市貿易的「小提琴」領奏的宋代「交響樂」，讓讀者更深刻理解中國「音樂」。學習此書，通過宋代讀懂中國。

中國的「古今」、「強弱」和「興衰」，都可以從宋代找到注解。宋代是中國古今的「連通器」，要對中國史博古通今，必讀宋史。宋承之前之古，創之後之新，站在宋代瞻前可見古，顧後可通今。暸解中國，從區域的空間維度表達是「一部中國史半部在河南」，從歷史的時間維度可表達為「一部中國史中間在宋代」。所以，要讀懂古今中國，中原是核心，宋史是關鍵。宋代是中國強弱的「警示鐘」，宋代盛而不強，只有文治，沒有武衛，經濟越發達，社會越富庶，越可能招致掠強入侵。遼金之禍，蒙古滅宋，歷史可鑒，盛而不強，就不能國泰民安。中國鴉片戰爭之後的屈辱史，國破家亡成為必然。宋代是中國興衰的「轉折點」，中國在世界文明中高度和地位，宋代是分水嶺，此前中國領跑世界，此後滑坡直至落後挨打。「崖山之後無中華」給出「李約瑟之謎」答案，宋代之後中國無發展，中華民族在世界上再沒有全面超越宋代，1949 年的全國鋼產量不及宋代的 15 萬噸，工業文明是西方引領世界。中華民族復興的「中國夢」，讓中國在後工業化時代領跑世界。新時代，中國「音樂」響起來，奏響中國最強音。

90 歲的老先生仍筆耕不輟寫就此書，恰逢中國民族復興時代的吾輩，豈

敢懈怠不前，有辱使命。為圓「中國夢」要勇於擔當，奮發有為，這是學習此書知識之外的精神收穫。

關付新

2019 年 12 月 10 日於河南財經政法大學建樹樓

目

次

第一章 引 論

第一節 宋代以農為本並發展集市貿易

　　宋朝的開國是在收拾殘唐五代那種亂糟糟的局面後而成立的，當時是周邊游牧部落強敵四伏，不斷入侵，能在中國農耕文化腹地維持三百年難能可貴。宋朝在不斷改革情況下，本著以農為本，推行佃耕制，農民對土地的依附關係鬆弛了許多；並以集市貿易為先導，向市場化邁進，促進經濟大發展，人民生活得到改善，以儒學為理念的傳統農耕文化得到發揚。

一、發揚傳統的農耕文化

　　七千多年前在黃河流域長江流域先後都出現了農耕文化遺址，如裴李崗的粟文化、河姆渡的稻文化等。接著這區域，有了「甲骨文」，傳承著華夏、炎黃、中華等名號的農耕文明。這區域農耕文明的廣度和深度如同行雲流水是動態的。經過幾千年的盛衰興亡，農耕文化是以儒家學說為主，與道、佛思想相結合治國理念，宋代達到新的高度。

　　中國自古以來就是務農為本，《漢書·食貨志上》即有此說：「武帝末年，悔征伐之事，乃封丞相為富民侯，下詔曰：『方今之務，在於力農。』以趙過為搜粟都尉。過能為代田，一晦三甽。歲代處，故曰代田。……用耦犁，二牛三人。一歲之收常過縵田晦一斛以上，善者倍之。……過試以離宮卒田其宮壖地，課得穀皆多其旁田晦一斛以上。……至昭帝時，流民稍還，田野益闢，頗有畜積。」宋代就是以農耕文化為主體，重視農耕，如司馬光《溫國

文正公文集》云：「竊為四民之中，惟農最苦。農夫寒耕熱耘，沾體塗足，戴星而作，戴星而息。蠶婦育蠶治繭，績麻紡緯，縷縷而積之，寸寸而成之。其勤極矣。又水旱霜雹蝗，間為之災。幸而收成……穀未離場，帛未下機，已非己有矣。農夫、蠶婦所食者糠粃而不足，所衣者綈褐而不完。直以世服田畝，不知捨此之外何可生之路耳。」但是，宋朝在發展農業的同時，貿易領域也得到大的發展，難能可貴。農耕文化的傳承，到了近代依然有「以農立國」之說。此說的主要代表人物有時任北洋政府的教育總長章士釗、赴美留學歸國後任江西農學院院長的董時進，以及「以農立國」實踐派，從事鄉村建設運動的代表如梁漱溟、晏陽初等人。「以農立國」主張復興農村，主張振興農業，從而發展工業。如梁漱溟認為：「農村的發展對城市工業發展的意義重大，中國的根在鄉村，鄉村起來，都市自然繁榮。」

二、推進集市貿易

集市貿易是指有固定地點和時間間隔，買賣雙方進行商品交易活動的一個有組織的公共場所。我國城鄉集市貿易在古代早已產生，《易‧繫辭下》：就有「日中為市，致天下之民，聚天下之貨，交易而退，各得其所。」的記載。貿易的基礎是在於農業和手工業的發展，農業生產者與手工業者之間的產品交換次數增多，交換的規模和範圍擴大，由原始的偶然的交易場所，逐步形成為有固定時間和地點的集市。雖然春秋時有管仲相齊，晉文公「輕關易道，通商寬農」促進商業經濟發展，但是宋代以前城鄉集市貿易並不發達。其原因與歷代的工商食官制、重農抑商、市坊制度等政治經濟政策有很大關係。

中國南北朝時的農村集市稱為「草市」。唐代南方的農村集市稱為「墟」，北方稱為「集」，西南為「場」。農村集市大多地處在城市近郊或依傍水陸交通要道，這裡較易受商業的刺激，有利於商品交換發展。在資本主義以前的歷史階段中，農村集市是小生產者經濟聯繫的集結點。隨著農村商品經濟的發展，農村集市有了明顯的變化，出現了更多的插足於小生產者之間的小商販，他們利用不同集市之間的供求和價格的差異取得利益，根據城市市場的需要進行販運，設點收購，控制一部分小商小販，從中取得農業生產者的成果，而出現了商業資本。在此同時，有的農村集市所在地，有了固定的商業街道，逐步發展成集鎮，成為周圍集市的中心。在古代農村集市貿易是以個

體生產者的廣泛存在為基礎的，因此它是生產力不發達、商業比較落後的情況下，必然首先出現的簡單集市貿易形式。

宋代以前，雖然交易場所逐步形成為有固定時間和地點的集市，但是並不發達。到了宋代，中國的經濟發展舉世矚目，城鄉集市貿易隨之興起，草市大量湧現，建制鎮又加快了向商業性集鎮發展。城鄉集市貿易發展的根本緣由是：土地私有化使農民兼業化，勞動力得以釋放，發展工商業勢在必行。

到唐末宋初，不再實行「抑商」政策。宋代在作坊化、商業化、貨幣化和城市化方面遠遠超過世界其他地方。法國漢學家謝和耐、日本宋史學家宮崎市定都認定，宋代經濟、文化的發展超越西亞而居於世界最前列，並刺激歐洲文明向前發展。宋朝的文明深深的影響了世界，如四大發明中的造紙術在歐洲得到進一步發展，紙的質量提高，銷量大增。北宋中期的畢昇發明了活字印刷術，火藥用於軍事。南宋時指南針用於航海並傳入阿拉伯地區。

對從事貿易活動的商人稱為商賈，「行曰商，處曰賈」，與居間商人——牙紀和從事「子貸金錢」銀錢業者，都屬於商業。明末清初學者顧炎武《日知錄》云：「士農工商謂之四民，其說始於管子。」商人是貿易活動的參加者、主持人和中樞。集市貿易是初級貿易，始發於農村。這種貿易的原始參加者主要是農村集市所在地及其附近的農民、手工業者和其他鄉村居民。他們之間的買賣活動是生產者向消費者的直接出售，是生產者之間的商品交換，是一種簡單的商品流通，參加者還有小商販以及其他的生產者和消費者。宋代在繁華都市，偏僻鄉鎮，到處都有商人的身影，出現無限商機。集市貿易是城鎮商貿發展的基礎，城鎮隨之擴展。宋代在經濟建設上確有長足的發展，農村社會有不可磨滅的進步功績。

第二節　充滿悲情的宋朝農耕文明進步

一、農耕文化國家文明

宋代是個充滿悲情的時代，縱然是努力保疆衛土、開拓文明、發展經濟、政治開明，並向工商文明邁進；卻是先有澶淵之盟，繼而有靖康之恥，最後崖山滅國。時運不濟，命途多舛，如之奈何。兩宋時期是歷史時期疆域較小的朝代，《宋史·食貨志》所謂：「雖曰宋之土宇，北不得幽薊，西不得靈夏，

南不得交趾。」南宋又失中原，全國耕地只有 461 萬頃，相當唐代的三分之一。但農耕文明程度得到輝煌的發展，經濟水平顯著提高。兩宋周邊的遼、金、西夏、吐蕃、蒙古都是「畜牧以食，皮毛以衣，轉徙隨時，車馬為家」的游牧部族，比之「耕稼以食，桑麻以衣，宮室以居，城郭以治」的農耕社會自然是落後的多。《漢書‧元帝紀》：說「安土重遷，黎民之性；骨肉相附，人情所願也。」說明農耕文化民族愛國愛家，情況再壞也不願離開故土。游牧者喜於掠奪，一旦敗亡四散，難以再集聚，甚至銷聲斂跡，失掉民族意識。

南宋政治形勢圖

宋朝是在五代十國的混亂局勢下建立起來的，周邊游牧部落勢力包圍內地，並不斷入侵。後晉石敬瑭按照契丹的要求把燕雲十六州割讓給契丹，使得遼國的疆域擴展到長城沿線。後來金國又入主中原，農耕文明地域日見減少，最後滅於蒙古。

宋朝已經達到了君主制度王朝的頂峰，已經出現了資本主義經濟方式。發達的宋朝農耕區域成為四周游牧部落垂涎的獵物，競相窺視，國家不安。原住中原漢民，把被侵的農耕區域，則視為故土丟失，從而增添兩宋人民更

多失國的悲情，同時也激發了愛國情緒，而出現許多愛國詩人和抗戰名將。如陸游、辛棄疾、岳飛、文天祥等，都是靜則能詩能文，動則上戰場殺敵。常言說：「貧家出孝子，國亂顯忠臣」，他們對國家忠貞不二，萬古流芳。

二、教育發達科學進步

兩宋繼承了後周郭威的儒家仁政治國理念傳統，鼓勵農耕，發展經濟，成為保護農耕文明的「根據地」和「示範區」達三百年之久。宋朝是中國歷史上經濟最繁榮、科技最發達、文化最昌盛、藝術最高深、人民生活水平最富裕的朝代。

宋代文化發達，書院興起。尤其應天、嶽麓、白鹿洞、嵩陽等四大書院曾盛名天下。教育提高了百姓們的道德素質，使士人得到自我修養，清廉自律，守法愛民。高尚的民風，使得范仲淹說出：「先天下之憂而憂，後天下之樂而樂」；岳飛說到：「文臣不愛錢，武臣不惜死，天下太平矣」的擲地有聲的名句，對後世影響巨大。應天書院的前身睢陽學舍，最終成為北宋影響力巨大的書院。著名教師有：楊愨、戚同文、范仲淹、石介等人。嶽麓書院為北宋開寶九年（公元 976 年）潭州太守朱洞因襲擴建，大中祥符八年（公元 1015 年），宋真宗召見山長周式，賜「嶽麓書院」額，遂為全國四大書院之一。白鹿洞書院位於江西省九江市廬山五老峰南麓，享有「海內第一書院」之譽，宋代理學家朱熹出任知南康軍重建書院，親自講學，確定了書院的辦學規條和宗旨，並奏請賜額及御書，名聲大振。嵩陽書院，因坐落在嵩山之陽而得名。北宋至道二年（公元 996 年）賜印本《九經》。先後在嵩陽書院講學的有范仲淹、司馬光、程顥、程頤、楊時、范純仁等很多名儒，成為宋代理學的發源地之一。司馬光的巨著《資治通鑒》第九卷至二十一卷就是在嵩陽書院完成的。

宋代是為中國最爭光的朝代，是當時世界上發明創造最多的國家。宋代也是為世界貢獻最大的時期，中國歷史上的重要發明一半以上都出現在宋朝。那時中國何止火藥、指南針、印刷術、造紙四大發明，紙幣、垂線紡織，瓷器工藝得到大規模實際的運用，並傳到海外。宋朝航海、造船、醫藥、工藝、農技等都達到了古代前所未有、後難比及的高度。這些輝煌的成就與宋代的綜合文明有直接關係。

第三節 宋朝推行仁政社會相對穩定

一、儒家治國理念

後周郭威和繼承者柴榮都是一代仁君，宋朝立國得以繼承。太祖郭威對唐末亂世中的一系列弊病進行了改革。如減輕賦稅、改革軍隊體制、重用文人。世祖柴榮還對政務、宗教、土地、財政等進行了一系列的改革，極大的增強了後周的國力，使得後周的綜合國力遠超同時存在的其他政權。而這些制度改革幾乎被趙匡胤全部保留，成了北宋的建國基礎。農耕文化的宋朝，深受周邊游牧文化部落的壓力，推行仁政以保持內部的穩定和發展。趙普提出：「半部《論語》治天下，半部《論語》定太平」的理念，成為治國的初衷。宋太祖趙匡胤留下遺訓：「柴氏子孫有罪，不得加刑，縱犯謀逆，止於獄中賜盡，不得市曹刑戮，亦不得連坐支屬；子孫有渝此誓者，天必殛之」。在平定南方各地政權中，從沒有採取極端的殘暴手段對待遺老遺少和遺民，沒有為後代種植下不解的「仇恨」。又提出：「不殺士大夫及上書言事者」等開明的政策，對文人寬容，杯酒釋兵權不亂殺功臣，宋代歷屆皇帝多有遵循。如宋仁宗名君聖主，在位時間長達 42 年之久。嘉祐年間，蘇轍參加進士考試，試卷裏有議政的語言，仁宗卻認為：「敢於如此直言，應該特與功名。」宋仁宗對讀書人的寬容，可見一斑。蜀中有個讀書人，獻詩給成都太守，稱「把斷劍門燒棧閣，成都別是一乾坤」，是明目張膽地煽動叛亂。仁宗卻說：「這是老秀才急於要做官，寫一首詩泄洩憤，怎能治罪呢？不如給他個官」。宋代為了愛護勞動力，實行募兵制，將士保衛國家用命沙場，出現許多帶有家族、親友性質為特色的軍事集團。如久戰沙場的楊家將；難以撼動的岳家軍；鐵馬秋風大散關的吳家軍；兄弟身佩虎符、子婿位列通顯的呂家軍；敢援孤城襄陽的張（順）家軍；滅掉金國的孟家軍等。至今人們仍然懷念宋代的清官良將，《楊家將》、《說岳》、《包公案》是流傳最廣、人們最喜歡讀的古典小說。

二、國家內部無大亂

宋代理學家程伊川總結「本朝超越古今者五事」，一是「百年無內亂」，也就是一百多年裏沒有發生地方造反的事情；二是「四聖百年」，開國之後的四位皇帝都比較開明；三是「受命年裏之日，市不易肆」，改朝換代的時候兵不血刃，沒有驚擾民間；四是「百年未嘗誅殺大臣」，一百多年沒有誅殺過一

位大臣；五是「至誠以待夷狄」，對周邊蠻族採取懷柔政策。

　　宋朝的社會是開放的，士農工商四民流動頻繁。莊園經濟瓦解後，進行了發展商品經濟等一系列結構性的社會變革，使得所有的人，都有機會改變自己的地位，貧者可致富，富者也可能一夜之間淪為貧民。科舉開考，「朝為田舍郎，暮登天子堂」農民身份馬上變成「士」，隨即做官。《後村先生大全集》有：「朝為陶朱（注；指越國范蠡），暮為黔婁（注：戰國時名士，家徒四壁）」，大富商可以一夜致貧。《夷堅志》載：「常州無錫縣村民陳承信，本以販豕為業，貧者後可極富。」《袁氏世範》稱，諺云：「富兒更替做」。土地租佃制下「千年田換八百主」，貧富無定勢，貧富無定戶的上下流動之態，貧農可以致富，佃客可以憑自己的勞動成為田主。《袁氏世範》又說：「鄉村小民，其間多是無田之家，須就田主討田耕作」，但佃戶有機會積累財富，只要「丁口蕃多，衣食有餘，能稍買田宅三五畝，出立戶名，便欲脫離主戶而去。」「田宅無定主，有錢則買，無錢則賣。」有一些佃戶，「本皆下戶，因佃李莊之利，今皆建大第高廩，更為豪民。」階級之間只有財富的門檻，而無身份的永隔，更沒有後來倡導的階級仇恨。

三、小說區別於歷史

　　《水滸傳》、《金瓶梅》和《三言二拍》等名著都是以宋代為歷史背景，給人們的印象，似乎宋代是盜賊橫行、貪污腐化的社會，但是失實。宋代的社會基本是穩定的，內部沒有發生大的動亂。根據宋代的文獻《宣和遺事》等記述，水滸造反者只宋江等三十六人。造反第一起：因為押運花石綱，楊志在潁州等候孫立，缺少盤纏，又值雪天，乃將寶刀出市言賣，又與惡少爭執而殺之，被判配衛州軍城。押人夫搬運花石的十二人領了文字，結義為兄弟，誓有災厄，各相救援。得知楊志被押解後，兄弟十一人往黃河岸邊救了楊志，殺了解差，一同往太行山落草。造反第二起：因為不滿朝廷對水域開始徵稅，宣和二年五月，晁蓋帶領吳加亮、劉唐、秦明、阮進、阮通、阮小七、燕青，於南洛縣（注：今稱南樂，屬河南省）五花營劫了北京留守梁師寶送京師為蔡京上壽的十萬貫金珠珍寶的生辰綱。事發，官府來捉，由於鄆城押司宋江通風報信，也被牽連進去。兩起鬧事者合一造反起義。宣和三年二月，宋江奪取了官軍巨艦十數艘，攻打海州城。海州知州張叔夜招募了近千名死忠之士（注：即民兵），在城郊設下埋伏，又派兵輕裝前去海邊，引誘

宋江軍出戰，放火焚燒船隊。宋江軍大敗接受招安，後被派往浙江，鎮壓方臘立功。比起陳勝吳廣起義、漢末的黃巾、唐末的黃巢，真是小巫見大巫。

正因為對五等戶的窮人免稅，當時的上等農戶負擔重、責任大而成為逃戶流民的較多。為了改變現狀，此時的起義帶頭人往往就是上等農戶。他們在社會上地位較貧民地位高，有一定的活動能量。起義目的常常是「反貪官，不反皇帝」。「文革」時曾有一段批《水滸》的小插曲，反什麼投降派，正是這些人對歷史沒有瞭解清楚。在北宋除了宋江一夥受海州知府招撫外，京東張萬先、山東賈進、河北的高勝起義後都曾被朝廷招撫過。聲勢很大的鍾相起義軍在開始時稱忠義民兵，還去過南京勤王，荊南知府唐懿親自帶義軍赴任。另一股起義者孔彥舟被朝廷收買任命為荊湖南北路捉殺使。所以當時民間流傳：「要當官，殺人放火受招安」的諺語。方臘是「聚貧乏游手之徒」為骨幹起義的，一說他是漆園主，也是不滿上等戶高稅而造反。起義領導者少有普通農民，宋代對窮困的五等戶是免稅的。

《金瓶梅》是借《水滸傳》假託宋朝舊事，實際上展現的是晚明政治和社會的各種面相的一個社會斷層。以深入剖解武松殺嫂故事為引子，對西門慶兼有官僚、惡霸、富商三種身份於一身的市儈勢力的罪惡生活的描述，描繪了一個上自朝廷擅權專政的太師，下到地方官僚惡霸乃至市井間的地痞、流氓、幫閒所構成的鬼蜮世界。這些描寫，反映了明代中葉以後，朝廷權貴與地方上的豪紳官商相勾結，壓榨人民、聚斂錢財的種種黑幕。作品還通過西門慶的社會活動，反映了上自朝廷下至市井，官府權貴與豪紳富商狼狽為奸、魚肉百姓、無惡不作的現實，以揭露了明代中葉社會的黑暗和腐敗，與宋代社會沒有直接關係。

第二章　宋代以前影響集市貿易發展原因

第一節　商周工商食官制阻礙民間貿易

　　古代在手工業和農業分離之後，由於部落之間、農業生產者與手工業者之間的產品交換次數增多，交換的規模和範圍擴大而產生貿易。但在抑商政策下，商業受到阻礙。商王朝設有管理工商業的機構，有一定的編制人員，手工業生產以「族」為單位，且具有專業化的特點。到周代民營工商業長期受到抑制，當時實行的「工商食官制」管轄的手工業者和商賈都是官府的奴僕，他們必須按照官府的規定和要求從事生產和貿易。在這種制度下，周王室和諸侯都有官府管理的各種手工業作坊，屬「司空」管轄。這些手工業作坊的各類生產者稱為「百工」，他們既是具有一定技藝水平的工匠，又是從事手工業生產的管理者。《國語‧晉語》中記載：「公食貢，大夫食邑，士食田，庶人食力，工商食官，皂隸食職，官宰食加。」其中「工商食官」按三國時韋昭解釋是：「工，百工；商，官賈也」。《周禮》曰：「府藏皆有賈人，以知物價。食官，官稟之。」「工」可比之於今天的國企；「商」可比之於今天的國營公司。所有員工由國家發工資養活，所有員工創造的價值由國家支配。官營手工業集中經營官府直接需求的兵器、禮器、官用物品、宮廷用品等，因為多是非賣品，很少有商業買賣行為，是「工相議技巧於官府」的純粹官辦工業。所以《禮記‧王制》說：「圭璧金璋，不鬻於市；命服命車，不鬻於市。」

東周列國時，公與私均開採經營鹽鐵，還出現了些富甲天下的經營者。《國語・晉語四》也曾經提到春秋時期晉文公實行「輕關易道，通商寬農」經濟政策，有利於列國之間的貿易。但是各國的鹽、鐵、錢三大行業的公私矛盾特別突出，即以「重農」的名義限制工商業發展。如《管子》說「工事競於刻鏤，女事繁於文章，國之貧也。」在重農政策下農民經商受到限制，齊國實行了「官山海」的政策，不准民間經營鹽鐵。列國之中民間集市貿易很少，基本是自給自足的經濟狀態。正如《老子》所說的：「鄰國相望，雞犬之聲相聞，民至老死不相往來。」

第二節　漢代重農抑商限制集市貿易發展

漢代實行重農抑商政策，抑商措施規定鹽、鐵、酒一律只由國家經營，私人不得販賣。政府鑄造五銖錢為統一貨幣，民間不得私鑄。漢代社會生活消費不斷提高，以致統治者「頗逾制度、奢靡漸啟。」但是，士、農、工、商作為社會的主要成員，其各自的職業是固定的，身份是凝滯的，而且是一項嚴格執行的制度。《後漢書・劉般傳》記載：「（劉）般上言：『郡國以官禁民二業，至有田者不得漁捕。今濱江湖郡率少蠶桑，民資漁採以助口實，且以冬春閒月，不妨農事。夫漁獵之利，為田除害，有助穀食，無關二業也。』……。」古代二業係指農與桑，農民在農閒時捕魚打獵，猶在禁止之列，可見四民之間界限森嚴。統治者始終把技術當成「雕蟲小技」，主要理由是怕貽誤農時，影響農業生產。由農業分離出去的一部分手工業者，從事集市上的作坊式手工業、副業生產，大多為兼業性質，收益也是有限的。但是，政府施行專賣鹽鐵業，農民需要鹽鐵，就不得不用農產品或手工業品到市場出售後，再用貨幣購買，以解決吃鹽、用鐵的需要。

漢武帝初時，曾官商大興，有大司農主鹽鐵稅務，大鴻臚主外貿，榷酤賣酒，常平營糧，採取了鹽鐵統購統銷及均輸、平準等一系列經濟措施。元狩四年（公元前 119 年）漢武帝頒布了打擊富商大賈的算緡令和告緡令，重重地打擊了商業。凡屬工商業主、高利貸者、囤積商等，不論有無市籍（注：漢代商人另立戶口冊，叫做市籍），都要據實向政府呈報自己的財產數字，並規定凡二緡（注：一緡為一千錢）抽取一算，即一百二十文。而一般小手工業者，則每四緡抽取一算，這叫做「算緡」。隱瞞不報，或呈報不實的人，罰戍邊一年，並沒收他們的財產。元鼎三年（公元前 114 年），漢武帝實行告緡，

即鼓勵告發算緡不實。凡揭發屬實，即沒收被告者全部財產，並罰戍邊一年，有敢於告發的人，政府賞給他沒收財產的一半。此事由楊可主持，故有「楊可告緡遍天下」之說。並禁止有市籍的商人及其家屬佔有土地和奴婢，敢於違抗法令的，即沒收其全部財產。

第三節　市坊制度抑制集市貿易

　　市坊制度阻礙商品經濟的發展，該制度可以追溯到東周列國時代。中原各諸侯國的都城中，都有特設的市區，是買賣交易的地方，通常非常熱鬧。例如《左傳‧召公三年》記載：齊景公要更換重臣晏嬰的住宅，理由就是晏嬰的舊宅「近市，湫隘囂塵，不可以居。」戰國時代的「市」通常作方形或長方形，四面有圍牆，每面牆的中間設有門，稱為「市門」。因此市的當中有十字街連通四面牆中的市門，形成市中的來往道路。「市」設有專人負責管理。由於市是貨物交易、人來人往的熱鬧地方，因此，古代的市也就成為統治者公布重要訊息的場合。市門是群眾經常出入之處，最易將訊息傳達。甚至執行死刑時，也通常就在市裏，有時古代把執行死刑叫「棄市」。漢代、三國時期市場依然不發達，貨幣作用低下。如三國時期曹魏實行實物貨幣政策，紡織品帛、絹等均起貨幣作用。因為錢幣不值錢，曹魏稅收實行戶調制，按戶收物品不收錢幣。魏明帝時恢復鑄行五銖，與東漢五銖相似。蜀漢鑄行直百五銖，鑄幣銅含量少，還有鐵錢，貨幣質量低。孫吳鑄幣均屬虛價大錢，有大泉二千。貨幣貶值，質量低下，在市場上使用有限，表明在這個時期商業貿易市場極其不發達。

　　市坊制也稱坊市制，唐代市坊制度的繼續發展，成為中國城市封閉結構的高峰時期。與中國古代其他有關城市制度一樣，表現出較大的政治屬性，阻礙了城市經濟的發展與繁榮。坊市制度規定，城內各個坊的坊門，早晚都要定時開閉。在長安及洛陽城內的各條街上都設有街鼓，以擊鼓的鼓聲作為城門、坊門開關的標準。每日天將亮時，承天門（注：宮城南門）擊鼓四百下，城門隨之開啟，街鼓跟著擊六百下，坊門隨之開啟；日落時則承天門擊鼓四百下，城門隨之關閉，街鼓跟著擊六百下，坊門隨之關閉。就在街鼓擊六百下的時間內，居民都要進入坊之內，不得在長安大街上逗留行走，「犯夜」就要受到處罰，但是夜晚在坊內的活動並不禁止。禁止居民破壞坊牆、不得向坊牆外拋棄穢物、不得在大街上種植蔬果等，都有相關的法律規定。唐代

長安城郊「莊園」劃分農業、燒炭業、磚瓦業、果樹菜圃業、漁獵業和店鋪經營狀況，並考慮了與民眾生產、生活密切相關的用水問題。

市坊制度隨著強盛的唐朝的政治穩定和經濟發展，很快就表現出它的弊病，最明顯的就是市坊制度與城市的功能相背離，阻礙了工商業的發展和人際交流。因此，嚴格的市坊制度持續到盛唐時，被迫逐漸發生了改變。唐高宗時期長安城的兩市日益繁榮，容納不下的店鋪開始向兩市附近的坊蔓延。皇室宮廷搬到大明宮後，大明宮前面的諸坊也有了工商活動。玄宗時有詔限制店鋪出賃與人，但沒有阻止成功。長安城聚集著大量致仕、趕考、經商的人，產生了以多種多樣謀生方式的新型市民，「禁遊食，抑工商」的傳統發生了動搖。工商業實力的上升，衝擊著城市的市坊結構。至唐末，原有的制度隨著商業的發展而有所鬆弛。集市設有市令官管理市場交易，比較嚴格。規定午時擊鼓三百下，商人始能入市。日落前三刻擊鉦閉門。

第四節　前代田制使得農民依附於土地

眾多歷史資料證明，戰國後期經秦漢到唐代中期，實行過授田制、名田制、屯田制、限田制、均田制。這一類農田制度均屬於「有制式」。特點是：田畝基本是受國家控制，除了官府授受田地外，私人買賣土地也在控制之中。只是在南北朝那段動亂時期，失去掌控，莊園制得以惡性發展。這類田制，官府必須能夠控制農田的「授」和「受」，田畝能滿足一家人（注：最低五口之家）的生活和「耕三餘一」的備荒糧，否則就執行不下去，社會就會發生動亂。農業是一夫一妻的自給自足的自然經濟，農民基本是依附在土地上，所以沒有向商業方向發展的因素和條件。

一、漢代的編戶齊民依附於土地

漢代實行名田制，以二十等爵為基礎，規定了有爵者、無爵的平民和其他特殊人群獲得田、宅的標準。張家山漢簡中之《二年律令》敘述了漢初按照爵位領受、佔有田地、宅院的數量。現錄於下：「關內侯九十五頃，大庶長九十頃，駟車庶長八十八頃，大上造八十六頃，少上造八十四頃，右更八十二頃，中更八十頃，左更七十八頃，右庶長七十六頃，左庶長七十四頃，五大夫廿五頃，公乘廿頃，公大夫九頃，官大夫七頃，大夫五頃，不更四頃，簪嫋三頃，上造二頃，公士一頃半頃，公卒、士五（伍）、庶人各一頃，司寇、

隱官各五十畝。不幸死者，令其後先擇田，乃行其餘。它子男欲為戶、以為其□田予之。其已前為戶而毋田宅，田宅不盈，得以盈。宅不比，不得。」漢初在名田制下推行了「編戶齊民」。早在秦獻公十年，就實行過「為戶籍相伍」。西漢政府正式編入戶籍的農戶稱為「編戶齊民」，是屬於小戶型的庶民組織結構。各農戶的戶籍上有姓名、年齡、籍貫（郡、縣、里）、爵級、膚色、身高、家口、財產（田宅、牛馬、奴婢、車輛）等項目，必須一一載明。各郡每年都要通過「上計」，向中央申報管區內的戶口數和墾田數。在列入戶籍的編戶齊民中，人數最多的是自耕農民。《漢書・食貨志》注引如淳曰：「齊，等也。無有貴賤，謂之齊民，若今言平民矣。」「齊民」的含義是「平民」，「齊民」即所有的百姓，在法律面前都是地位平等的。事實上，平民雖無貴賤之分但有貧富之別。編戶齊民具有獨立的身份，依據資產多少承擔繳納國稅，執行徭役的義務：有田租、算賦、口賦、徭役、兵役等。《居延漢簡》曾記載編戶齊民戶籍情況，如戶主徐宗：「居延西道里徐宗，年五十，妻一人。男同二人，婦同產二人。宅一區值三千。田 50 畝值五千。用牛二值五千。」

二、莊園制部曲蔭客依附於莊園主

　　魏晉南北朝時期就有蔭蔽在豪強下的「蔭客」、「衣食客」、「賓客」、「佃客」等，說明農業生產大量使用農奴。從農民的依附關係看，戰國以後是農奴制度逐步加強，而不是削弱。豪強經營的土地，還有專業性的莊園。《史記・貨殖列傳》記有：「千畝漆、千畝桑麻、若干畝卮茜（注：一種染料作物），千畦韭」等的商品生產。

　　三國時，戰亂頻仍，多施行屯田，田地更為集中。葛洪所著《抱朴子》記有東吳末年的豪強「僮僕成軍，閉門為市，……商船千艘，腐穀萬倉。」東晉，依然使田地集中在豪強手中。在永嘉南渡以後，南方土地大量開發，又落到名門大姓之手，形成了莊園經濟。晉代的士族都是在地方豪強的基礎上發展的，在社會上有較高的地位。土地開發，士族佔有優勢，成為大土地佔有者，建造了大量的莊園，形成不少「鐘鳴鼎食之家」。大富豪孔靈符在永興的莊園，有水田、陸田、山頭、果園。謝靈運所寫《山居賦》說：「夾渠二田，周嶺三苑，九泉別澗，五穀異鮮。……北山二園，南山三苑，百果備列，乍近乍遠，羅行布株，迎早候晚。」莊園是集農、工、商、軍、學於一體的經濟組織。這時也有千樹桔一類的專業莊園。

為了控制豪強大戶使用農奴過多，晉元帝時，還頒布了給客制，限定了官吏、豪門的蔭庇戶數。《宋書》載：南朝劉宋時，因為佔地不均，出現「富強者兼嶺而占，貧弱者樵蘇無託。」的不平等局面。孝武帝採取刺史王子尚的上言，施行占山制。高官一、二品占三頃，依次減少，至九品及百姓占一頃。

十六國時期，少數族進入的北方，經歷長時期的戰亂，土地拋荒，人口流散。漢族豪強多聚族而居，建壁塢以自保。許多民戶蔭蔽在塢主、壁帥名下。當時少數族忙於戰爭，政權並不穩固，只得暫時利用當地豪強，為地方政權任命這些豪強為宗主，都護百姓，稱為宗主督護。這些地方政權，實際是各霸一方，農民向其交納租稅，形成北方的壁塢經濟。《魏書‧食貨志》稱：「魏初不立三長，故民多蔭附。蔭附者，皆無官役，豪強征斂，倍於公賦。」南北朝時期又大興佛事，特別是北朝的寺廟，均佔有大量的土地，許多民戶蔭庇寺院，稱為「僧祇戶」，只向寺院交納租稅。這種特有的寺院經濟，實為宗教式的壁塢經濟一種，對民戶逼租逼債，同樣剝削很重。

三、均田制農民依然依附於土地

北朝的壁塢和寺院經濟，必然與統治政權發生衝突。民戶的租賦被豪強們在中間截留，影響少數族政權的稅收。南燕慕容氏政權即感到壁塢組織是「迭相蔭冒，或百室闔戶，或千丁共籍，依託城社，不懼薰燒，損風毀憲，法所不容。」急須查清蔭戶，使成為政權直接納稅的編戶。由尚書韓主持，出動騎兵三千封鎖邊境，查出五萬八千蔭戶。北魏在統一北朝以前，也在「代北」取得了「計口授田」的經驗。削弱壁塢豪強經濟，已勢在必行。

北魏統一北方後，魏孝文帝太和九年，頒行了「均田令」。均田制在歷史上是首次由政府制定的最具體的田制，而且付諸實施。這一田制，經北魏、隋唐，直到唐德宗時施行兩稅法以後，才漸趨無法執行。唐憲宗元和四年，還在同州（今陝西大荔一帶）推行均田法。均田制的實行，歷時三百餘年。均田制對結束開阡陌後的田制混亂促進豪強莊園經濟解體和為後來佃耕制的施行，起了承前啟後的作用，為隋統一全國，唐盛世出現，也起了很大的作用。

北魏頒布的均田令主要內容為：十五歲以上男子授給露田四十畝，婦人二十畝。所說露田即是種植糧食的田地。因為土地的肥力不同，露田加倍或

三倍授給，作為休閒倒荏之用，以恢復地力。同時像井田制一樣，以解決土地分配達到均衡。人免役或身歿，露田要歸還國家。奴婢和牛也授給主家田。開始授田每一男子另給田二十畝，種植桑、棗、榆樹。要求三年內種完，種不完的國家收回。種樹的地，身終不還，超過的還可以出賣，不足的也能買回。種麻的地區授給麻田。矜寡孤獨以及殘疾人都有授田的具體安排。三口人給宅基地一畝，奴婢五口人一畝，每人給菜地二分。各級官吏按級別給職分田，以充俸祿。刺史十五頃，太守十頃，……縣令六頃。地方政權廢除宗主督護制，施行鄰、里、黨三長制，負責清理戶籍、授田還田、徵收地租、交納戶調、分派勞役等，制度比較具體，切實可行。

均田制是以國有為主，私有為輔的土地混合型的所有制。是在國家大動亂，大改組中，土地所有權動盪的產物。有的人在戰亂中走死逃亡，土地無主；有的人又開墾種植；有的人在戰亂中轉移，丟了原屬自己的田地，又種了別人的田。田地權屬不定是這個時期的特點。所以民眾對國家統一還授田地政策，抵制不大。正如《文獻通考‧田賦考》所說：「固非盡奪富者之田以予貧人也。」對原有豪強地主有了照顧，擁有奴婢、耕牛的大戶，在授田和戶調上還有優待。自耕農是在原種植田地上，按照均田令進行調整，所授田畝面積足夠其種植，對其基本利益亦未觸動。露田是按人丁有授有還，體現了田地國有制；桑田屬永業田，可以買賣，又體現了田地私有制。各方均予以照顧。均田制還清理了「蔭庇戶」，成為正式編戶，直接給政府納稅，不再向宗主交租，減輕負擔，國家同時也增加了財政收入。均田制的推行基本達到了目的，對限制土地兼併，安定社會都起了一定作用。施行均田制的先決條件，必須有足夠的還授土地，土地又權屬不太穩固，北魏時期正具備這些條件。

唐代是土地開發全盛時期。到唐明皇時，受田達到 14,303,862 頃另 13 畝（注：比西漢時多 73%）。有戶 890 萬餘（注：比西漢戶數卻減少了 28%），每戶合 160 餘畝。全國人口為 5291 萬口，每戶平均為 6 口。人均田地 26 畝餘。按授田規定，丁男給永業田二十畝，口分田八十畝。老、弱、病殘給口分田四十畝，寡妻妾給口分田三十畝，單獨立戶的給永業田二十畝。到寬鄉補受田者，給園田宅基地。良口三人給一畝，賤口（注：指奴婢）五人一畝，與北魏時的宅地政策相同。但牛馬、奴婢不再授田。唐初在均田制實行時，「文武官給祿頗減隋制。」官員已經發放祿米，授田少於北魏和隋。一品官十二

頃，……五品官六頃……七品官四頃。

　　唐開元以前，政府一再申明：「百姓口分永業田，不許買賣典貼。」此後逐漸鬆動，土地買賣範圍不斷擴大。永業田開始買賣、繼承。由狹鄉遷到寬鄉的原口分田也可出賣。住宅、村店、碾磨房以為業者，可私賣。安史之亂後，出現大量逃戶，有的是逃避戰亂，有的是逃避苛稅，土地權屬混亂。買賣、租佃土地漸廣，均田制難以維持。隨著社會的發展，人口的增加，受、授田難以執行，均田制逐漸名存實亡。正如《困學紀聞》所說：「至唐，承平日久，丁口滋眾，官無閒田，不復給授，故田制為空文。」唐德宗時，正式由租、庸、調改行兩稅法。即將地稅、戶稅加以整理，全面實施。原王公權貴，授與大量的永業田，職分田，「以宦、學、釋老得免」的稅，兩稅法則同樣開徵。地稅徵糧，戶稅徵錢，按資產徵稅，擴大了納稅面，削弱了大戶特權，也削弱了均田制。

第三章　宋朝從農業改革推動集市貿易

第一節　宋代普遍實行佃耕制

前章對宋代以前實行的有制式的土地制度已經闡明，其特點就是主要由國家控制土地，對農民有「還」和「授」的權力，農民土地支配權有一定的限制。三代時期的井田制，春秋戰國的授田制，秦漢的名田制，三國盛行的屯田制，以及北魏到唐實行的均田制等都屬於有制式，農民對土地佔有的權力很小。

一、不設田制土地推向市場

宋代不設田制（注：或稱田制不立）和不抑兼併的政策，表明土地基本上是進入市場流轉，適應了商品經濟發展的趨勢，減少了官府對土地的政治干預，客觀上有一定的積極意義。宋代人認為本朝「田制不立」這正反映了宋代所實行的土地制度不同於前代的授田制，而是實行一種私有程度比較高的地主和自耕農的土地所有制。《韓魏公集》載，韓琦言：「鄉村上三等並坊郭有物業戶，乃從來兼併之家也。」宋代土地交易主要有三種形式，一是絕賣土地，二是典當，三是倚當。土地和房屋是宋代不動產買賣的主要對象，土地交易中，凡稱「永賣」、「絕賣」、「斷賣」的，是將土地的所有權絕對讓渡給買主；只轉讓使用權、收益權而保留土地的所有權和回贖權的「典賣」，稱之為「活賣」。田底和田面權的相對獨立流動性對於加速土地流轉的意義最

為重大。明清以來，作為土地資源不可或缺之重要組成部分的水資源，也開始從土地所有權中逐漸分離出來進入市場交易的範圍。自宋代以來，土地轉移的頻率日高，故辛棄疾有「千年田換八百主」之說。但其中地主之間買賣土地大增：宋代劉克莊已有「莊田置後頻移主」的慨歎。這種租佃制是一種大的土地改革創舉，沿用了一千餘年，直到國共兩黨推行的土地改革，佃耕制才終止。現今改革開放後的大陸和資本主義的臺灣依然實行佃耕制，叫做「小地主大佃戶」。土地流轉方式有：出售、租佃、典當、合夥、入股、借用、繼承、贈與等形式。最具有活力的是租佃制，簡單易行，進退自如，不會損傷農民的根基，更適合「兼業農戶」操作。流轉的目的是土地適當集中，以發揮適度經營的經濟效益。達到農業專業化、區域化、商品化。

二、佃耕制使得農民社會地位提高

宋代農業已確立佃耕制，庶族地主增加，農民與地主只是租佃經濟關係，對土地、地主等的依附關係削弱到基本消除的狀態。南宋紹興年間規定：民戶典賣土地不得將佃客名字寫在契約上，隨田轉讓，新田主不許強迫繼續佃耕。佃耕制繼續發展使得工、商業加強，已出現大量的農業雇工。雇工出賣勞動力，叫做「赴市覓顧主」。農工分長工、短工、忙工等。其與顧主的關係基本上已擺脫了封建束縛，而是自由雇傭關係。他們的身份已是「凡人」（注：即平民），成為自由的雇傭的勞動者。永佃制的發展，更使佃耕者在土地上有一定的權力。

因為社會經濟主體是小農經濟，掌握著經濟命脈的大部分，地主政權也會通曉，毫無約束的為所欲為會引起社會動盪不安，在土地兼併方面不得不有所收斂。地主為了緩和階級矛盾，還辦義倉、義學等慈善事業。宋代社會上已經形成的一種道德觀念。如防止因田地疆界不明確而引起土地所有權方面的爭執，反對「放債準折人田宅」，認為這是「非義置田土」，這些都有利於防止豪強侵佔小戶。田土買賣中，親鄰享有優先購買權，除了以家族倫理為基礎，崇尚親族血緣關係外，還從相鄰權益的角度出發，避免將來由於相鄰田土的通行等原因而產生矛盾。規定賣方離業，可以避免佃戶數量增多，自耕農數量減少，既有利於官府的賦稅徵收，也有利於減少田宅糾紛。《宋刑統》規定為：「寡婦無子孫，若年十六以下，並不許典賣田宅。擅自典賣田宅者，杖一百，業還主。錢主牙保知情與同罪。」以保護貧困人家田土不致喪失。

三、佃耕制推行影響深遠

土地租佃經營首先在宋代的南方出現，明末時已有明確記載，經過幾百年的不斷發展，到了清末民初，江南地區的地主已將他們的全部耕地出租給佃戶，難得找到一家自己經營地主。一般說來，到農場當庸工的人都是自願就雇，有相當的工作意願，但是仍然需要雇主的監督，監督工作的難度要受下列因素的影響：一是地形地貌。丘陵地區的耕地比平原的耕地難以監督；梯田或溝渠縱橫的田地也會增加監督人力。二是耕作制度。相對於多熟耕作制和精耕細作，單一作物和粗放耕作則較容易監督。三是經營規模。雇工經營的地主要考慮租佃地主的淨收益，看哪種經營方式的淨收入高，以定選擇取捨。農場規模愈大，監督愈困難，單位產量的監督成本愈高。如果租佃地主的淨收入上升或雇工的工資上升，經營農場的成本曲線便上升，其臨界面積隨之縮小。當臨界面積縮小到一定程度，經營地主就不願再費心經營這麼小的雇工農場，索性全部轉化為租佃方式。

有關此種轉化的明確記載見於明末湖州的《沈氏農書》。該書成書於明崇禎年間，沈氏地主先將自己的雇工農場之經營成本逐條逐項核算，即他所謂的「條對條」，然後與鄰村西鄉的租佃農場相比較。他的結論是：「所謂條對條，毫無贏息，落得許多早起晏睡，費心費力，特以非此碌碌不成人家耳。西鄉地盡出租，宴然享安逸之利，豈不甚美。但本處地無租例，有地不得不種田，種田不得不喚長年，終歲勤勤，亦不得已而然。」此處具體說明兩種經營方式的比較與轉化過程，西鄉已地盡出租，其本鄉尚未轉化。

到了清末民初，這種轉化過程加速，尤其是南方由於新式工業興起，要雇用工人，帶動農村雇工工資上升，經營地主的成本曲線上升；另一方面做為機會成本的租金也上升。於是經營地主紛紛轉化。不但如此，自耕農也隨之跟進，將自己的小塊田地租佃出去，自己進城當「不在地」的小地主。現今經土地改革、改革開放以來，「租佃制」依然充滿活力，承包者如轉租給專業大戶，被稱為「小地主大佃戶」，但轉讓租金是市場化的，由租讓雙方商定解決。出租土地基本都是定額租，出租的農民不管年景好壞，收入穩妥。

宋代推行佃耕制之後，使得庶民地主也注意與佃農的關係，流傳著「善使長工惡使牛」，對於租佃戶，要加以體恤。宋代袁采所寫《袁氏世範》認為：「國家以農為重，蓋以衣食之源在此。然人家耕種出於佃人之力，可不以佃人為重！」因此，對佃戶應「視之愛之，不啻如骨肉，則我衣食之源，悉藉

其力，俯仰可以無愧作矣。」明代龐尚鵬在《龐氏家訓》上指出：「雇工人及僮僕，除狡猾頑惰斥退外，其餘堪用者，必須時其飲食，察其飢寒，均其勞逸。」清代《補農書》作者張履祥認為，治生也就是個用人的問題，如何管理佃戶與雇工，是他所關心的重要問題。因此他主張地主階層應當確定合適的剝削比例，處理好與佃戶的關係。注意飲食，體力勞動繁重時「多加葷」。到解放前在安徽太和一帶的民俗習慣，農工在年末結束農活時，東家與夥計共同在一起吃一頓飯，俗稱「打平和」。飯間還決定明年夥計們的去留，是否繼續搭夥。

四、佃耕制廢止使用農奴

宋代農業已確立佃耕制，大部分為庶族地主，農民與地主只是租佃經濟關係，依附關係削弱。部曲一類的農奴已不存在，有著深遠的意義。金、元之際，曾出現逆轉，中國北方部分農民下降為「驅奴」，但佃耕制繼續存在與發展。明代處於資本主義發展時期，已出現大量的農業雇工。雇工出賣勞動力，叫做「赴市覓顧主」。農工分長工、短工、忙工等。其與顧主的關係基本上已擺脫了封建束縛，而是自由雇傭關係。大清律對欺壓佃農的地主也加以懲處。如乾隆年間，地主金勝章因逼租致死人命，被判為「擬絞監候，秋後處決」。

從宋到清千餘年來，農業勞動力的逐漸自由化，也非一帆風順，並有反覆。在元初和清初還出現掠奪、奴役漢族人為奴的高潮。但奴役被擄農民從事農業生產，都不成功，壓迫必然引起逃亡和反抗。據《清太宗實錄》載：「各堡逃亡漢人，有二百者，有一百者，有七、八十名者。」使生產陷入難以維持的局面。說明佃耕制的歷史發展是不可逆轉的。

自宋代以來的佃耕制的發展，意味著農奴使用制度的鬆弛。但使役家奴的奴婢制度一直持續到清末。私家奴婢使役很廣泛，用於侍奉、歌舞、扈從，以及家庭雜務。主人為貪圖生活上享受，均不用來務農。奴婢既被主人當成財產、物品，而本身又是人，同主人生活在一起，構成了複雜的人間社會關係。《紅樓夢》對奴主之間的複雜關係曾作了精闢的描述。隨著社會變化，奴婢狀況也在變化。這時地主常會家道中落，以至養不起奴婢。奴婢賣身也就有了期限之分。有的是典當性質，定期可贖回。還有雇傭性質的奴婢。奴婢生活雖依然悲慘，但人身依附關係逐漸鬆弛。奴婢本身及社會上的反抗、鬥爭逐漸加強。經過長期複雜的鬥爭，直到清末宣統元年（公元 1909 年）頒布新律，禁止置買奴婢，

並且規定：「凡從前旗下家奴，不論其賞給、投充及紅契、白契所買，是否數輩出力，概聽贖身，放出為民。其未經放出及無力贖身者，概以雇工人論。」現今社會依然需要家務勞動，和以往的家奴已經有了本質的不同。家有老人、病人、嬰幼兒都需要家務勞動。經營性質的家政業、托兒所、老年公寓等是首選。現今陋習，家庭私人雇傭不分工作種類一律稱為「保姆」，成為「泛詞」，和歷史上的稱呼大有不同。古代男主人使用男僕，稱為書童、蒼頭；女主人使用女僕，稱丫鬟、使女；公用的有管家、聽差、護院，很有規則。

第二節　佃耕制下的小農經營方式

宋代執行佃耕制使得擁有土地所有權的有三個階層，一是地主，地主通過購買（注：包括有部分來自於強佔掠奪）獲得超過其耕種能力的土地，將土地租賃給無地的農戶耕種，靠收取地租營生；二是自耕農，自耕農擁有小塊土地，靠耕種土地保障家庭生存和發展的需要；三是國家，宋政府掌握著一定數量的國有土地，如官田、營田、屯田、學田、職田等。地主的土地以及國有的土地的經營方式一般是將土地分成小塊，分別租賃給無地農戶（注：即客戶）耕種，自耕農也主要以耕自己的土地為生。可以看到，無論土地所有者是誰，土地的實際生產經營單位都是一家一戶的小農。小農經濟與市場是緊密聯繫的，而進入市場的小農必然是會理性考慮自己的交易得失，買賣行為必然符合效益最大化原則。

一、糧食自給自足向商品化轉變

土地推向市場自由買賣激發了小農的生產積極性，小農的經營方式發生變化，使得農業生產精耕細作，剩餘糧食大量商品化。精耕細作是宋代農業生產的重要特點，宋代陳旉《農書》說：「凡從事於務者，皆當量力而為之，不可苟且，貪多務得，以致終無成遂也」，「農之治田，不在連阡跨陌之多，唯其財力相稱，則豐穰可期番矣。」宋代廣大農戶積極投資購買耕牛，即使沒有能力購買耕牛的，也採用租賃的方式租借耕牛進行農業生產。政府也積極採取措施，通過信貸支持農戶買牛，甚至主動從各地購買耕牛，以供應耕牛缺少的地區。農戶對農業生產的資本投入在增加，促進了農業生產的精耕細作。農資多投入的結果，必然促進糧食產出量的提高，這樣使土地所有者的農業收益在滿足自我消費的同時，有更多的剩餘產品投向市場以獲取經濟利益。

　　兩稅法為唐德宗頒行的農業稅，宋代繼續執行。和糴法是中國歷史上對糧食供應進行國家管理的一種方法。在豐收的年份或者糧食盛產地區，政府用低價收購糧食，來避免糧食歉收的時候出現饑荒。和糴政策寓有聚米備荒、賑濟災民之意，是剩餘糧食商品化的重要渠道。據《宋史‧食貨志》記載，北宋時，河東路十三個府、州、軍兩稅額為三十九萬餘石，和糴額竟達八十二萬餘石。南宋高宗時，四川稅糧一石，承擔和糴一石，謂之對糴。宋孝宗時，曾令盛產糧食兩浙、江東路，田一萬畝要承擔和糴兩千五百石，可見農戶出售的糧食的數量是十分巨大的。

　　自給自足的小農經營方式在向選擇市場經營方式發展，一些地區其生產行為是以市場為導向的商業性農業。紡織業發達地區需要紡織原料經濟作物，如談鑰《嘉泰吳興志》載：湖州農戶「以蠶桑為歲計」。又如劉文富《嚴州圖經》載：嚴州（注：今建德一帶）「穀食不足，仰給它州，唯蠶桑是務」；莊季裕《雞肋編》稱：太湖洞庭山區「然地方共幾百里，多種柑橘桑麻，糊口之物，盡仰商販」，以至於「米船不到，山中小民多餓死」。《宋史‧食貨志》載：「蜀之茶園，皆民兩稅地（注：繳納兩稅應為農田），不殖五穀，唯宜種茶，民賣茶資衣食，與農夫業田無異。」居住在大城市和大都會周邊的農戶，往往根據城市消費需要，大量生產城市所需的蔬菜、家禽、柴薪等農副產品提供給城市居民，《二老堂雜記》載：南宋臨安「蓋東門絕無居民，彌望皆菜園」。莊季裕《雞肋編》亦稱：穎昌府（今許昌）「城東北門內多蔬圃，俗呼香菜門」。這些經濟作物的專業化的農業生產活動例證，都是廣大農戶為追求經濟利益，面對市場而進行的生產經營商品化的表現。

馬遠《踏歌圖》，描繪宋代農民在田埂踏歌而行的情景

二、部分農戶向專業化轉變

　　農業生產專業化是一種進步的表現，農業商品生產的集中也體現出技術的進步。宋代商品性農產品的生產，先於在少數發達的南方地區出現。以提供剩餘產品和經濟作物農戶的商業性生產，必然有一定的風險性，爭取風險性最小化是其經營特點。宋代農業生產出現了農戶追求農業生產的經濟利益，部分原因是受到市場的影響。可以認為宋代小農經濟特點是受市場影響下的具有自我供給和市場供給雙重供給的經濟，一直影響到後世。對宋代小農經濟下的農產品雙重供給行為的經濟分析，廣大自耕農、佃農的生產活動的最基本要求還是在保障交納農業稅和地租後的農產品，能夠滿足家庭需要，是生產的本質的內容。農業生產結構仍然以糧食生產為主導，家庭生產活動是耕織結合的傳統模式。農戶糧食消費依賴於市場的地區和家庭畢竟是少數，農業經濟的主流，仍然是以糧食生產為主的自給自足農業經濟。農產品無法轉化為商品時，農戶則將剩餘產品貯藏起來，調劑豐歉年，以備不時之需。正是因為宋代制度安排中出現了具有促進農業勞動生產效率增長的因素和有利於農產品商品化的需求拉動因素，從而增進了廣大小農對土地增加勞動投入和資本投入，精耕細作，獲得更多農產品產出，有更多剩餘農產品和經濟作物出售的熱情和願望。宋代小農的供給行為具有雙重供給性，既在滿足自我家庭消費的同時，又積極向市場提供剩餘農產品和主動以市場為導向生產經濟作物。

第三節　佃耕制促使農民兼業

一、農戶的流動性增加

　　因為不設田制，不抑兼併的土地政策，土地經常變動地主，農民也必然變動。宋朝史料中經常可以看到關於浮客、流民的記載。這些流動人口一般是失去土地的客戶，或者是放棄土地另有他就的自耕農。農民歷來「安土重遷」，一般都不是盲目流動。宋代在北方多與游牧區接壤，戰亂頻仍，他們的流動軌跡大都遵循從戰亂地區流向安定地區。宋代經濟重心南移，人口流動趨向也會向南移為主。南宋以後，農戶流動從發達地區向周邊生產條件差，不需要積累更多的剩餘產品地區流動。為此，農業各種生產要素的投入在滿足家庭需要的產出點就停止，有部分潛在生產能力不能開發出來。當農戶生

產出來的剩餘農產品可以在市場出售，農戶在利益的驅使下將不斷開發利用閒置的資源，甚至進一步增加生產要素投入，以獲得經濟收入。從微觀看，是單個小農家庭的農產品總產出增加了，從宏觀來看，是農產品的總供給增加。山區移動的逆向流動，這主要是發達地區由於人口積聚，土地資源緊張，地租上漲，出現規模不經濟而導致的區域擴散結果。南方山地適合種植茶葉，正適應了國家需要出口茶葉，進行茶馬交易的需要。正是由於宋代出現較為自由的土地制度，有了農產品的巨大市場需求，以家庭為單位的小農經濟已經不再是以滿足家庭生活需要為目的的生產，廣大農戶在生產中不僅要獲得家庭生活必需品，而且為市場供給商品，通過出售農產品來提高家庭的生活質量。

二、土地不斷流轉農民擇業靈活

佃耕制亦稱租佃制，雖然表面上是一種沒有農田制度的制度，實質卻是農田制度的另一種存在形式。土地買賣全面推向市場，土地零細化，土地買賣頻繁，辛棄疾的「千年田換八百主」是對當時土地不斷易主的寫照。由於庶族地主增加，農民與地主只是租佃經濟關係，不設田制和不抑兼併的政策，表明土地基本上是進入市場流轉，適應了商品經濟發展的趨勢，減少了官府對土地的政治干預，客觀上有一定的積極意義。

宋代農民不再是依附於地主，有人身自由。可以主導自家的經濟構成和經營方式的變化，可以小農、小工、小商三位一體化。農民在農業生產的同時，以兼業的方式從事手工業小商品生產，小商業經營、家庭經濟是由多種成分構成的混合性、多元化，對發展更具有穩定結構。在宋代，士、農、工、商四民之間的界限完全被打破。男耕女織，農業和家庭紡織業緊密結合傳統小農的基本經濟構成，雖然沒有根本性的質變，但隨著商品經濟的發展，在主要致力於糧食和紡織類生產的同時，兼做小手工業者、小商販、小雇工，已經是普遍的發展勢頭。諸如呂祖謙《宋文鑒》說「耕織之民，以力不足，或入於工商」，表明從事兼業的農民越來越多了。呂南公《灌園集》中分析，大量的下層主戶似乎更有兼業的迫切性：「今之居民，客戶多而主戶少。所謂主戶者，又有差等之辨。稅額所佔至百十千數千者主戶也，而百錢十錢之所佔者亦為主戶，此其力豈同哉？……夫所憂者，非力厚之家也，正在百錢十錢之家耳。目錢十錢之家，名為主戶，而其實則不及客戶。何者？所佔之地，

非能給其衣食，而所養常倚於營求」，說明兼營多為困難戶。

棄農經商者歷代皆有，宋代亦不乏其例。但多數地方的農民以務農為主，只是在農閒季節才蜂擁而出。《宋會要輯稿・食貨》載：「贛、吉之民，每遇農畢，即相約人南販牛，謂之作冬。初亦將些小土布前去博買。及至買得數牛，聚得百十人，則所過人牛，盡驅人隊。」大多數的農民缺乏到較遠地方經商的實力，通常是在家鄉村落，或者擠出微薄的資金做一些針頭線腦的小生意，主要靠著勤勞，在狹小的空間裏賺取一點蠅頭小利。宋代發展起來的農村草市初級集貿市場，為小商業活動提供場地。

那些既缺資金又無技藝的農民，只得依靠勞動力生活的雇工出現了，這些農民到城市勞務市場上出賣勞動力。宋代的農民紛紛湧上兼業道路，就是商品經濟的發展為之提供了廣闊的活動空間。其原因不外是：首先宋代的土地制度問題，土地佔有量不均，人多地少的戶，戶均土地下降導致了自耕農、半自耕農的大量存在。糧食收入已不能維持農民的基本生活需求，迫使他們尋求新的經濟來源。再是渴望脫貧致富欲望的衝動。人們常把安於現狀、不求進取、狹隘苟且歸於小農意識的範疇，事實上小農也不乏變革創新的熱情。北宋名臣蔡襄說：「凡人情莫不欲富，至於農人、商賈、百工之家，莫不晝夜營度，以求其利。」

宋代農民的兼業的產生對發展集市貿易產生重大影響。通過兼營手工業、商業，較多地利用外部市場，與商品經濟建立起較密切經常的聯繫，在商品交換過程中，緩解土地的制約，補充農業之不足。

三、農村勞力釋放使工業手工業發展

佃耕制使宋代農村勞動力釋放出來，不為土地所束縛，一部分勞動力投向城鎮、工業區第二、第三產業。很大一部分資金促使工業手工業大發展，紡織品、瓷器、紙張、印刷品、運輸工具等產品充斥市場，支撐城鄉集市貿易活動。宋朝的絲、麻、毛紡織業都非常發達。西北地方流行毛織業，四川、山西、廣西、湖北、湖南、河南等地麻織業非常發達。宋朝官窯、民窯遍布全國。當時有河北曲陽定窯、河南汝州汝窯、禹州的鈞窯、開封官窯、浙江龍泉哥弟窯、江西景德鎮景德窯、福建建陽建窯等七大名瓷窯，和分布在各地的許多大小瓷窯。所產宋瓷通過海上絲綢之路遠銷海外，如日本、高麗、南洋、印度、中西亞等地區。近年來在亞非各地都有大量瓷器出土，證明瓷

器是當時的重要輸出品。時至今日，宋瓷已成為中國古代著名的藝術品，而享譽海內外。

宋代造紙材料包括絲、竹、藤、麻、麥稈等都來源於農業。四川、安徽、浙江是主要的造紙產地。四川的布頭箋、冷金箋、麻紙、竹紙，安徽的凝霜、澄心紙、粟紙，浙江的藤紙等都聞名於世。甚至還有紙被、紙衣、紙甲等。紙張的大量生產與活字印刷術為印刷業的繁榮提供了基礎。社會上流行刻書的風氣。其中以臨安國子監所刻的書品質最好。宋朝的刻書以紙墨精良、版式疏朗、字體圓潤、做工考究、傳世稀少、價值連城而聞名於後世。北宋時已懂得用燒煤煉鋼，大型手工業則雇傭幾百全職的產業工人，而政府的兩處軍工業聘用八千工人——這已經是重工業規模了！宋朝的鋼鐵最高年產達 15 萬噸。

農民兼營的手工業商品生產品類很多，農家從來都是一身數紅的勞動能手。在傳統的男耕女織中，紡織依然是主題項目。在自給自足的時代，紡織是婦女的事，主要自用和繳納賦稅。宋代商品經濟大潮中，家庭紡織業的商品生產最普遍，成了重要的商品。徐積《織女》詩說：「此身非不愛羅衣，月曉霜寒不下機。織得羅成還不著，賣錢買得素絲歸。」這位織女生產出的羅，自己捨不得穿用，全部銷售到市場上去。卻拿著賣出的錢，去買紡織的原料素絲，再去織羅，其原料依然依賴市場供應。好的當商品出售，自己用次等的是農家常有的事，即所謂「織席的睡土炕，打柴的燒杌瓢，種糧的吃秕糠。」把原先主要用於滿足自身消費和應付地租、賦稅要求的勞動能力和技術，部分地轉變成了為市場交換而進行的小商品生產。小手工業一般有三個特徵：一是手工活產品面向市場，以實現交換價值而勞動；二是需要一定的手藝技術，哪怕是無比簡單的雕蟲小技，對自然物施以必要的加工製作。三是手工原料一般來自農業產品。如竹器加工有專門的篾匠，編成的簸箕、籮筐、曬筐、曬墊、涼席、搖籃等竹製器物，以為商品出售。農村把篾匠、箍桶匠、木匠、泥瓦匠、鐵匠合稱為五大匠人，是手工業的主力。

開礦、冶煉等手工業部門中的勞動者，許多都是暫時離土離鄉，前來兼業的農民。因為市場需要貨幣，製幣廠需要大量銅，四川潼川府銅山縣就是宋代重要的銅生產基地，《漢濱集·論銅坑朝劄》記載：「匠戶近二百家。……諸村匠戶多以耕種為業，間遇農隙，一二十戶相糾入窨，或有所贏，或至折閱，繫其幸不幸，其間大半往別路州軍銅坑盛處趁作工役。非專以銅為主，

而取足於此土也。」農民兼營銅礦採掘業有很大的冒險性，由於礦產資源和採掘技術水平的限制，並不總是贏利的，有時會賠錢折本，要看運氣的好壞。但他們常年從事這樣的兼業，便自然地掌握了銅礦採掘的專門技術，成為這方面的較熟練的勞動者。所以當家鄉附近的礦山資源有限，盈虧不常的時候，他們大多數人便會離開故土，到其他銅礦開採興盛的地區去繼續這種兼業。就這樣，他們既非專以銅為主，也不完全取足於此土。總的來看，在宋代的採礦、冶煉業的生產者當中，兼業的農民佔了相當大的比重，這是個帶有普遍性的現象。正如王炎《雙溪類稿》所說：「鍛鐵工匠未必不耕種水田，縱不耕種水田，春月必務蠶桑，必種園圃。」匠戶們亦工亦農，或者以農為主、以工為副，或者以工為主、以農為副，都沒有完全脫離農業，都同土地保持著千絲萬縷的聯繫，甚至只在農閒才從事採掘冶煉。

第四章　田園詩反映佃耕制農村經濟狀況

中國有史以來，人們期盼的太平盛世可以說屈指可數。史書上稱道的如漢代的「文景之治」，唐代的「貞觀之治」，清代的「康乾之治」，時間都很短暫。就是這些帶有溢美之詞的太平盛世，背後也是布滿戰爭、腐敗、冤獄、血淚。像清朝乾隆時期的文字獄十分殘酷，在天子腳下的寵臣和坤就是個富甲天下的大貪官。看來只要當時沒有大的戰亂就是太平盛世。像文景時的七國之亂，康熙時的平定臺灣等就可以忽略不計了。所以說老百姓對太平盛世的標準要求並不高。由此看來宋代就達不到這個標準。南北宋三百年來，外有遼、金、西夏、蒙古強敵壓境，連年戰爭，但是農村經濟有了發展，農民生活有所改善，農民對地主的依附關係鬆弛了許多。從宋代的田園詩中我們可以探索一些農村的概況。

第一節　反映了農村相對安逸

宋代田園詩數量龐大，內涵豐富，體式完備，流派紛呈，它們在繼承前代作品藝術傳統的基礎上，不斷有所突破，發生嬗變，是別於其他朝代的。例如稱為中興四大詩人的尤袤、陸游、楊萬里、范成大，都寫出了大量的田園詩。從讀這些田園詩中還會瞭解到宋代農業、農村、農民的一些情況，對研究農村社會史、農業經濟史都是很有價值的。

宋代的盛行田園詩有其原因：一方面是因為文人本身的努力；另一方面是當時的政治環境條件比較寬鬆。

　　宋代繼隋唐而切實實行科舉取仕，不少的庶族平民能夠通過科舉而為官，這樣促使了寒門弟子讀書。許多的詩人或家居農村，或經常接近農民，熟悉農村的生活。宋代又是文人執政，不少高官相國，如王安石、梅堯臣、晏殊、蘇軾大多出身寒門，他們本人也是有成就的詩人。梅堯臣出身農家，他對農村生活有著深切的體會，對農民有著真摯的感情，隨著創作的深入，他的田園詩逐漸走出前人樊籬，開闢出新的境地。梅詩旨在揭示宋初農民悲慘的命運和困苦的生活。如《小村》：「淮闊舟多忽有村，棘籬疏敗漫為門。寒雞得食自呼伴，老叟無衣猶抱孫。野艇鳥翹唯斷纜，枯桑水齧只危根。嗟哉生計一如此，謬入王民版籍論。」陳衍《宋詩精華錄》評曰：「寫貧苦小村，有畫所不到者，末句婉而多風。」真實展示了宋代農村秀美風物和淳樸民風，富有濃鬱的鄉土氣息。如張舜民《村居》：「水繞陂田竹繞籬，榆錢落盡槿花稀。夕陽牛背無人臥，帶得寒鴉兩兩歸。」孔平仲《禾熟》：「百里西風禾黍香，鳴泉落竇穀登場。老牛粗了耕耘債，齧草坡頭臥夕陽。」充滿畫意的鄉村小景，意境優美雋永。

　　許多的詩人居住在農村，在田園詩中，經常會反映出來。如詩人王庭圭就曾住在山村中，有《移居東村作》一首云：「避地東村深幾許，青山窟裏起炊煙。敢嫌茅屋絕低小，淨掃土床堪醉眠。鳥不住啼天更靜，花多晚發地應偏。遙看翠竹娟娟好，猶隔西泉數畝田。」這些詩人經常與農民接觸、探詢，深深瞭解農民情況。方岳的《農謠》詩：「雨過一村桑柘煙，林梢日暮鳥聲妍。青裙老姥遙相語，今歲春寒蠶未眠。」就與農家老人共話桑蠶。

　　以王安石、蘇軾之作為代表的變法新舊黨爭，農村狀況的好壞從某種程度上反映了變法的成敗。王安石的《歌元豐五首》等描繪了元豐年間歲和年豐、庶民歡慶的盛世景象。如《後元豐行》其一：「水滿陂塘穀滿簀，漫移蔬果亦多收。神林處處傳簫鼓，共賽元豐第一秋。」把江南魚米之鄉的富庶和農民生活的美好渲染得令人神往。孔武仲《時雨》：「空車輾雷幟推電，千里冥冥甘雨遍。元豐嘉號卜長年，太乙尊神宅畿甸。齊宮夜禱天俯聽，美澤朝流慰人願。豆苗蓬蓬粟低垂，土脈舒蘇蝗不飛。野老謳歌忘帝力，夕陽相與荷鋤歸。」其用意在宣傳、支持新法。蘇軾則用田園詩針砭新法流弊，《吳中田婦歎》：「今年粳稻熟苦遲，庶見霜風來幾時。霜風來時雨如瀉，杷頭出菌鎌生衣。眼枯淚盡雨不盡，忍見黃穗臥青泥！茅苫一月隴上宿，天晴穫稻隨車歸。汗流肩頳載入市，價賤乞與如糠粞。賣牛納稅拆屋炊，慮淺不及明年

飢。官今要錢不要米，西北萬里招羌兒。龔黃滿朝人更苦，不如卻作河伯婦。」藉田婦之口，傾訴災年農家的困頓，「龔黃滿朝人更苦，不如卻作河伯婦」二句，直將矛頭對準變法之人。《山村五絕》則嘲諷了青苗法、鹽法等的弊端。蘇轍在《次韻子瞻吳中田婦歎》：「久雨得晴唯恐遲，既晴求雨來何時。今年舟楫委平地，去年蓑笠為裳衣。不知天公誰怨怒，棄置下土塵與泥。丈夫強健四方走，婦女齷齪將安歸。塌然四壁倚機杼，收拾遺粒吹糠秕。東鄰十日營一炊，西鄰誰使救汝飢。海邊唯有鹽不旱，賣鹽連坐收嬰兒。傳聞四方同此苦，不關東海誅孝婦。」詩中所表露的政治態度則與蘇軾一樣。這些作品都蘊涵著濃烈的政治色彩，文人可以自由論政。

詩人反映農村的生活，在當時沒有受到上方壓制，甚至得到鼓勵。傳說宋孝宗曾打算叫詩人范成大為宰相，後來以為他「不知稼穡之艱」而作罷。於是他寫了大量的田園詩以替自己表白。至少在宋代並沒有像明、清以來大興文字獄。常見到有譏諷朝政，針砭時弊的辛辣詩文，特別是譏諷朝廷喪權辱國的詩文很多，朝廷並未當成「給什麼什麼抹黑」予以追究，這是可以標榜後世的。例如：醴陵士人《一翦梅》：「宰相巍巍坐廟堂，說著經量，便要經量。那個臣僚上一章，頭說經量，尾說經量。輕狂太守在吾邦，聞說經量，星夜經量。山東河北久拋荒，好去經量，胡不經量？」又如無名氏的詩：「白塔橋邊賣地經，長亭短驛甚分明。如何只說臨安路，不較中原有幾程。」都是譏諷「經界法」的詩。林升《題臨安邸》：「山外青山樓外樓，西湖歌舞幾時休。暖風薰得遊人醉，直把杭州作汴州。」就是譏諷朝政，而且很是刻薄的。劉扮《新晴》詩：「青苔滿地初晴後，綠樹無人晝夢餘。惟有南風舊相識，偷開門戶又翻書。」這首詩的意境和清代江蘇東臺舉人徐述夔的詩「清風不識字，何須亂翻書」非常近似。乾隆皇帝卻大興文字獄，將徐述夔開棺戮屍，還不解氣，又將他兩個孫子及兩個族人處決。

第二節 佃耕制使農田建設興盛

宋代在水利建設上是有所作為的。北宋太宗時即在河北的拒馬河一帶，引水種植水稻，並起阻止遼國騎兵入侵的軍事作用。特別是神宗時七年共修水利工程一萬又七百九十三處。在河南、河北、山西、陝西一帶還大量實施了引濁灌淤工程，改良鹽鹼地、瘠薄地。有記載的就達六百四十五萬畝。南方則多丘陵山地，開發農業，首先平整土。在水利建設上，不會像北方以灌、

排並重，必須廣建陂塘蓄水，開渠灌溉。為了保證水利工程的有效的實施，在王安石的倡導下，熙寧元年頒布了農田利害條約，這是中國歷史上第一部農田水利法。在田園詩中有不少反映灌溉的詩篇。列舉如下：

王安石《初夏即事》：「石樑茅屋有灣崎，流水潑潑度兩陂。晴日暖風生麥氣，綠陰幽草勝花時。」

朱熹《觀書有感》：「半畝方塘一鑒開，天光雲影共徘徊。問渠那得清如許，謂有源頭活水來。」

雷震《村晚》：「草滿池塘水滿陂，山銜落日浸寒漪。牧童歸去橫牛背，短笛無腔信口吹。」

這些詩篇都歌頌了發展水利灌溉，對農業生產帶來的好處，給農民帶來了歡樂和希望。在灌溉工具上也有了較大的改進、提高。除了用人力提水的龍骨車以外，還有利用水力運轉的「水車」和「竹車」。梅聖俞《農具詩》中《水車》一首：「既如車輪轉，又若川虹飲，能移霖雨功，自致禾苗稔。」王安石也有《水車》一首：「取車當要津，膏潤及遠野。與天常斡旋，如雨自淙瀉。」

開發水利，發展淤灌工程，南方擴大陂塘蓄水都使一些荒地劣壤變成了良田。《宋會要輯稿‧淤田門》載：開封府原本是不能種麥的土地，淤田以後便能種植麥子。河東絳州經過淤田後，作物產量增加四、五倍。因此這些地區的地價隨之上揚。南方根據其地土地高低不平的特點，發展了梯田、架田、圍田等。南宋詩人范成大首先提到了梯田，說：「嶺阪上皆禾田，層層而上至頂，名梯田。」樓鑰的詩中也提到：「百級山田帶雨耕，驅牛扶耒半空行」，擴大了耕地，農田布滿了山崗之上。

范成大《村居即事》：「綠遍山原白滿川，子規聲裏雨如煙。鄉村四月閒人少，才了蠶桑又插田。」由於地價昂貴，普通農民難以在平疇沃土得到可耕土，只得在墾殖困難的地方尋找耕地。農民除了在山崗地墾殖梯田以外，還在水面上找種田的出路。有的是發展水面種植，架田就是一種，在水面上放葦箔種植蔬菜之類，類似現在的水上栽培技術。再是種植水生作物，如菱、藕、茜等。農民種水更是辛苦。范成大《四時田園雜興》：「採菱辛苦廢犁鋤，血指流丹鬼質枯。無力買田聊種水，近來湖面亦收租。」另《採蓮三首》：「溪頭風迅怯單衣，兩槳凌波去似飛。折得蘋花雙葉子，綠鬢撩亂帶香歸。」

圍田就是圍湖造田。造田的結果雖然擴大了農田，但是影響了湖沼的調

解水量的功能，往往會造成水害。當時的社會對圍湖造田就有爭議，如《宋會要輯稿》上說到太湖的圍田「旱則……民田不占其利，澇則遠近泛濫，不得入湖，而民田盡沒。」而且經常發生「爭占鬥訟愈見生事」，大戶侵奪小戶權益。范成大的《圍田歎四絕》就是敘述此事的。現錄一首於下：「萬夫堙水水源乾，障斷江湖極目天。秋澇灌河無泄除，眼看漂盡小家田。」

第三節　農村政治經濟狀況好轉

宋代商品貨幣經濟發展迅速，促進了土地的商品化，土地買賣盛行，轉移頻繁。劉克莊詩：「莊田置後頻移主」和辛棄疾「千年田換八百主」都說明了土地買賣在宋代已是平常事了。土地轉移的頻繁表明庶族地主大量增加，農民的依附關係大大減弱。宋代的農村戶口分為五等，一、二等戶為上等戶，賦稅、服役都是很重的。而王公貴戚功臣免役，說明上等戶是庶民中的殷實之戶。宋代農奴身份的人，有著本質的不同。唐代的農奴不算編戶人口，只是主家的財產。宋代的客戶是有獨立的戶籍，經過努力耕作，家有盈餘，購買了幾畝土地，或經過墾荒獲得了土地，還可以成為主戶。宋代並允許客戶購買官田、荒田、逃戶田，農民相對的自由了，與地主只是雇傭關係。有些主戶為了躲避徭役或其他原因，逃到外地，或破產喪失了土地，就降成客戶。客戶開始到外地謀生是很艱苦的，樂雷發《逃戶》詩曰：「租帖名猶在，何人納稅錢。燒侵無主墓，地占沒官田。邊國干戈滿，蠻州瘴癘偏。不知攜老稚，何處就豐年。」

宋代在文人執政下，政策對待農民較為寬鬆。宋代盛行理學，講究「存天理，滅人慾」，知識界以「慎獨」作為重要的修養方法。還出現了一些名臣賢相，寇準、包拯都是歷代稱頌的清官。尤其是縣令都是京官出任，對上級州官互有牽制作用。宋代對官員實行養廉政策，縣令已經有「父母官」的稱號。這些官員們還為農民說話，常常見於詩文中。詩人梅堯臣寫了不少為普通百姓鳴不平的詩。如宋仁宗康定元年他在河南襄城任縣令時，西夏出兵攻宋，上級郡吏徵發地方鄉兵弓手，在大雨中，道死百餘人。梅堯臣寫詩《汝墳貧女》予以譴責：「汝（注：指汝河，在今河南境）墳貧家女，行哭音悽愴。自言有老父，孤獨無丁壯。郡吏來何暴，縣官不敢抗。督遣勿稽留，龍鍾去攜杖。勤勤囑四鄰，幸願相依傍。適聞閭里歸，問訊疑猶強。果然寒雨中，僵死壞河上。弱質無以託，橫屍無以葬。生女不如男，雖存何所當。拊膺呼

蒼天，生死將奈向。」司馬光的《論義勇六答子》亦論及此事，當時並不認為是：「揭黑暗面，影響大局。」

　　宋代的工商業發展，使農村的生產逐漸走向多種經營。除了傳統的種糧養蠶以外，以供應市場為目的的茶、果、菜的生產也很受重視。茶葉摘取之後，不能直接消費，必須經過一系列的加工過程，因此還要有「茶焙」、「水磨坊」加工作坊，促進農村手工業發展。楊萬里《桑茶坑道上》：「田塍莫道細於椽，便是桑園與菜園，嶺腳置錐留結屋，盡驅柿栗上山顛。」范成大《夔州竹枝歌》：「新城果園連瀼西，枇杷壓枝杏子肥。半青半黃朝出賣，日午買鹽沽酒歸。」反映的就是多種經營。

　　北宋建國之初，很注意發展生產，罷除了五代時期遺留的苛捐雜稅，精簡役賦，獎勵開荒，興修水利，安置流散，實行休養生息的政策，經濟發展收到了可觀的效果。宋太祖乾德四年下詔稱：「今三農不害，百姓小康，夏麥既登，秋稼復稔，倉藉有流衍之望，田裏無愁歎之聲。」特別是王安石變法後，軍隊實行募兵制，農民生產穩定。唐代的奴隸式部曲制在宋代被取消後，那種「車轔轔，馬蕭蕭，行人弓箭各在腰。耶娘妻子走相送，塵埃不見咸陽橋」的場面不多見了，農民只參加地方性質的「鄉兵」。差役到農村辦事，也不再如狼虎似的，農民比較容易對付差役，給幾個青錢買酒就打發了。范成大《四時田園雜興》：「黃紙蠲租白紙催（注：黃紙是朝廷的文告，白紙是地方官府的文書），皂衣旁午下鄉來。長官頭腦冬烘甚，乞汝青錢買酒回。」

第四節　農家忙中有樂

　　歷代農民總是一年忙到頭的辛苦異常，宋代詩人體會農民的辛苦，反映農村忙忙碌碌的詩篇很多。農民早起晚歸，披星帶月，整年一家老小辛勤勞作，種田織布，打魚採樵，還要給官家納稅出役。愛國志士華岳有《田家》詩兩首，其一：「雞唱三聲天欲明，安排飯碗與茶瓶。良人猶恐催耕早，自扯蓬窗看曉星。」其二：「拂曉呼兒去採樵，祝妻早辦午炊燒。日斜枵腹歸家看，尚有生枝炙未焦。」范成大《四時田園雜興》亦云：「晝出耘田夜績麻，村莊兒女各當家。童孫未解供耕織，也傍桑陰學種瓜。」

　　農民長年寄身於大自然之中，又遇到的好年景，會有農家之樂。詩人們對國事失望，對官場厭倦，而與農民投身於小橋流水、瓜棚豆架之間，聆聽寺院鐘聲，牧童笛音，可稱為人間快事。宋代的田園詩總是將寫景與描述農

民生活融合在一起，王庭圭《二月二日出郊》：「日頭欲出未出時，霧失江城雨腳微。天忽作晴山捲幔，雲猶含態石披衣。煙村南北黃鸝語，麥壟高低紫燕飛。誰似田家知此樂，呼兒吹笛跨牛歸。」

　　農民在遇到節日會有酒有肉，社日是農事活動的節日，春社、秋社祭神以祈禱風調雨順，國泰民安。鄉親們歡聚一堂，也是快樂非凡。陸游《遊西山村》：「莫笑農家臘酒渾，豐年留客足雞豚。山重水複疑無路，柳暗花明又一村。簫鼓追隨春社近，衣冠儉樸古風存。從今若許閒乘月，拄杖無時夜扣門。」寫得非常傳神。農村到了臘月，就忙於過年，一方面要享受一年來的勞動成果，一方面要迎接新的一年到來，預祝豐收。范成大曾寫過《臘月村田樂府十首》，反映了農村在有了收成的臘月，準備過年的歡樂。進入臘月大家聚起杵臼來「冬舂」，「臘中儲蓄百事利，第一先舂年計米。」第二件事就是為了在年後「偏愛元宵燈影戲」，在年前趕燈市，有買有賣，熱鬧的很。第三件是祭灶，宋代祭灶神是臘月二十四：「豬頭爛熟雙魚鮮，豆沙甘松粉餌團」，已經有了年節的氣氛。二十五日照田蠶，一不接一環：「儂家今夜火最明，的知新歲田蠶好。」到了過年「分歲」時，一家老小相互敬酒，喜氣洋洋：「小兒但喜新年至，頭角長成添意氣。……老翁飲罷笑撚鬚，明朝重來醉屠蘇。」用過年的歡樂，報答一年的艱辛勞作。但是並非所有農民都能過個好年，窮困之家，過年如過關。楊萬里《憫農》詩云：「稻雲不雨不多黃，蕎麥空花早著霜。已分忍饑度殘歲，更堪歲裏閏添長。」

第五章　集市貿易不斷擴展提升

第一節　集市貿易發展的步伐

宋朝是中國古代唯一長期不實行「抑商」政策的王朝，集市普遍開花。北宋時期鄉村集市的規模不斷擴大，農村集市貿易不再零散，作用得以提升。南宋儘管集市仍然停留在小規模、臨時性的村落交易，但是一部分「草市」從定期集市向著「朝朝合」常市的轉變，不少集市又進一步上升為商貿城鎮、都會。

市鎮的興起或形成自有其經濟的背景，但與具體的交通狀況、地理條件至為重要。中國古代城市功能開始為軍事城堡，進而演變成為政治文化中心。宋代則推動中國古代城市以政治功能為主，向以政治經濟文化中心發展的同時，經濟型城鎮也大量發展。經濟型城鎮大都是由集市貿易和手工業發展因素而形成的。宋代社會生產力飛速發展，社會經濟繁榮昌盛，城市商品經濟快速發展，經濟職能出現多樣化，有工商型城市、商業型城市和手工業型城市。海外貿易空前發達，港口城市大量出現。

宋代「草市」向城市發展過程，大體上經歷草市大量湧現、草市向商業集鎮演變和商業集鎮向手工業專業鎮轉化，終於促使大都會形成。

一、開始草市的大量湧現

草市始見於南北朝，隋唐時期已有了初步發展。至唐末，在某些商業繁榮的城市開始出現夜市及附城草市，農村中定期的小集市也越來越多。此類草市，根據各地經濟發展水平與交通狀況，各有不同的集期，如二日一集、

三日一集、五日一集、六日一集，乃至十日一集等。到了北宋，由於城市建設徹底衝破了坊、市之間的界線，商店可以隨處開設，從而導致了城市內部集市的產生。與此同時，許多城市由於規模的擴大，限於城垣以內的範圍已不夠使用，商業區域不斷向外擴展，與農村中的草市相呼應，從而加快了草市的大量興起。

農村集市貿易的發展，使向來以家庭為單位自給自足的小農經濟呈現出逐步解體的趨向。鄉村集市的興起，導致農村市場體系的發育成長，衝破原有的自給性和封閉性，取而代之的是小農經濟的個體性和分散性。小農個體經濟仍然限制了社會生產分工的進一步深化和商品經濟水平的提升，但個體經濟本質並未改變。

二、隨之草市向商業集鎮演變

隨著草市的大量興起，使一些大的農村集市成為附近地區的集散中心和城鄉交流的聯結點，從而演變為市鎮。在早期，我國的市和鎮之間是有著比較嚴格的界線，《吳江縣志‧鎮市村》稱：「有商賈貿易者謂之市，設官防者謂之鎮」，可見，市僅具有經濟職能，鎮則是鎮守地方，具有軍事、行政的職能。但是，到了北宋時期，這些市鎮的性質開始發生了變化，純粹以貿易為特徵的鎮市大量湧現。北宋的規定，在各鎮設置監官，建隆三年（公元 962 年）的詔書宣布：「諸鎮監官掌警邏盜竊及煙火之禁，兼徵稅権酤。」於是，在縣和草市之間就有了鎮的建置。鎮的出現又加快了商業性集鎮的發展，這樣，市和鎮之間的區分標準也發生了本質的變化，「以商況較盛者為鎮，次者為市。」樊樹志所著《國史概要》闡明：北宋時代，黃河流域的市鎮發展佔有明顯的優勢，四京尤為突出。東京開封府有 31 鎮，西京河南府有 22 鎮，北京大名府有 20 鎮，南京應天府有 13 鎮。而同時代的江南地區相對較少，蘇州有 4 鎮，秀州（注：今嘉興一帶）有 4 鎮，杭州有 12 鎮，湖州有 6 鎮。南宋時代，隨著江南經濟的飛速發展，江南地區的市鎮異軍突起。臨安府增至 28 市鎮，嘉興府達 15 市鎮，蘇州達 19 市鎮。可見，經宋朝一代，草市不僅發展成集鎮，而且數量增加也相當迅速。

三、繼而商業集鎮向手工業專業城鎮轉化

綜合市鎮眾物雜陳，而專業市鎮則特色鮮明。宋代各地市鎮儘管商業貿

易職能較強，但各行各業的生產活動，即手工業生產活動非常活躍，也是市鎮經濟的一個重要組成部分。據《宋會要輯稿·食貨》記載：「市戶自有經紀，工匠自有手作。」如江西景德鎮，當時陶瓷生產就相當興盛。有瓷窯達三百餘座，而且分工也相當精細，已有陶工、匣工、土工、利坯、車坯、釉坯、印花、畫花、雕花等工種及工藝程序類別。可見有宋一代，隨著市鎮商品經濟的發展，手工業分工與生產進一步擴大，在原有商業性集鎮的基礎上，又湧現了一批具有手工業專業傾向色彩的市鎮。除了上述的陶瓷專業鎮外，還有筠州清溪市礦冶專業鎮、陵州賴鑊鹽業鎮、彭州蒲村茶業鎮、遂州鳳臺糖業鎮、興化軍龍華糖業鎮、泉州安海航運業鎮、秀州青龍航運業鎮等。這些市鎮的出現，不但顯示了宋代經濟作物、手工業與商業的高度發達，同時還標誌著草市、集鎮的經濟自身進入了一個新的發展階段。

四、終於促使繁榮的大都會形成

　　11 世紀和 12 世紀的宋代，無疑是世界上經濟最先進的地區，在工業化、商業化、貨幣化和城市化方面遠遠超過世界其他地方。法國著名漢學家謝和耐曾說：「在社會生活、藝術、娛樂、制度、工藝技術諸領域，中國（宋朝）無疑是當時最先進的國家，它具有一切理由把世界上的其他地方僅僅看作蠻夷之邦。」日本宋史學家宮崎市定認定：「宋代是中國歷史上最具魅力的時代。中國文明在開始時期比西亞落後得多，但是以後這種局面逐漸被扭轉，到了宋代便超越西亞而居於世界最前列。然而由於宋代文明的刺激，歐洲文明向前發展了。」宋朝的文明深深的影響了世界。

　　宋代打破了唐代以來坊和市嚴格分開的形式，不但平民百姓住宅附近設有商店，就是官衙、豪宅、使驛、寺廟附近也廣設店鋪。像京城汴梁的鄭太宰宅附近有魚市行，都進奏院的隔壁是百鍾園藥鋪，都亭驛對面是梁家珠店。御廊西有居民生活的街區，更是商店林立，分布著鹿家包子鋪、羹店、酒店、香藥、茶葉鋪等。沿街叫賣流動的小販非常活躍，登門出售宰殺好的肉類、雜碎、水產品、豆腐乳等調味品，熟食、點心，種類繁多。農村集市也很活躍。

　　宋朝首都開封，比唐朝首都長安更加繁華，更加開放，八荒爭湊，萬國咸通。這是當時宋朝的真實寫照。當時來中國的外國人數量遠遠超過唐朝。唐朝的外國人大都來自亞洲西域、阿拉伯、朝鮮、日本。而到宋朝除了這些

地方還擴大到非洲、歐洲等地。宋朝比唐朝是更加開放的，宋朝的商業活動、商業氛圍無疑比起唐朝高幾個檔次。唐朝來中國經商的都是以外國人為主，而宋朝的商人是走出去的。宋朝商人比外國商人更加活躍，《中國古代經濟簡史》就指出：「當時我國的船隻已經航行於印度洋各地，包括錫蘭（注；今斯里蘭卡）、印度次大陸、波斯灣和阿拉伯半島，甚至達到非洲的索馬里。」

第二節　鄉村集市貿易的形式

一、初級層次的定期集聚交易

　　初級層次集市貿易是農村的民間交易，這種交易場所屬於最常見的期日集市。各地的集市週期，由當地一貫的集會習慣逐漸形成的，有期日集市並不是宋代才出現，但它作為農村集市貿易的一種基本形態是在南宋時期才全面確立起來的。集市有多種形式，從活動類型來看，具體可分為兩種：一種是日常性的定期集聚交易，屬於最常見的期日集市。由於各地在自然條件和經濟社會發展水平上存在著很大差異，市集的週期也有長有短。日集，即天天有集；間日集，即每隔數日舉行一次的集市。週期稍長的期日集市，則是三數日一集。集會的時間都是按照干支記日法推算，例如江浙一帶的集市有取干支寅、申、巳、亥日成集，故謂亥市。池州一帶的鄉村則集會日期干支為子午，故而墟集稱為子午會。另據吳處厚《青箱雜記》所載，蜀中有「瘧市」，間日一集，如瘧瘧之一發則其俗又以冷熱發歇為市喻。顯然瘧市是週期更短的隔日市，已接近常設市形式。雖然吳氏所說是北宋時期的情況，但考慮到南宋時期川蜀地區農村商品經濟又有進一步發展，瘧市之類的隔日市亦當更為活躍。週期稍長的期日集市，則是三數日一集。如《宋會要輯稿‧食貨》說：「淳熙二年（1175 年）九月，兩廣臣僚上言：『有號為墟市者，止是三數日一次市合』。在部分偏僻和落後地區，市集週期往往在五、六日以上。趙汝适《諸蕃志》載：地處海南島的昌化軍和吉陽軍，前者地狹民稀，當地黎、漢等族約定寅、西二日為墟市。後者更顯荒涼，境內止三百八戶，無市井，每遇五七日，一區黎洞貿易，頃刻即散。集會地點是在「空場」，會散了就「虛」，所以叫做「墟市」。

　　以小農經濟為主體的宋朝社會，出現了農產品大量商品化的新經濟特徵。宋朝自由買賣的土地制度、由賦稅供給型向政府採購型轉變的財政制度，

制定有利於工商業發展的經濟制度，不僅激發了小農的生產積極性，促進了農業產出的增長，而且降低了農戶將農產品轉化為商品的交易費用，使小農通過市場獲取經濟收益成為可能。在這樣的制度安排下，小農的農產品供給由過去的自給自足型，轉化為積極向市場提供農產品的雙重供給行為，從而為社會提供了大量的商品性農產品。

集市屬於初級的中心地，交易的商品一般為日常用品和易耗品等初級貨物，為集市附近的鄉村居民服務。集市地點通常選擇位於交通適中的集鎮或鄉村，以及寺廟所在地、城鎮邊緣地帶等。集市的間隔往往取決於買者和賣者所願意離開居住地前往的最大距離。集市貿易指定的地點，是在有時間間隔和買賣雙方進行商品交易活動的一個有組織的公共場所，鄉村墟市、部分農村草市和少數小規模的鎮市都屬於這一類。這類市鎮數量很多，廣泛分布於各地農村。溫州人陳允平《過田家》說：「村南啼布穀，村北響繰車。隔浦賣魚市，傍橋沽酒家。野花朝日暖，溪柳背風斜。又過東鄰去，東鄰採菊芽。」鄉村墟市規模小，一般只有幾戶或數十戶居民，市場水平低，大多是鄰近幾個村落居民間的貿易活動，發展不穩定，其地點常隨實際需要而變動。正如時人呂陶《淨德集》所說的：「村落細民，間日而市，有無相易，苟營朝晡之費。」

商品經濟的發展，表現在市場上，就是進入流通的商品數量不斷增多，商品的品種類別日益多樣化，其中有很大部分是農產品。如《宋史‧食貨志》記載的屬於農副產品的商品有：茶、穀、麥、菽、糯米、青稞、糙米、芻糧、瓜、水果、蔬菜、木材、薪、炭、竹、牛、羊、雞、鴨、魚、橐駝⋯⋯等，其中糧食和茶葉的市場流通量最大，是這一時期市場上的大宗商品。集市都有固定集中的營業區域，賣者就地擺攤賣貨。柴草市出售麥草、硬柴、煤炭。舊時，忌長途販運硬柴，民諺中說：「千里不販樵」，因為運費貴，不合算。蔬菜市有許多講究和忌諱，主要是保持清潔美觀，要將各種蔬菜分別堆放整齊，不得亂堆。蔬菜是需要經常保鮮的商品，宋代同樣是運輸條件落後，長途販運會使青菜失鮮，諺語亦有：「千里不販青」之說。禽蛋市很普遍，農民家家養雞，因此在農村集市中，賣雞賣雞蛋的很多。騾馬市經銷馬、驢、騾、牛等大家畜。賣、買雙方不直接交易，而經過經紀人成交。豬羊市和騾馬市相比，利薄，買賣雙方大多是直接交易，所以經紀人少。

二、燈會廟會上的商品交易

　　集市貿易的另一種是燈會、廟會等地方風俗和節日活動相結合的商品交易集會。各地方風俗和節日活動，一般都舉行燈會或廟會。這是屬於特殊形式的期日集市。這類集市一般每年定期、定點舉行，雖然間隔時間比較長，但相對於日常性期日市，具有規模大、範圍廣的特點。如正月十五元宵節，紹興府會稽縣每年都要在府城外的開元寺前舉辦燈會，由此吸引了大批周邊州縣的商人，甚至還有不少海外舶商，交易極為興盛。《嘉泰會稽志》載：「傍十數郡及海外商估皆集，玉帛、珠犀、名香、珍藥、組繡、髹藤之器，山積雲委，炫耀人目。法書、名畫、鍾鼎、彝器、玩好、奇物，亦間出焉。」

　　江南歷來多寺院，唐代詩人杜牧曾有：「南朝四百八十寺，多少樓臺煙雨中。」之詩句，宋代江南市鎮的宗教活動依然十分活躍，大部分市鎮都有數量不等的寺廟觀院，像澉浦、青龍、上海、黃池等的大型市鎮，寺、觀之多自不必說，就是一般的市鎮也往往為數不少。二月初八是民間所傳彌勒佛降生日，慶元府奉化縣岳林寺要舉辦「道場」，信徒雲集，商賈輻輳。陳耆《本堂集》載：「百工之巧，百物之產會於寺，以售於遊觀者萬計。」四月十五日，平江府崑山縣舉辦馬鞍山山神神誕祈會，《淳祐玉峰志》載：「它州負販而來者，肩袂陸續。」平江府常熟縣的縣北 40 里的福山鎮也是遠近聞名的宗教活動中心，鎮上有大慈寺、潛真館等多所寺觀，其中以作為泰山神行祠的東嶽廟影響最大，每年都有江、淮、閩、粵等地的大批信徒前來祭祀和祈禱，「歲率以暮春，大會來者於廟之庭，祈者、禳者、訴者、謝者、獻技能者、輸功力者，若貴若賤，若小若大，咸各有施。投簪珥，薦珠貝，輦貨泉，篚布帛，庭實充塞。」

第三節　滿足城鎮居民生活需求的貿易市場

　　市鎮大多位於位置適中、交通方便的中心村鎮、寺廟勝地和城鎮邊緣地區，也可引申為進行交易的場所或聚落，住民以工商業者為主，稱為集鎮。農村集鎮是經濟空間網絡的基本構成單元，在中心地系統的概念中處於較低的一級中心地，它以其特殊的職能和規模，與一般意義上的城鎮既有聯繫又有區別。集鎮以經濟活動為主，是基於其經濟功能發生、發展起來的。是農村商品購集的起點，又是商品銷售的終點，擔負著農村生產資料和生活資料、

農產品收購和交易的職能。集鎮中一般劃有專門的交易地點，為便於管理和進行交易，各類物資分別集中在一定範圍，既互不相擾又聯成一體。農村集鎮還具有教育、醫療、娛樂等職能，是農村居民娛樂和相互交往的主要場所。歷代地方官府都力圖通過集鎮來控制縣境內農村區域。

　　常設性的集鎮民間趕集上會的期日，是比農村草市上了一個層次的市場形態。特點是已經形成相對有單獨活動場地和穩定的經營事業。到了北宋時期農村地區的定期集貿市場，許多已形成為集鎮級中心地。進入南宋時期，常設性鎮一級集市的數量明顯增多。據《紹熙雲間志》卷下《場務》載：紹熙年間（公元 1190～1194 年），浙西嘉興府華亭縣有 14 處草市設有稅場，說明這些草市的交易活動和市場規模達到一定水平，官府有必要派稅務機構。隨著市場擴大，已經成為終日貿易的商業街區。范成大《吳船錄》云鄂州城外的南草市：「廛閈甚盛，列肆如櫛。其街市綿延數里，有居民數萬家，為川、廣、荊、襄、淮、浙貿遷之會。」鄂州青山磯市由於經濟的發展，後來成為黃州黃陂縣城。

一、早市和夜市

　　鄉村集市大多是「朝集午散」，賣者賣新鮮，買者及時能用。宋代已有早市，說明商品經濟的發達。早市也叫曉市或朝市，宋人王之道詩云：「炭重烏銀爭曉市，蔬挑翠羽荷鄰家」，說明大早起上早市去買石炭、蔬菜，以備一天的生活必需品。項安世詩云：「曉市眾果集，枇杷盛滿箱。梅施一點赤，杏染十分黃」，早市攤子布滿各種果品。縣城、集鎮、農村都有早市。蘇東坡出守黃州，有《水龍吟》云：「小溝東接長江，柳堤葦岸連雲際。煙村瀟灑，人閒一哄，漁樵早市」，寫活了這個鄉村早市。詩人范成大寓居蘇州石湖，牆外就是早市，有詩句描寫市聲：「菜市喧時窗透明，餅師叫後藥煎成。閒居日出都無事，惟有開門掃地聲。」早市無疑給老百姓的生活帶來了諸多的方便與情趣，南宋陳起有一首詩抒發了晚年逛早市的愉悅心情：「今朝神清覺步輕，杖藜聊復到前庭。市聲亦有關情處，買得秋花插小瓶。」梅堯臣詩云：「曉日魚蝦市，新霜桔柚橋」，范成大詩云：「晨興過墟市，喜有魚蝦賣」，趙蕃詩云「晨鐘離野寺，早市出村墟」，描寫的都是一般村鎮的早市。名目則有草市、墟市、村市、山市、野市等。

　　由於從居所到集市往往有一定距離，人們一大早就要出門趕市，正如董

嗣杲《過林口市》所說：「紛紛赴墟者，未曉聽鐘起」。陸游有一次趕早往遊夔州臥龍寺，只見當地「峒人爭趁五更市」，比他還早去趕墟市。范成大在江南東路也親見「趁墟漁子晨爭渡」的場面，他有一次曉泊浙西路橫塘鎮，「短夢難成卻易驚」，也是因為「泃泃前村草市聲」。這種草市雖然也有日市，但一般多是早市。據《東京夢華錄》，早市中還有一種特例：「又東十字大街，曰從行裹角茶坊，每五更點燈博易，買賣衣物、圖畫、花環、領抹之類，至曉即散，謂之『鬼市子』。」無非因為古董舊衣類買賣最多欺詐誑騙，不宜在天光大亮後繼續交易而已。夜市和午後的交易活動，可以買「撈底貨」，價格便宜。夜市活動是貿易時間的延伸，意味著農村集市發展水平的提高。到南宋時期，夜市越來越多地成為鄉村集市的活動形式。詩人陸游在遊歷家鄉紹興府鏡湖流域時所作的詩篇有不少具體描述，如《秋夕書事》中所說的：「鵲飛山月出，犬吠市船歸。」《晚興》中所說的「村市船歸聞犬聲，寺樓鐘鳴送鴉棲。」《林間書意》中所說的：「三三兩兩市船歸，水際柴門尚未開。」等，都反映了當地水鄉農民坐船趕夜市歸來的情景。農民白天在田間耕作，夜間到集市出售農產品和採購所需物品，夜市正是為適應這種環境而興起的。在部分地區，還進而出現了鄰近集市在活動時間上彼此錯開，使日市和夜市結合起來的現象。如紹興府山陰縣的三山市，由東市、西市、南市和蜻蜓浦市四個集市構成，其中東市的夜間貿易十分活躍，其他集市則以白天交易為主。賣方有自產自銷的農民，也有小商小販，買方多為市鎮居民。

二、貨郎擔子更靈活

南宋鄉村集市發展表現開放性很突出。集市向各個村落擴散，滲透到農民日常的生產和生活之中。以集市為依託的貨擔貿易的活躍，便是這方面的表現。各類小商小販擔挑肩扛，日用百貨買賣有貨郎擔子，深入村頭田間，走街串巷，挨家挨戶地銷售和收購各種日常品，適應了廣大農民生產和生活的特點。誠如宋代理學家朱熹所說，古時：「只立得一市在那裡，要買物事，便入那市中去。不似而今，要買物事只於門首，自有人擔來賣。更是一日三次會合，亦通人情。」這些往來於鄉間村落的小商小販大多是兼業農民，他們在進行農業生產之餘，或將自家所產貨賣，或在集市上購入商品再轉售，或從農家手中收購某些農副產品再轉銷集市，從中獲取蠅頭小利，買者求個方便而已。

　　宋代李嵩《貨郎圖》表現了挑滿玩具百貨雜物的貨郎受到了鄉村孩子、母親的歡迎，具有濃厚的生活情趣，作者概括地展示了鄉村貨郎的真實形象。整個畫面表現了生動熱鬧的氣氛，說明了宋代城鎮集市貿易和商品交換的繁榮。

第四節　集市貿易促進城鎮發展

　　宋代開始大規模的城市化，首次出現了主要以商業，而不是以行政為中心的市鎮，且表現出迅猛的發展勢頭，據學者統計，兩宋時期見於史載的市鎮多達 3600 個以上，其中一部分市鎮，不論是人口數量，還是經濟水平，都超過了一般州、縣城區。市鎮的崛起，為中國的城市化進程開創了另一種淵源。北宋時代，京城設在汴梁，地處平原，無險可守。只得在京城四邊設鎮，駐軍鎮守。隨著經濟的發展，鎮的性質開始發生了變化。集市貿易城鎮通常出現在水陸交通樞紐地區，由於貨物中轉和貿易交流發達而形成。隨著大運河的疏濬，在大運河沿岸的臨安、汴梁等一躍成為全國的重要商業城市，其規模之大，人口之眾，商業之繁華，當時其他城市難以望其項背。北宋元豐年間，東京（注：即汴京，今開封）的工商業者及其他服務行業共約有 15000 多戶。開封府以南的軍事重鎮朱仙鎮，因地處汴河之濱，成為水旱碼頭，是商品的集散地。開封城中還有相國寺、鼓扇百索市、巷陌雜市、乞巧市等定期交易市場，其交易規模也很大。長江沿岸交通發達地區也出現了許多商業性城市，如京口（注：今江蘇鎮江市）、蕪州、江州（注：今為九江）蘄口、鄂州、荊州等，其中鄂州尤盛，其商業影響範圍東及於海，西至於川，南抵珠江，北達淮水，「蓋川、廣、襄、淮、浙貿遷之會」，「市邑雄富，列市繁錯」。真州（注：今江蘇儀徵市）在北宋時也已替代了隋唐時期揚州的地位，成為兩淮、江浙諸路貨物的集散地。

　　有的城鎮既不是政治中心，也不是交通樞紐，它主要是依賴於手工業或礦業而發展起來的。宋朝在紡織、陶瓷、造紙、印刷、造船、兵器、冶金、製鹽等的生產規模、品種、數量和技術等方面都有了顯著的進步，排除政治方面條件發展起來。造紙技術成熟的時期，都城開封、浙江杭州、福建建陽、江西婺州、四川成都和眉山等都發展成為印刷業的中心，而吳江府的粉箋、溫州的蠲紙、台州黃岩玉版紙、杭州的藤紙、紹興府的竹紙、宣州的宣紙等，在當時也都是非常著名的紙製品。從紡織業來看，有蜀錦、定州的刻絲、婺州的花羅、東陽的花羅、潤州的花羅、青州與邵州的隔織、撫州連花紗、越州的壽陵和綿州的巴西紗子、亳州的輕紗、明州象山女兒布、平江府崑山藥班布等。從製瓷業來看，窯址遍及全國，非常發達。其中定州的白瓷、汝州的青瓷、耀州的青白瓷、景德鎮的影青瓷等都相當著名。由此可見，手工業型城市在宋代是相當發達的。

　　農業生產和商品生產都比較發達的地區，既可以利用周圍農村提供的原料發展手工業生產，又可以吸收周圍鄉村集市的手工業商品發展商業貿易。成都既是府治，又是歷代全國的紡織生產基地，貨物集散中心，蜀錦乃為全國著名的絲織品，「羅、紈、錦、綺等物甲天下」。蜀錦的產量相當可觀，僅北宋中央政府每年就從四川地區採購「上供綾錦鹿胎萬二千匹」。在南宋時，國都臨安、婺州（注：今江西金華市）、平州（注：今蘇州市）、鎮江、常州、湖州等地已成為當時全國最主要的絲織業中心。尤其是平州，既是府治所在，又是全國紡織生產基地和商品交換中心，成為江南地區工商業都十分繁榮的都會。

　　市鎮是民間自發形成的，與有「老城」基礎而成的城市完全不同。它因工商業活動本身的力量而使「四方輻輳，並至而會」，並不依賴行政動員力，不需要官方統一規劃，當然也不具備區域政治中心的地位——但這並不會妨礙市鎮的繁華。市鎮也不用配備一套完整的國家行政系統，宋代政府一般會在鎮派駐官方機構，但主要負責收稅和消防，鎮的日常治理還是有賴於民間自發形成的自治秩序。草市更是全由民間自治，宋真宗時，有官員上奏說，嶺南的墟市已經很熱鬧了，我們應該給它們訂立一些規則，以加強管理。宋真宗沒有同意，說這不是擾民嗎？讓人們照舊交易就好了，官家不必騷擾。市鎮通常也沒有修築一道畫地為牢的城牆，因為作為自發的商品交易中心，它們具有天然的開放性。許多政治性的州、縣城所在地，集市也有大的發展，

為了不干擾行政，多在城關以外設集市。北宋時，宿州城因為城小人多，居民多散在城外，有人提議修築外城，蘇軾就認為不必要，說城外「謂之草市者甚多，豈可一一展築外城」。由「城」而來的城市具有封閉、人力規劃、官治等特點，由「市」而來的城市，顯然是開放的，民間自發形成的、自治的，更為方便。

第五節　市鎮店鋪的格局

宋代城鎮的貿易定期集市，並發展為有固定街道和店鋪。鋪面、店鋪在宋時習慣稱為「鋪席」。宋代灌圃耐得翁所著《都城紀勝·鋪席》說：「又有大小鋪席，皆是廣大物貨，如平津橋、沿河布鋪、扇鋪、溫州漆器鋪、青白碗器鋪之類。」一般是臨街店鋪對外開敞，作為營業鋪面。後部庭院和房屋一般為庫房、作坊和住宅。規模稍大的店鋪用捲的勾連搭式屋頂聯成一體，形成寬大的購物大廳。店鋪大多數情況下都是前店後坊。很多店鋪都是自產自銷的作坊式生產，構成了店鋪布局的特殊性。各商家設置了招牌、橫匾、豎標、廣告牌等，以招攬生意。真正開始有招牌，是在商品經濟豁然發達的宋代。招牌就是品牌，只有在一個地方紮了根，周圍都是老主顧，才能如此弄個品牌出來。

《清明上河圖》中店鋪均使用招牌，以顯示經營內容和特色。畫面上汴梁城東十字街口就掛有「孫羊店」招牌的羊肉店，以及香料店的「劉家上色沉檀楝香」、茶食店的「老大房」、藥店的「神農遺術」、「楊家應症」等招牌。《夢粱錄·鋪席》條說（鋪席就是指商鋪門面的鋪設、擺設、裝飾）：「嚮者杭城市肆名家有名者，如中瓦前皂兒水，雜貨場前甘豆湯、戈家蜜棗兒……市西坊南和劑惠民藥局……官巷前仁愛堂熟藥鋪，修義坊三不欺藥鋪」等。此外《夢粱錄》「茶肆」條還載有「俞七郎茶坊」、「蔣檢閱茶肆」等招牌名。元代李有《古杭雜記》引宋代張任國的《柳梢詞》亦有「掛起招牌，一聲唱彩，舊店新開」之句。懸掛各式各樣的燈籠、幌子和旗幟是宋代汴梁、臨安店鋪裝飾的又一景象。燈籠一般用於酒樓、飯館夜間懸掛於店門前，燈籠上用文字表明其商號的行業性質。如寫上酒樓、茶館或客棧等字樣，既起照明作用，又有明顯的標識、廣告作用。不過行業不同，燈籠形狀是有差別。如酒樓燈籠形如酒甕，藥店燈籠狀如葫蘆。店鋪前懸掛燈籠始自五代，正如《夢

粱錄》所記：「酒肆門首排設杈子及梔子燈等，蓋因五代時郭高祖遊幸汴京，茶樓酒肆，俱如此裝飾，故至今店家仿傚成俗也。」這是唐、五代以後夜市興起的必然趨勢。宋代都市店鋪門面廣告除燈籠外，最常見的是幌子，即懸掛於店門前的紡織品條幅或其他實物。酒旗即是一種幌子。《清明上河圖》上便可看到一家酒樓高懸酒旗，旗上寫著「新酒」二字。其他幌子更是五花八門，《東京夢華錄》中有「以艾與百草縛成天師懸於門額上，或懸虎頭白澤」之句。《夢粱錄》亦載：「又有掛草葫蘆、銀馬杓、銀大碗，亦有掛銀裏直賣牌」，足見幌子形式的豐富多彩。陸游《老學庵筆記》載：宋高宗南渡駐蹕臨安，從東京汴梁隨著遷來眾多的商家，四方士民商賈輻輳，創立官府，扁榜一新。好事者列舉的招牌對聯有：「鈐轄諸道進奏院，乾濕腳氣四時丸。詳定一司救令所，偏正頭風一字散」；「王防禦契聖眼科，三朝御裏陳忠翊。陸官人遇賢風藥，四世儒醫陸大丞」；「東京石朝議女婿樂駐泊藥鋪，西蜀費先生外甥寇保義卦肆」；對仗工整，饒有趣味，又有宣傳廣告功能。

遺存的宋代眉山古鎮

武夷山五夫鎮朱熹故里

第六章　集市貿易惠及城鎮各階層

第一節　趕集上店進入平民日常生活

　　宋代的經濟在工業化、商業化、貨幣化和城市化方面邁出了一大步。經由市場的消費是大眾性消費，它可以促進並加速社會不同階層社會地位的變動。所指的大眾是一個廣義的詞，它泛指不同的社會階層而非僅只指被統治階層。在上述所引證的宋代城市生活資料中可以清楚地看到，宋代人們經由市場的各種消費活動形成了不同的檔次，它適合於各個階層，無論是物質消費還是在其之上的精神消費都是如此。這種大眾性的、經由市場的消費行為使得人人都必須支付一定的貨幣，才能滿足自己的消費願望。儘管其消費活動有著高檔和中、低檔，高價和普通價的差別，但僅就必須付錢一點而言，就包含了人人平等的因素。它反映出在商品經濟的影響下，政治權勢的基礎再度鬆動和普通民眾社會地位的上升。

　　消費品中日用消費品量大大超越了前代，它進一步體現了城鄉關係的彼此依存、相互作用、共同發展。儘管文獻中仍然有金銀珠寶等奢侈品的交換與消費的記載，但是，吃穿用等消費品的交換與消費，無論在數量上還是在消費規模和水平上，都是前所未有的。在古代中國社會，對經由市場的日用品的消費應當給予一些更積極的評價。這一點以往做得很不夠，因為生活日用品的生產、交換與消費最密切地聯繫著廣大民眾，而且最能體現古代的城鄉關係是一種農村支持城市，城市又激勵著農村的關係。數千年來，中國社會就是在這種相互作用中發展前進的。

糧、鹽、布、鐵、畜是當時民間主要貿易貨物，經由市場的個人消費成為城市消費的一大特色。在一直被認為是「政治性和消費性城市」的兩宋都城裏，在它們作為政治中心這一因素不變的情況下，其城市消費在不知不覺中發生了變化。城市的個人消費行為與市場有著較為密切的關係，它不僅涉及到人們生存的最基本消費，而且涉及到在物質消費之上的精神消費。它較前代那種不需要市場、不經由市場的消費大大地進了一步。民以食為天，市民最關心的是糧食供應。在農業生產力水平不斷提高和交通運輸業繁榮發展的基礎上，宋代形成了規模較大的幾個商品糧輸出基地，源源不斷的送往城鎮，供民眾消費。南宋哲學家葉適說：在長江流域荊湖一帶，「民計每歲種食之外，餘米盡以貿易。」而在太湖流域，王炎《上趙丞相書》載：「湖、蘇、秀三州號為產米去處，豐年大抵舟車四出。」在西南的兩廣地區「廣南最係米多去處，常歲商賈轉販，舶交海中。」歷史的發展，使長沙、九江、蕪湖、無錫並稱為中國古代四大米市，其共同點是具有沿江交通便利、糧食生產豐富和商貿流通發達的優勢，對促進當時的糧食生產、流通起到了積極的作用，大大提高了當地的社會發展、民眾生活和商業經貿。同時，它對社會生產與交換有很大的促進作用。

宋末學者方回在回憶其寓居嘉興府魏塘鎮時所看到的集市活動時說：「佃戶攜米，或一斗，或五七三四升，至其肆易香燭、紙馬、油鹽、醬醯、漿粉、麩麵、椒薑、藥餌之屬不一，皆以米準之，整日得米數十石。每一百石，舟運至杭、至秀、至南潯、至姑蘇糶錢，復買物歸售。」可見當地的集市活動及與鄰近地區城鎮的市場往來，都相當活躍。類似現象在經濟發展水平相對有限的地區也能看到，如荊湖南路潭州的儲州市外來商販雲集：「楚女越商相雜沓，淮鹽浙楮自低昂。」同州（注：今陝西大荔）的暴家岐市：「據眾水之衝，商賈輻湊，舳艫相銜者無虛日。」潼川府路瀘州的九支寨市，地處蕃漢雜居的山區，時人王質說：「市無奡於沙頭，九支次。」沙頭是指江陵府沙市鎮，以四方之賈輻輳，舟車駢集聞名於世。王質將九寨市與沙市比較，足見其已非封閉的小集市。對外市場聯繫的不斷加強，表明集市活動已不再停留於鄰近村落居民之間有限剩餘產品的互通有無，而是逐漸發展成為更大範圍市場體系的重要組成部分。

與此同時，商品的結構狀況也有了明顯的變化。反映在商業資本的經營內容上，以鹽、鐵為代表的地區特產品，珠玉香藥等奢侈品固然仍占不小的

比重，有所謂「商於海者，不寶珠玉則寶犀瑁；商於陸者，不寶鹽鐵則寶茶茗」的說法。但在商品構成中，糧食和布帛之類基本的生活必需品越來越佔據了主要地位：「夫行商坐賈，通貨殖財，四民之一心也，其有無交易，不過服食、器用、粟米、財畜、絲麻、布帛之類」。商人販賣米絹等日常生活用品，既牟取其時間差價，又更多地熱衷於牟取地區差價，成為商業資本的主要贏利方式。

打破了唐代以來坊和市設置嚴格分開的形式，不但平民百姓住宅附近設有商店，就是官衙、豪宅、使驛、寺廟附近也廣設店鋪。像京城汴梁的鄭太宰宅附近有魚市行，都進奏院的隔壁是百鍾園藥鋪，都亭驛對面是梁家珠店。御廊西有居民生活的街區，更是商店林立，分布著鹿家包子鋪、羹店、酒店、香藥、茶葉鋪等。沿街叫賣流動的小販非常活躍，登門出售宰殺好的肉類、雜碎、水產品、豆腐乳等調味品，熟食、點心，種類繁多，惠及百姓。

第二節　中產階層得集市貿易實惠

宋代開始大規模的城市化。中國首次出現了主要以商業，而不是以行政為中心的大城市。社會市民階級正式產生，大批的手工業者、商人、小業主構成了宋朝的中產階層。他們經濟富足，又有自己獨立的價值追求。中產階層的衣、食、住、行與市場的關係極其密切。因為貿易的發展，中產階層的衣、食、住、行都有很大的提高。

衣著服飾隨著經濟的變化而變化。宋朝初年崇尚節儉，「金銀為服用者鮮」，所以「金銀之價甚賤」。真宗年間，金銀價格飛漲，與金銀裝飾衣物盛行有直接關係。徽宗時「奢蕩極靡」，交易金銀彩帛、買賣衣物和花環領抹之所很多，而且交易的時間也很靈活。《東京夢華錄》提到：甚者有「每五更點燈博易買賣」。食的方面宋朝的汴梁城已經普遍用煤做飯、取暖，當時西方仍在使用木柴：「汴都數百萬戶，盡仰石炭，無一家燃薪者。」酒樓的出現表明宋朝的老百姓晚上吃完了飯仍舊可以從容回家，所以不需要在外過夜，夜間的餐飲業蓬勃發展了起來。住的方面，城市市民的住宅、店鋪鱗次櫛比。在城市裏，由於流動人口較多，所以客房、塌房店鋪的房屋租賃業較發達。行的方面，古人大多依靠車、船、馬、轎等人力作為代步的工具。在開封，凡遇紅白喜事遊玩等活動，簥子、車子、船等交通工具的租賃：「自有假賃所在」，而且皆有定價，童叟無欺。

　　由於城市建設徹底衝破了坊、市之間的界線，商店可以隨處開設，從而導致了城市內部集市的產生。為了滿足城市居民龐大的飲食消費量，米麵雞鴨魚肉菜蔬水果等源源不斷地運入京城，而且交換活躍。《東京夢華錄》載：在汴梁城每日「有生魚數千擔」運入；那些「殺豬羊作坊，每人擔豬羊上市，動即百數」；糧食則是「用太平車或騾馬駄之，從城外守門入城貨賣，每日自五更始，至天明不覺」。在臨安，每日大米的消耗量很大，僅「細民所食，城內外不下一二千餘石，皆需之鋪家」。於是，米鋪也很多，僅新開門外草橋下南街，米市三四十家。由於米在臨安成為一大商品，所以當它從產地運輸至銷售地後，就從下貨處至店鋪的過程中形成一種較規範的營運形式。吳自牧《夢粱錄》說：「叉袋（注：商業用品）自有賃戶、肩駄腳夫亦有甲頭管理，船隻各有受載舟戶，雖米市搬運混雜，皆無爭差。故鋪家不勞餘力而米逕自到鋪矣。」這樣的消費水平，特別是和市場發生關係的消費，對社會生產與交換的促進作用顯而易見。可以肯定地說，宋代養殖、種植等專業戶的生產與經營的發展，就與經由市場的城市消費密切相關。

　　宋朝是中國社會市民階層正式產生的年代，大批的手工業者、商人、小業主構成了宋朝的中產階級。他們經濟富足，又有自己獨立的價值追求。市民富裕閑暇的生活及審美趣味和生活情趣，促成了宋朝的文化高度繁榮，戲曲、雜技、音樂、詩歌、小說等都在宋代高度發展起來。

第三節　集市貿易發展觸及高層

一、高官俸促進高消費

　　宋代佃耕制發展，貨幣使用活躍，官俸也有較大變化。商業發展很快，經濟繁榮，官俸較高，而且官俸種類繁多，有穀帛、錢幣、職田等，幾乎包含歷代各種俸祿形式，官俸在歷代是最高的，隨之帶來官吏的高消費。官俸的發放有錢，有綾絹，也有祿粟。宋朝實行高薪養廉制度，官位越高，薪俸越大。宰相、樞密使月俸三百千（緡），年給綾四十匹，絹六十匹，綿百兩，月給祿粟二百石。重要京、府判官月俸錢三十千，年絹二十四匹，綿二十兩，月給祿粟四石。縣令月俸錢二十二千至十二千，年給絹十匹，綿十五兩，祿粟月五石至三石。另有職錢、料錢。高級官員還月給薪、蒿、炭、鹽實物，福利工資成分很高。外官繼續保有職田。長吏二十至十頃，通判八頃至六頃，

判官三頃半至五頃，縣令四頃至六頃。

　　貨幣的擁有量及使用程度是經由市場的個人消費的必要前提。這種消費量的大小，除了看社會經濟的進一步發展，為人們提供了豐富的物質基礎外，還要看人們所擁有的貨幣量的多少及進入這種消費層的變化。中國古代官員俸祿一直實行既有實物也有貨幣的分配制度，其實物與現錢的比例各代不一。一般情況下，社會經濟尤其是商品經濟發展較快、水平較高的情況下，官員俸祿中現錢的比例會有增長；否則，則反之。據《燕翼詒謀錄》卷二載：宋朝初年「士大夫俸入甚微，簿、尉月給三貫五百七十而已，縣令不滿十千，而三分之二又復折支茶、鹽、酒等，所入能幾何？所幸物價甚廉，粗給細孥，未至凍餒，然艱窘甚矣。」可知，宋建國之初，即使是朝廷的命官，也只是處於溫飽甚至在貧困線上，這是社會經濟發展水平不高的表現。然而，至真宗年間，社會經濟發展，物質資料豐厚，人們的生活追求奢華已成為時尚。為了滿足消費的多種需要，人們進入市場，致使金銀之價騰踊的記載不少。正是這一時期社會上貨幣的需求及使用量有較大增長，所以，景德三年、四年，先後對赤、畿知縣（注：京都所理曰赤縣，所統曰畿縣）等官員的俸祿進行了調整。俸祿調整的主要內容一方面是較大幅度地提高了官員俸祿實物及現錢的數額，另一方面就是增大了現錢的比例。景德四年有詔曰：「自今文武，宜月請折支，並給見錢六分，外任給四分」，由此「惠均覃四海矣」。據此分析可以得出幾點看法：官員俸祿數額的調整必定建立在社會經濟有較好發展的基礎之上；現錢比例的增大，必定是商品經濟發展所致，由貨幣的使用率提高而引發；這一調整，必然加深龐大的官員階層捲入市場的程度。由於官員俸祿中現錢比例的增大，他們進入市場的必然性和必要性就增強。或許是為了經營、或許是為了消費，對市場必然產生一定的影響。又由於他們也是當時社會中的一個重要群體，用階級觀點分析，他們屬統治集團；但用社會學的觀點看，他們是社會的管理人員。他們與其他成員一樣，都有存在的社會價值，所以，他們的消費、特別是經由市場的消費對社會的影響並不都是消極的。

二、宮廷涉入貿易的宮市

　　唐代長安「宮市」最初是一種宮廷遊戲，逐漸演變為置使專知或由宦者專知為宮廷採辦物資的特殊機構。唐長安「宮市」是宮廷進入市場，宮中遣使於長安城的市井之中採購物資，採購的地點在中官市物都下。《新唐書·張

建封傳》說：「是時，宦者主宮市，置數十百人閱物廛左，謂之白望。」宋汴京「宮市」則順應唐長安「宮市」逐漸演變為官商合一的採辦機構。宋梅堯臣《朝天行》：「大夫言幹天關迴，黃門白望顏色死。」而宋汴京的「宮市」以及後來的雜買務、雜買場，則是市場進入宮廷。

北宋商品經濟的發展，商業的力量也滲入到宮廷物資採購領域，負責宮廷採購的官員持有一定的採購本錢，開始參與市場競爭與民奪利。唐宋「宮市」的產生同時也表明，唐宋時期城市商品經濟發展刺激了宮廷內部消費，宮廷對市場的依賴程度逐漸增加，唐宋兩代的宮廷產生了與市場交易的欲望，但這種「宮市」與市場的交易又是兼有政治特權的不平等交易，隨著唐宋時期社會經濟的發展，市場中流通的商品日益豐富，尤其是唐長安的東西兩市，北宋汴京的馬行街、潘樓街西市周圍地區的商業最發達。宮廷走出宮牆到市井之中與民交易，往往會利用特權進行強取豪奪，肆意地搜刮盤剝商販，尤其是大批的中使，口銜敕諭，為虎作倀，危害無窮。白居易的《賣炭翁》就是反映宮市的問題，描寫了一個燒木炭的老人謀生的困苦，通過賣炭翁的遭遇，深刻地揭露了「宮市」的腐敗本質，對統治者掠奪人民的罪行給予了有力的鞭撻與抨擊，諷刺了當時的腐敗。詩曰：「賣炭翁，伐薪燒炭南山中。滿面塵灰煙火色，兩鬢蒼蒼十指黑。賣炭得錢何所營？身上衣裳口中食。可憐身上衣正單，心憂炭賤願天寒。夜來城外一尺雪，曉駕炭車輾冰轍。牛困人飢日已高，市南門外泥中歇。翩翩兩騎來是誰？黃衣使者白衫兒。手把文書口稱敕，回車叱牛牽向北。一車炭，千餘斤，宮使驅將惜不得。半匹紅綃一丈綾，繫向牛頭充炭直。」

宋政府初設雜買場、雜買務以杜絕唐時「宮市」之弊，但是，隨著宮廷採辦頻率的不斷加強，宮廷採辦項目的不斷增多，主管宮廷採辦的官員難免滋生官僚主義作風，出現投機取巧，強取豪奪等現象。後期，反映在汴京市場中以「科擾」、「抑配」的方式搜刮商賈，擾亂市場秩序的現象，就是其真實的寫照。到宋代則逐漸規範，演變為由政府出資設置的雜買場、雜買務，並最終形成一套系統的宮廷採辦制度。唐宋「宮市」活動均是統治者利用權力，採取超經濟強制來榨取商販，從而非法獲得商業利益的一種手段。元明清時期，「宮市」現象依然存在，清代內務府採辦宮廷物品，其表現方式也與唐宋時期「宮市」類似。可見「宮市」這一特殊市場，其仗著特權階級的支撐，在阻礙市場培育及商品經濟發展，對都城商業市場的發展起著消極作用。

北宋《清明上河圖》所描繪的市場繁榮

第七章 集市貿易發展成專業市場

第一節 專業市場的形成

　　由臨時性的村落墟市到相對穩定的期日市和常設市，不僅是鄉村集市外在形態的變化，也伴隨著內在市場結構和運作方式的轉變。宋代已經有一定規模的專業市場，主要有蠶市、藥市和花市等，這些專業市場以相應的產品為主要交易對象。此類集市多位於某類商品集中的城市或城郊。專業市場的形成和發展，與城市的發展，農業和手工業的發展相互促動。

　　在宋代由於農業、手工業的發展，使得全國繁榮起來。貿易的興盛，在金融方面紙幣應運而生，大大便利了商業活動，全國大貿易市場應運而生。宋代眾多的水陸交通幹線、支線，搭成了全國性的商業網絡，是貿易繁榮的一個最顯著的特徵。商品品種增多，商業種類日益細分。宋代的許多農產品也成為商品，加之手工產品，使商品的品種量大增。當時作為商品的農產品主要有糧食、茶葉、蔬菜、水果、絲、麻、布等，手工產品則更多。一些商品還具有地方特色，形成了特產，如景德鎮的瓷器、蜀錦、端硯、晉銅、吳紙、建州茶等。商品品種的增多必然使商業經營者更加細分化，據史載，北宋時汴梁的集市上至少有160種行業。到了南宋，臨安的集市上已發展到440行之多，並且呈現出全面繁榮局面，形成了許多全國性和國際性的大市場。

　　專業市場是不同特色的市場，其興起大多與所在地區的農副業生產狀況有著直接聯繫。一個地區的某種或幾種農副業發達，又具有較高的商品化程度，集市貿易就會出現相應的市場分工，形成專業市場。如福建南劍州農村

多種芹菜，以芹菜交易為特色的蔬菜集市十分活躍：「兩旬之間，芹市再哄。」《鐵庵文集》載：荊湖南路潭州衡山縣山區果樹種植業發達，該縣岳市的果品市場也頗具規模，時人項安世在《平庵悔稿後編》描述說：「曉市眾果集，枇杷盛滿箱，梅施一點，杏染十分黃，青李待下暑，木瓜寧論霜，年華緣底事，亦趁販夫忙。」紹興府山陰縣梅市和項里市周邊農村盛產芡實、楊梅等果品，由此形成相應的主題市場。陸游有詩云：「綠蔭翳翳連山市，丹實累累照路隅；明珠百舸載芡實，火齊千擔裝楊梅。」就是對這兩個集市芡實、楊梅交易活躍情景的生動描述。在水鄉澤地，水產豐富，漁村水市星羅棋佈，魚蝦之類的水產品市場十分活躍。陸游《入蜀記》載：「魚賤如土，百錢可飽二十口。廣南西路橫州的古辣墟以釀酒聞，為時人所珍愛。」《方輿勝覽》引《桂海虞衡志》云：「古辣本賓、橫間墟名，以墟中泉釀酒，既熟不煮，但埋之地中，日足取出，色淺紅，味甘，可致遠。雖行烈日中不至壞，南州珍之。」由是吸引眾多商人前往販運，匯聚成市。廣州城西十里的三角市，周邊農村香花種植業發達，由是成為當地花油和香料的交易中心。規模大的綜合性集市，有米市、茶市、魚市、花市、藥市、菱市、筍市、樵市、鹽市、果市、酒市等多種專業市場。在川蜀部分地區，大型定期商品集會尤為活躍，而且彼此之間逐漸形成了一定的市場分工。張澍《蜀典·風俗類》記載，成都府每個月都有主題專業集市：「正月燈市、二月花市、三月蠶市、四月錦市、五月扇市、六月香市、七月寶市、八月桂市、九月藥市、十月酒市、十一月梅、十二月桃符市。」

第二節　糧食貿易大市場

一、宋代商品糧需求量的增加

宋代城市急劇擴張人口劇增，非生產性消費增長迅速，農產品的消費特別是糧食需求不斷增長。北宋都城汴梁最盛時有 13.7 萬戶，約 150 萬人口。如此眾多的城市人口，估算一年需要消耗 1095 萬石糧食。南宋時的杭州，人口更多。很大程度依賴於市場，成為糧食商品化的重要需求地區。吳自牧《夢粱錄·米鋪》載：「杭州人煙稠密，城內外不下數十萬戶，百十萬口。每日街市食米，除府第、官舍、宅舍、富室，及諸司有該俸人外，細民所食，每日城內外不下一二千餘石，皆需之鋪家。然本州所賴蘇、湖、常、秀、淮、廣

等處客米到來，湖州市米市橋、黑橋，俱是米行，接客出糶。……又有新開門外草橋下南街，亦開米市三四十家，接客打發，分俵鋪家。及諸山鄉客販賣，與街市鋪戶，大有徑庭。杭城常願米船紛紛而來，早夜不絕可也。」可見城市對商品糧的依存度非常大。

另官府的大規模採購軍需。常言說：兵馬未動，糧草先行。宋朝實行募兵制度，常年擁有數量龐大的軍隊，形成了巨大而穩定的非生產性消費群體。龐大的軍需消費單純依靠政府兩稅收入難以滿足，於是宋政府大量向百姓和糴和買糧食、布帛及其他物資需要。政府大規模的政府採購，創造了一個巨大的農產品需求市場，使大量剩餘農產品轉化為市場，甚至在某些地方政府的強制性購買中，部分必要產品也轉化為商品。在豐收年間，政府大量收購剩餘糧食，如建隆年間：河北穀賤，添散糴以惠貧民。自出後諸道豐邊境急需，即使是歉收年成，也不得不向百姓和糴。《宋史‧食貨上三》記載：元豐元年王安石上奏：「河東十三州二稅，以石計凡三十九萬二千有餘，而和糴數八十二萬四千有餘，所以歲凶仍輸者，以稅輕、軍儲不可闕故也。」蔡襄《論兵十事》統計了宋英宗治平年間糧食、帛絹、草料的二稅（注：係指兩稅法的稅）的直接收入與購買數額，其中糧食二稅收入 18,073,940 石，購買所得收入為 8,869,635 石，絹帛二稅收入 2,763,592 匹，購買所得 5,981,943 匹。

二、發達交通促使米市擴大

中國歷史上曾因大米集中交易而形成了「四大米市」，即江西九江、江蘇無錫、安徽蕪湖、湖南長沙。這四大米市均在江南，又被稱為「江南四大米市」。宋代隨著水利灌溉的普遍解決，以及雙季稻的普遍種植，廣州的稻米生產大幅增加，亦成為全國性的一個大米市。宋代時廣州的大米出產雖然不及「蘇湖熟，天下足」的長江三角洲，但由於人口較少，卻是一個輸出米的地方。按經濟史家全漢昇的說法，廣東出產的米，連同在廣西出產的，都先集中於廣州，然後運往沿海各地出賣。所謂「舳艫銜尾，運之番禺，以罔市利。」

宋代的遠距離糧食貿易還形成了長期穩定的空間流向和較集中的銷售供應對象。就空間流向看，基本的流通格局是從南向北、由西向東；就供應對象而言，在南方較多地服務於城鎮和經濟作物產區，在北方較多地服務於政治軍事需求。空間流向和供應對象這兩者一表一裏，前者決定於後者，展現了宋代糧食轉運貿易空前繁榮的景象。

宋代糧食市場最突出的特點是地區間轉運貿易的發達，「千里不販糴」的舊格局已被完全打破，遠距離的糧食貿易空前興盛。春夏之間，淮甸荊湖，新陳不續，小民艱食，豪商巨賈，水陸浮運，通此饒而阜彼乏者，不知其幾千億萬計。糧食份量重、體積大、價值低，糧商在支付運費、倉儲費、包裝費等成本後，要想贏利必須靠大規模經營才有可能。

據《三朝北盟會編》載：平江府常熟縣直塘市和吳縣橫金市地處太湖流域產糧區，都有頗具規模的糧食市場，匯聚了大批本地和外來米商。紹興三十一年（公元 1161 年），橫金市米商張子顏一次就倉庫中撥出儲米 2500 石，用以資助軍糧，其經營規模之大可以想見。《夷堅志》記載，淳熙（公元 1174 ～1189 年）初，直塘市商人張五三專以收糴糧食為業，每次收糴動以數百石計，獲利豐厚，「倉稟帑庫所儲錢米萬計」。

第三節　紡織品大市場

宋代南方的手工業非常繁榮。北宋時，南方的絲織業就有了很大的發展，江浙的絲綢產量高，朝廷用的絲綢，有很多來自江浙。蜀地絲織品亦號為冠天下。從海南島興起的棉織業，南宋時已發展到東南沿海地區。

宋代的紡織品以絲、麻為大宗，是跨地域流通貿易的另一類大宗商品。絹、帛等絲織品又在紡織品中占最大比重。宋代的絲織業生產基本形成了京東、四川、江浙這三大地域鼎足而立的格局，但三地的產品各有特色。京東絲織業歷史悠久，在宋代，其生產的特點是產量多、技術精、質量高。時人謂：「青齊之國，沃野千里，麻桑之富，衣被天下。」蘇轍亦有詩讚曰：「君看齊魯間，桑柘皆沃若。春秋載萬箱，蠶老簇千箔。餘糧及狗彘，衣被遍城郭。」「東絹」、「薄縑」等就是京東路的代表名品。河北的絹特別精緻細密，時稱「精絹」，據說無正反面之分，定州「刻絲」是其名牌。四川的成都府路、梓州路是唐宋時崛起的絲織業基地，以錦擅名天下，其特色是纖麗豪華。兩浙路和江南東西路的絲織業在宋代得到了長足發展，名品輩出，尤以產量大著稱，但總體的質量水平似乎稍遜於前兩個地區，屬於當地名牌的為「越羅」。宋代莊季裕《雞肋篇》說：「婺州紅邊貢羅、東陽花羅，皆不減東北，但絲縷中細，不可與無極、臨棣等比也。」由於兩浙絲織品質量較差，就連金兵在向宋廷勒索賠款時都不肯要，而退掉改成河北貨。

宋朝王居正的《紡車圖》，有趙孟頫題詩：「田家苦作餘，軋軋操車鳴。母子勤紡織，不羨羅綺榮。」

絲織品的銷售主要是城市消費、政府需求和海外市場。僅就城市消費而言，宋代一般城市中都有專門出售布帛的綵帛鋪，如汴京南通巷是金銀綵帛交易之所：「屋宇雄壯，門面廣闊，望之森然，每一交易，動即千萬，駭人聞見。」潘樓街也是「真珠匹帛香藥鋪席」集中的所在。在臨安，陳家綵帛鋪、市西坊北鈕家綵帛鋪、清河坊顧家綵帛鋪等都是有名的絹帛店鋪。城市的各類商業行會當中，絹帛行鋪通常都居於財力雄厚者之列。由於絲織品在國內市場上的消費對象主要集中在政府和城市，而生產多半分散在鄉村，所以絲織品的流通也像糧食等農副產品一樣呈現出了「求心」運動的態勢；同時，由於宋代形成了幾個規模較大的絲織業生產基地，所以絲織品的流通又是呈「輻射」狀展開的。「衣被天下」這句話，是宋代人稱譽某個地方紡織業發達的常用語，這說明凡是紡織業發達的地方，其產品總是天女散花般遠銷各地。如京東、河北的絲織品除向汴京等城鎮市場集中外，還大量通過密州板橋鎮等口岸銷往南方諸路及海外市場。宋哲宗時，范鍔奏稱：在板橋鎮，「本鎮自來廣南、福建、淮浙商旅，乘海船販到香藥諸雜稅物，乃至京東、河北、河東等路商客般運見線、絲、綿、綾、絹，往來交易買賣，極為繁盛。……板橋有西北數路商賈之交易，其絲、綿、縑、帛又蕃商所欲之貨，此南北所以交馳而奔轅者。」李覯詩云：「江湖限南鄙，秋令到還稀。節換空看曆，人閒未趁衣。齊紈方得意，廈燕莫言歸。」說明京東路出產的「齊紈」、「魯縞」在江湖、廣西市場上是很受歡迎的暢銷貨。四川的絲織品也是行銷四面八方，蜀之絲枲織文之富，衣被於天下，而貢輸商旅之往來者，陸輦秦鳳，水道岷江，不絕於萬里之外。呂大防《錦官樓記》亦云：「負於陸，則經青泥、大散、

羊腸九曲之阪；航於川，則冒瞿塘、灩澦沉舟不測之險。日輸月積，以衣被天下。」除了經陸路向北到秦隴，由水路沿長江東下之外，四川與南方廣西欽州之間的錦、香貿易也形成了一條熱鬧的商路：「富商自蜀販錦至欽，自欽易香至蜀，歲一往返，每博易動數千緡。」

　　絲織品生產靠的是蠶繭。宋代文獻對絲織業生產、交易等各個環節均做了一定的記載，其中對蠶市的記錄最為詳盡。宋代蠶市成都及其周圍地區最為典型，蜀地名產是蜀錦，以成都為中心的西蜀，平原沃土，桑麻滿野，是蜀地的蠶業中心。春前做蠶事乃是盛事，點出了蠶市開市的時間是歲首，具有時令性。北宋皇祐年間，蠶市已經有了固定時間、固定地點。正月五日在州南門；二十三日在聖壽寺前；二月八日和三月九日在大慈寺。成都知州田況作為地方官員，還探討了桑麻與農田耕種農民生活的關係，明確指出蠶市商品的多樣性：「物品何其夥，碎碟皆不遺」，集市上既有蠶種、蠶具、桑苗、農具等農用物資外，又有名花靈藥等奇寶異貨雜列市中。蠶市除了是貨物交易的場所之外，還是官員、士人等觀光、遊逸的地方。范成大有詩記述他在成都「絲管相隨看蠶市」，依此看來，蜀地蠶市在南宋依然興盛。

　　麻布的商品化生產總體上不如絲織品，但市場上流通的麻布也不少。福建的麻布一直暢銷江浙地區：「今越人衣葛，出自閩賈。」浙東的麻布也大量銷往浙西。南宋《嘉泰會稽志》載：「強口（注：今嵊縣境）布以麻為之，出於剡，機織殊粗，而商人販婦往往競取以與吳人為市。」四川盛產的麻布則大量通過政府購買銷往西北。特別值得一提的是，廣西的麻紡織業經過北宋的開發，到南宋時已成為一個重要的新興麻布商品生產基地，宋代周去非《嶺外代答》稱：「廣西觸處（注：到處、普遍的意思）富有苧麻，觸處善織布。柳布、象布，商人貿遷而聞於四方者也。」

第四節　茶葉專權與茶馬交易

一、茶葉市場興盛

　　飲茶的習慣始於中國，世界上其他地方的飲茶、種茶都是直接或間接地從中國傳過去的。常言說「茶興於唐而盛於宋」，在宋代，製茶方法出現改變，給飲茶方式帶來深遠的影響。宋初茶葉多製成團茶、餅茶，飲用時碾碎，加調味品烹煮。隨茶品的日益豐富與品茶的日益考究，逐漸重視茶葉原有的色

香味，調味品逐漸減少，也有不加的。同時，出現了用蒸青法製成的散茶，且不斷增多，茶類生產由團餅為主，趨向以散茶為主。唐宋以來上層人士和周邊少數民族對茶葉的需求不斷增長，促進了茶葉這一經濟作物的生產迅速擴大。宋代這種時尚之風更為普及，上層人士以品茗為高雅，普通百姓則等於鹽米，不可一日無茶。范仲淹《和章岷從事鬥茶歌》提到：「屈原試與招魂魄，劉伶卻得聞雷霆。盧仝敢不歌，陸羽須作經。森然萬象中，焉知無茶星。商山丈人休茹芝，首陽先生休采薇。長安酒價減百萬，成都藥市無光輝。不如仙山一啜好，泠然便欲乘風飛。君莫羨花間女郎只鬥草，贏得珠璣滿斗歸。」以茶代酒成為待客、消閒、娛樂的風尚。鬥茶的目的在於「品茶」，「勝若登仙，輸同降將」，勝者可成為貢茶。敬奉貢茶有功者，陞官發財也。據《高齊詩話》記載，宋代的鄭可簡就因貢茶有功，官升福建路轉運使。

西北地區食肉飲酪的民族，茶與糧是同等必需，有一日無茶則滯，三日無茶則病之說。牧區群眾，以放牧馬、牛、羊等牲畜為主要生活方式，故食用牛、羊肉、乳酪及少量青稞麵。此類食品食用後不易消化，而茶「攻肉食之膻膩，滌通宵之昏寐」。到宋代牧民飲茶已很普遍，已是「夷人不可一日無茶以生」，上至貴族，下至庶民，無不飲茶，道理於此。因此，茶便成了他們生活中必不可少的「寵兒」。羅願《新安志》）稱：「恃茶為命」，茶葉消費需求十分巨大。

茶葉適應暖濕氣候，在我國亞熱帶最適於種植。北宋繼唐朝開發江南茶葉種植之後，繼續向嶺南開發，福建諸路植茶在唐代基礎上有較大的發展，東南 9 路產茶遍及 60 個州 242 個縣。福建的建州（注：今建甌市），不但產區集中，產量較多，而且品質優異，引起朝廷的關注，因而設置規格宏大，管理嚴密，專造貢茶的「北苑龍焙」，以代替顧渚貢茶院。每到採茶季節，「千夫雷動，一時之盛，誠為偉業。」同時北宋王朝繼唐朝開發江南廣袤土地之後，繼續向嶺南開發，在廣東、廣西開闢了很多新茶園，如廣東的南雄、循州，廣西的靜江府及融、潯、賓、昭等州。東南地區的茶葉產量，在北宋嘉祐四年（公元 1059 年），已達到兩千多萬斤，成為全國茶業經濟中心，因此北宋政府規定專權東南茶。太祖乾德三年（公元 965 年），茶利「歲入百餘萬緡」。景德元年（公元 1004 年），茶歲課五百六十九萬貫，茶利直線上升，成為國家財政重要支柱，對籌措軍餉起了關鍵性作用。在宋代茶葉市場出現有

新特點，消費物資中的一部分由政府採購，這是財政制度的一個重大改革，是政府採取了有利於工商業發展政策的結果，為廣大小農通過市場獲取經濟利益創造了條件。政府採購為廣大農戶的剩餘農產品和為農業中的商品生產開闢了市場，商人群體的崛起和政府法規對交易雙方利益的保護在一定程度上降低了交易費用，有利於廣大農戶生產的農產品順利地進入市場。

二、馬的特殊需求和馬政

　　馬是六畜之首，自古以來是人們的交通和耕地的重要役用工具。古時戰爭，主力為騎兵，馬是戰場上決定勝負的重要條件。良馬是騎兵隊伍的資源，都把征馬、養馬作為重要政事。馬適合冷涼氣候，「冀北、燕、代，馬之所生，胡戎之所恃也」。兩宋時代，產馬的北部遼、金、西夏、蒙古都是敵對政權，戰爭頻繁，故對軍馬所需數量大增。宋代牧馬業的發展失去了傳統的畜牧業基地，迫使宋人不得已在黃河中游和中原地區這些農耕區內開展牧馬業。在傳統的農耕區內設置牧監，棄農從牧。江南悶熱潮濕的氣候條件對馬匹的飼養是極其不利的，體現在孳生成活率的低下和疫病蔓延導致馬匹死亡，以饒州孳生監為例：「所蓄牝牡馬五百六十二，而斃者三百十有五，駒之成者二十有七。」遼道宗時期，遼國擁有戰馬百萬匹以上，西夏國有戰馬五十餘萬匹，宋朝戰馬數量最多的真宗時代不過二十萬匹。因此宋朝軍隊在對外作戰中常處於劣勢。

　　宋朝為了增加馬匹，另一種出路就是從外族地域進口。遇到國際形勢緊張、貿易禁運時，馬匹就更加稀缺。為了保證購買的數量和質量，政府多次禁止民間私人買馬，同時鼓勵廣大百姓自力更生一起養馬。在中原地帶缺乏草場，養馬並非易事。戰時官府又會強制徵用，凡有敢於私自藏匿的或私自買馬者為死罪。《續資治通鑒》有記載，太宗太平興國五年（公元 980 年）對遼國作戰，「乃詔諸道市所部吏民馬，有敢藏匿者死。」馬匹在宋代是奢侈品，大官巨富、軍人武職一般也少騎馬。出行使用牛車、驢子、轎子，《清明上河圖》上畫的就是毛驢、牛車和轎子的景象。

三、宋代茶馬互市的發展

　　游牧部落一方需要茶，農耕文化地域一方則需要馬，這樣就出現了我國歷史上有名的茶馬互市，即選定固定的地點以茶與馬進行交易。據史書記載，

最早的茶馬互市是在青海境內進行。唐玄宗開元十九年（公元 731 年），吐蕃向唐王朝請求劃界和互市，提出交馬於赤嶺（注：今青海省的日月山），互市於甘松（注：在今四川省松潘西北）。唐答允交馬與互市均在赤嶺。此後，茶馬互市連年不斷，宋代繼續發展。

　　兩宋時代，遼、金、西夏、蒙古既然都是敵對政權，因此，宋王朝對馬政之事予以特別重視，對於茶馬互市控制得更加嚴密。相繼設置名目繁多的專管茶馬交易機構，頒布有關法令：「置榷茶務，官自為場，置吏總之」，即在產茶地設「山場」，凡茶戶作茶得輸租後方能賣。並作「茶引」，民眾賣茶者皆受於官，官給其日用茶。商賈欲貿易者為茶商，則拿錢至京辦買「茶引」之後才可運茶到各地販賣。同時，朝廷還設置提舉茶馬司，頒布「以茶博馬法」等。宋代茶政嚴屬，於成都、秦州各置榷茶、買馬司。其後以提舉茶事兼馬政，改稱都大提舉茶馬司。《宋史‧職官志》載：「都大提舉茶馬司，掌榷茶之利，以佐邦用，凡市馬於四夷，率以茶易之。」這樣朝廷即以茶換取得大批良馬，並藉以控制邊陲各少數民族和部落。宋神宗熙寧七年（公元 1704 年）令三司鹽鐵判官李杞及蒲宗閔到四川成都府習茶及秦鳳路（今陝西涇源）、熙河路（今甘肅臨夏）買馬。又有熙州知府王韶言：「西人頗以善馬至邊，所嗜惟茶。置提舉熙河路買馬。」次年，提舉茶場李杞言，買馬賣茶固為一事，乞同提舉買馬。十年，又置群牧行司，以往來互市督促易馬。《宋史》記載，元豐四年（公元 1081 年），群牧判官郭茂恂奏言：「承詔專以茶市馬，以物帛市穀，而並茶馬為一司，臣聞頃時以茶易馬，……近歲司局即分，專用銀絹錢鈔，非番部所欲，且茶馬二者，事實相須，請如詔便。」此奏詔准，於是專以雅州名山茶作為易馬之用，自此，宋代以茶易馬的互市直接形成。此後，來易馬者稍多，也擴大茶場，如元豐八年（公元 1085 年）時，僅陝西有賣茶場 320 個。元符三年（公元 1100 年），朝廷將原存放的一批茶葉運到湟州（今青海省樂都縣）專供換取軍馬之用。宋代的易馬數是相當可觀的，宋初，原州（注：今固原）、渭州、德順（注：德順軍在渭州西面，駐守隴干城）每三年共易馬 1.71 萬匹。其後，僅熙河每年易馬 1.5 萬匹，紹聖中又增至 2 萬匹。

川西四民茶馬古道玉壘關圖

第五節　藥材特殊市場及花市

一、官方經營藥店

　　宋代各種各樣的大大小小專業市場非常多，其中形成有規模較大的藥材業市場。根據史料分析：宋代藥材產地衝破漢唐時期長安、洛陽為核心的放射狀分布格局，體現從府州逐漸向縣、鎮的細化發展。藥材市場事關民眾健康，非同一般市場，由於藥物與人類生命的密切關係而形成特殊貿易市場。主要由官方藥局、民間藥鋪和藥市及海外藥材輸入組成，政府介入藥材的生產與銷售，說明宋代藥材市場的主體已經從民間轉向官方。官方不僅建立了一整套從中央到地方的藥品製造、銷售體系，也對民間市場加以干預。

　　歷代政府對藥品生產、經營和使用，都採取了諸種管理措施。宋代政府創建的官辦「和劑局」和「惠民局」遍及各州、府和軍隊，由政府經營製藥、賣藥，並使用國家組織編修和頒布的方劑、本草為製藥和賣藥的依據，對保證藥品質量起到積極作用。官藥局作為官辦造藥、賣藥、管藥之所，帶有專賣性質。這種制度始於北宋神宗熙寧年間，消於明萬曆年間，盛於宋，傳於

元，亡於明、清，歷時約五百年。

　　北宋熙寧元年（公元 1068 年），宋神宗趙頊繼位，任用王安石進行變法，市易法規定，藥品貿易由政府控制，經營藥品是政府專利，不允許私人自製經營。政府設立官藥局初衷有二：一是防止藥商投機控制醫藥市場；二是惠民防疫。亦有穩定物價、繁榮市場、增加稅收等作用。此法在都城汴梁獲得成功後，由北而南推廣至揚州、杭州、廣州等地。雖然政府控制藥品貿易，但支持官辦商業，這就使得商品交換大增，南北客商往來，東西商販彙集，城市規模擴張，人口數量激增，像汴梁等成為商業繁華、行旅眾多的國際大都市。為了防止流行性疾病的發生，熙寧九年（公元 1076 年）首設官藥局，當時叫熟藥所或賣藥所，並配有醫官兼給患者診斷開方。

　　正因為不以獲利為目的才使得藥品質量可靠，反而經營紅火，短時間就收回了成本。針對貧困百姓無錢買藥，則「允許州郡用地產藥材等價交換」，此舉深受地方與民間歡迎，進一步刺激了官藥局業務的擴展。宋徽宗崇寧年間，京城惠民局增加到 5 所，賣藥使四方百姓受益，並新設專事成藥生產的「修合藥所」，由太府寺負責。政和四年（公元 1114 年）尚書省向宋徽宗上奏：「官藥局獲利過多，有違醫藥惠民之意。」宋徽宗令減藥價，將「惠民局」更名「醫藥惠民局」，將「和劑局」更名「醫藥和劑局」，更加突出「惠民」二字。藥品質量可靠，便民所用，官方推力，使得各州縣包括邊疆鎮寨多有設立。史彌寧《贈臨汝曾醫士》詩，曾提到一個名醫：「有客譚醫驚四座，指下玄微應識破。藥市棲遲三十年，安知不是伯休那」，可知藥市還是行醫的處所，藥醫緊密結合。

　　南宋周密曾擔任 5 年和劑局監察官，所著《癸辛雜識》稱：「和劑惠民藥局，當時製藥有修合藥官監督生產過程，有監門官監督進出物料成品和出勤考核。……銷售又各有官員監督。」官藥局的官員、從業者由勝任者擔任，設「辨驗藥材官」，辨識藥材產地，鑒定藥材真偽，評估藥材優劣，對不合格藥材或禁用或燒毀，從源頭上保證了藥品質量。在藥品炮製中專設「收買藥材所」，所用配方、製藥按《太平惠民和劑局方》要求，由「修合官」負責實施，其他人不具備資格。遇瘟疫暴發，惠民藥局日夜都有專職人員值班，要是「夜民間緩急贖藥，不即出賣」，按從杖一百科罪。為避免造假，惠民藥局的製藥、售藥均由朝廷派文武官員和士兵負責監督管理，監督其製藥、售賣，並負責守衛、巡邏和護送等任務。皇帝曾下詔，若有人製造假藥，偽造處方

和官印，要依偽造條例法辦。辦驗藥材官作假者、修合官製藥不合格者免職；偷藥、虛冒者以偷盜論罪；保管不善造成黴爛損失要負責賠償，而對辦藥局有功之人則可提前晉升。後元政府繼續設立官藥局，逐步推廣到全國各地，選擇良醫主持藥局。明代不再向惠民藥局提供補助，藥局自籌自營，走向沒落，至清代則不再將藥局列為官衙建制而消亡。

二、藥材種類繁多

　　根據《重陽即事》記載：汴梁、臨安多有大的藥市，福建泉州海港則是中外藥物交流的窗口，成都的藥材交易亦很發達：玉局觀附近每年有三次藥材大會：春季二月八日和三月九日舉行兩次，秋季九月九日一次。藥市交易來自各地的藥材「藥市家家簾幕」。藥材為商人牟利的重要商品，宋祁《九日藥市作》詳細敘述了開市的日期、規模、品種以及行情、物價等：「陽九協嘉辰，斯人始多暇。五藥會廣廛，遊肩鬧相駕。靈品羅賈區，仙芬冒闌舍。擷露來山阿，斸煙去岩罅。載道雜提攜，盈簹更薦藉。乘時物無賤，投乏利能射。饟苓互作主，參薺交相假。曹植謹廥令，韓康無二價。西南歲多瘴，卑濕連春夏。佳劑止刀圭，千金厚相謝。刺史主求瘼，萬室擊吾化。顧賴藥石功，捫襟重慚咤。」藥市上的藥物品種可謂繁多且不乏珍異之物，曾任成都知府的趙撲在藥市上偶見他人得奇珍異藥特作詩記載：「錦文瑞正孕靈芝，藥市中惟此物奇。人手卻容凡眼看，寶囊開處坐金龜。」成都藥市很有名氣，引來了四面八方的中外商客在豐厚的利潤驅使下「海賈冒風濤，蠻商經崒崒。」跋山涉水不遠萬里來到藥市，趨利前往的有江商海賈、有番客番商、有豪商富賈也有小商小販。但不論貧富、早來晚走，都有自己的收穫裝滿箱軼。

　　成都周圍多山，是重要藥材產地，享有天然藥材庫之稱。武陵山區是宋代藥材生產的快速發展期，藥材資源亮點頗多：本區凡 10 州，依《宋史·地理志》，即紹慶府、咸淳府、思、辰、沅、靖、施、峽、歸、澧州有藥材 231 種。道地藥材當時本區共 58 種。如：

　　黔州（注：今彭水）：黃連、高良薑、甘松香、鼠尾草、白花蛇、骨碎補、葫蘆巴、防己、蒟醬、白及、犀角、石蒜、預知子、海金沙。

　　辰州（注：今懷化）：丹砂。

　　施州（注：今恩施）；黃連、白藥、金星草、崖椒、都管草、紫背金盤草、崖棕、獨用藤、瓜藤、金棱藤、龍牙草、半天回、旋花、露筋草、豬苓、野

蘭根、小兒群、大木皮、雞翁藤、野豬尾、石合草、馬接腳、紅茂草、骨碎補。

澧州（注，今澧縣）：石鐘乳、黃連、葛根、薑黃、雄黃、蘭草、蠡實、莎草根。

歸州：牛膝、沙參、秦椒、巴戟天、厚樸。

忠州（注：今忠縣）：釵子股、骨碎補、山豆根。

峽州（注：今宜昌）：石鐘乳、樸硝、側子、金星草、杜仲、杜若、貝母、鬼臼、乾漆、黃藥根。

三、升平之世花市多

宋代政策清明，升平時期較長，百姓安逸，文化發達，喜愛花卉，賣花行業更有長足的發展，集售點除了稱為花市外，還有花團、花局、花行諸名稱。如《都城紀勝‧諸行》條載：「官巷的花行所聚花朵、冠梳、釵環、領抹，極其工巧，古所無也。」是官辦的，且買家明顯地趨向於平民化。春天百花應著花信開放，先後上市，花農花販，走於街頭巷尾的賣花女喚賣之聲，為世人所稱道。《東京夢華錄》中有「賣花者以馬頭竹籃鋪排歌叫之聲清奇可聽……聞之莫不新愁易感，幽恨懸生，最一時之佳況」的感歎。宋代鮮花需求量大，花卉市場和花卉貿易興旺：「車如流水馬如龍，花市相逢咽不通。」鮮花因為受地域、時間的限制，集市貿易多在本城鎮內交易為主。

北宋汴京、南宋臨安都有花市，且一年四季有花賣。趙蕃詩《見負梅趨都城者甚夥作賣花行》從「昔人種田不種花，有花只數西湖家」，到今「賣花乃亦遍戶戶」，反映出臨安城鮮花市場日益擴大。陸游《臨安春雨初霽》：「世味年來薄似紗，誰令騎馬客京華。小樓一夜聽春雨，深巷明朝賣杏花。矮紙斜行閒作草，晴窗細乳戲分茶。素衣莫起風塵歎，猶及清明可到家」。楊萬里詩中多有對花卉及其買賣的描述：春有芍藥，夏有荷花，秋有菊花、瑞香、水仙、蘭花，冬有梅花、寒球等。除兩宋都城外，還有洛陽、成都、蘇州、揚州、彭州等著名的花卉產地，均定期舉辦花市。

洛陽花市名冠一時，北宋時，洛陽花園最盛。邵雍《春遊》詩讚云：「天下名園重洛陽」。洛陽園林之中競植花卉，其品種之繁多，在全國城市中居於領先地位，牡丹尤為出名，名列天下之冠。當地還組織起牡丹花會，賞花也賣花。歐陽修曾記載說，花會上「姚黃一接頭，值錢五千」，說的是稀有牡丹

花品種「姚黃」價格非常昂貴。種花、賣花甚至嫁接新品種成為一部分鄉民吸引旅客並實現致富的手段。成都花市另有一番景象，成都的二月花市歷史悠久，熱鬧非凡，流光溢彩。揚州花市別具一格，王觀《芍藥譜》稱：「開明橋之間，春月有花市焉，尤以芍藥為盛。」春天，鄉村百花盛開，一些鄉民看到種植花卉能帶來商機，就有意識大量種植。宋人吳芾係台州府人，常年在外做官，其《見市上有賣海棠者悵然有感》一詩，就是詩人生活的真實寫照：「連年蹤跡滯江鄉，長憶吾廬萬海棠。想得春來增豔麗，無因歸去賞芬芳。偶然擔上逢人賣，猶記樽前為爾狂。何日故園修舊約，剩燒銀燭照紅妝。」貨擔上的海棠勾起詩人的思鄉之情。同時也反映了海棠買賣的普遍，花市引發的花卉消費之熱，更使種花、賣花成為部分農人賴以為生的手段。

第六節　宋代海外貿易發達

　　宋代我國經濟重心南移，由於北方的戰亂，人口流徙到南方，大量南徙的北方人帶來了先進的農業生產技術，促進了江南地區的進一步發展，加上南方優越的發展農業生產的自然條件，耕地面積擴大，稻、麥、茶、桑、甘蔗的種植更為普遍，產量很高，並成為出口產品，推動了海外貿易的發展。宋代的手工業部門如製瓷業、紡織業、礦冶業、金屬製造業在前代的基礎上均有所發展，活字印刷術使書籍大量出版成為可能。手工業生產的發展和對外貿易的繁榮，市場上的商品種類較之前代更加豐富。北宋《太平老人・袖中錦》列舉號稱天下第一的商品有：「監書、內酒、端硯、洛陽花、建州茶、蜀錦、定瓷、浙漆、吳紙、晉銅、西馬、等絹、契丹鞍、夏國劍、高麗秘色、興化軍子魚、福州荔眼、溫州桂、臨江黃雀、江陰縣河豚、金山鹹豉……。」集市貿易的發展和商人地位的提高為海外貿易提供了堅實的基礎。

　　兩宋政府的政策積極支持商人開展對外貿易，由於集市貿易發展而形成港口城市大量出現。宋朝時期海外貿易之興盛，比之盛唐時期還要繁榮一些。唐朝的外國人大都來自亞洲西域、阿拉伯、朝鮮、日本，而宋朝擴大到非洲、歐洲等地。唐朝都是以外國人來中國經商為主，而宋朝的商人是走出去的。宋代中國的船隻已經航行於印度洋各地，包括錫蘭（今斯里蘭卡）、印度次大陸、波斯灣和阿拉伯半島，甚至到達非洲的索馬里。海外貿易的主要對象是印度、中南半島、東南亞各島嶼，以及阿拉伯半島等地區的一些國家。當時吐蕃、契丹、党項、女真、蒙古等少數民族相繼興起，控制了西北的河西走

廊一帶，在許多時期與宋朝呈敵對狀態，因此與西亞、歐洲各國的陸上聯繫經常受到阻礙或較長時期中斷，東南亞的海路成為宋朝對外交往的必然選擇。

由於海外貿易的發展，在東南沿海地區海港城市獲得了很大的發展。廣州、杭州、明州（今浙江寧波市）、泉州、秀州（注：今浙江嘉興市）、密州（注：今山東膠縣）等，在當時都是重要的外貿港口城市。為了加強管理，宋朝還在廣州、杭州、明州、泉州、密州、溫州等地設置了市舶司。除了東南沿海港口城市外，長江以北的通（注：今南通市）、楚（注：今淮安市）、海諸州，長江以南的越（注：今紹興市）、台、福、漳、潮、雷、瓊等州，以及鎮江、平江（注：今蘇州市）兩府也都是通航的海港。

但是，應當指出的是，由於宋朝的政治、經濟形勢動盪不安，海港城市興廢繁衰也較多。如北宋時，山東半島以北屬於遼政權所有。南宋時，從海路前來通商國家有 50 多個，廣州、明州、泉州是三大外貿港，官府在港口設立市舶司，管理貿易事務，徵收商稅。它以泉州為起點，可通往日本、高麗、東南亞、印度、波斯和阿拉伯乃至東北非。市舶司加強對港口城鎮的管理。宋朝政府鼓勵海上貿易，凡來華貿易的外國客旅，國家出資，設宴款待，如來華市舶少，或不來，則派吏出海招致。南宋尤其重視市舶，目的是「招徠遠人，阜通貨賄。」宋朝對市舶實行統制政策，凡海外諸國來華貿易的船隻，或出海貿易的國內商舶，都必須經市舶司檢查，同時對舶來商品實行壟斷制度，即入港船隻所載之貨，先由市舶司徵稅，然後國家從中收買一部分商品，即抽買。徵稅、抽買之後，市舶司給以憑證，方許與民貿易。抽買的品種與數量隨國內情況隨時變動，至於出口商品的品種，有一定的限制，如銅錢，係絕對禁止出口的物品。元豐三年，宋朝政府制定了一部《廣州市舶條法》，是中國歷史上第一部貿易法。各個外貿港口還在城市設立「蕃市」，專賣外國商品；「蕃坊」供外國人居住；「蕃學」供外商子女接受教育，政府還專門制定了蕃商犯罪決罰條。現在廣州和泉州城內仍然有許多蕃客墓，成為當時海外貿易繁榮的佐證。

宋代造船技術的提高，指南針在航海上的使用，以及對風向的認識和利用等，這些航海技術的進步，是宋代海外貿易發達的物質基礎。造船技術水平是當時世界之冠。宋神宗元豐元年（公元 1078 年），明州造出兩艘萬料（約 600 噸）神舟。宋朝的主要造船廠分布在江西、浙江、湖南、陝西等地區。虔州（注：今贛州市）、吉州（注：今吉安市）、溫州（注；今仍稱溫州）、明州

（注：今寧波市）都是重要的造船基地。太宗時期，全國每年造船達到三千三百餘艘。到了南宋，由於南方多水加上海上貿易日益發達，造船業大發展。宋代人對海外的地理概念比前人更加清晰，專門記載海外情況的著作就有《海外諸蕃地理圖》、《諸蕃圖》、《諸蕃志》、《嶺外代答》等好幾部，其中對非洲的記述比前代更為廣博，如東非的層撥國（注：今桑給巴爾）、中理國（注：今索馬里）；北非的木蘭皮國（注：今摩洛哥）、施盤地國（注：今埃及某港）、默伽國（注：今摩洛哥）、勿斯里國（注：今埃及）等。宋代與中南半島、南海諸國、大食諸國、西亞諸國的貿易比前代更為紅火，與高麗、日本的來往也比前代更為密切，高麗和日本都闢有專門對宋貿易的港口。

宋代進出口貨物的種類、數量比前代更多。宋代進出口貨物達 410 種以上。向各國輸出絲織品、瓷器、茶葉、工藝品、金、銀、銅、鐵、錫等，輸入的物品主要有香料、珠玉、犀角、象牙、珊瑚、蘇木等，單是進口香料，其名色就不下百種。據日本學者藤原明衡統計，僅日本進「唐物」就達 41 種。南海地區主要進口香料、寶物、皮貨、食品。精刻的典籍主要銷往高麗和日本。

第八章　宋代商民狀況與活動

第一節　宋代商民地位空前提高

　　中國很早就有了職業的分工，傳統的「士、農、工、商」劃分中，商人被列為最末一等，宋代以前歧視商民。秦朝曾將一大批有市籍的商人，以及父母、祖父母為市籍的商人後代，發配戍邊。漢朝立國，高祖令賈人「不得衣絲乘車，重租稅以困辱之。……市井之子孫，亦不得仕宦為吏」；唐朝「禁工商不得乘馬」，「工商雜色之流，必不可超授官秩，與朝賢君子，比肩而立，同坐而食」。宋代其後的明、清兩代也均有抑商或賤商政策，朱元璋本人就具有強烈的「重農抑商」情結，他建立明王朝之後，即嚴禁農人棄耕從商，商人外出經商，必須領取官府頒發的路引，否則按游民處置，「重則殺身，輕則黥竄化外」，商販被與僕役、倡優、賤民同列。清代的雍正也深具「重農抑商」思想，他說，「觀四民之業，士之外，農為最貴，凡士工商賈，皆賴食於農，以故農為天下之本務，而工賈皆其末也。市肆中多一工作之人，則田畝中少一耕稼之人。」所以應當勸農抑商。元、明、清三代對資本主義發展似有「拉後腿」之嫌。

　　宋朝初期仍存在「以營利為恥」的傳統思想，到北宋中期，《蔡中惠集》就說：「乃不然，紆朱懷金，專為商旅之業者有之。興販禁物，茶、鹽、香草之類，動以舟車，懋遷往來，日取富足。」宋代商人開始逐漸為人們所認同，《黃氏日抄》說：商民已經「同是一等齊民」，越來越多的人成為職業商人，作為社會地位最高的「仕宦之人粗有節行者」。范仲淹的《四民詩》為商人鳴

不平：「嘗聞商者云，轉貨賴斯民。遠近日中合，有無天下均。上以利吾國，下以藩吾身。周官有常籍，豈云逐末人。天意亦何事，狼虎生貪秦。經界變阡陌，吾商苦悲辛。四民無常籍，茫茫偽與真。遊者竊吾利，墮者亂吾倫。淳源一以蕩，頹波浩無津。可堪貴與富，侈態日日新。萬里奉綺羅，九陌資埃塵。窮山無遺實，竭海無遺珍。鬼神為之勞，天地為之貧。此弊已千載，千載猶因循。桑柘不成林，荊棘有餘者。吾商則何罪，君子恥為鄰。上有堯舜主，下有周召臣。琴瑟願更張，使我歌良辰。何日用此言，皇天豈不仁。」

　　宋朝時人們可以任意選擇職業，周旋環境很廣，商人受歧視的程度最低，本末觀和商品經濟意識與前朝不同，把商業視為「末業」的傳統觀念有所改變，商業開始與農、工等行業一樣成為社會的「本業」。視商人為「雜類」或「賤類」動輒加以抑制的傳統觀念有所改變，商人開始取得與士、農、工一樣的國家法定的「齊民」之資格。宋朝立國即頒發一系列恤商法令，寬待商人，鼓勵商業，如宋太祖詔令：「榜商稅則例於務門，無得擅改更增損及創收。」又如宋太宗詔令：「自今除商旅貨幣外，其販夫販婦細碎交易，並不得收其算。」（注：即細碎小物品交易不得收稅）並嚴禁官吏勒索、刁難商賈，官吏如果「滯留（商人）三日，加一等，罪止徒二年。因而乞取財物，贓重者，徒一年。」

　　工商之家不得預於「仕」的禁令被突破，國家開貢舉之門，廣搜羅之路，如工商、雜類人等，有奇才異行，卓然不群者，亦許解送，商人獲得了從政的權利。在宋朝一部分商法的制訂過程中，商人還被政府邀為座上賓，參與修法。北宋太宗朝，陳恕為三司使，在制訂茶法時，就邀請了茶商數十人協商討論各條利害。當時的爭論很激烈，茶商提出的方案，其商業利益盡歸商人，商人「取利太深」；官方的方案是國家專營茶葉，利歸官府，商人「滅裂無取」。最後朝廷採納了折衷的方案，朝廷吸收了商人的意見。國家在立法過程中不但給予商人表達利益的渠道，制訂出來的法律也照顧了商人的利益，這在其他王朝幾乎是不可想像的。

第二節　讀書人從商提高了商人身份

　　宋以前說古代的讀書人只有「學成文武藝，貨與帝王家」一途，但在宋代，讀書人不當官也不會餓死，經商也是光明正大的職業。讀書人常常拿孔子的得意門生子貢作例證，他便是一位成功的大商人，而且有學識。孔子從

來沒有因為子貢的商人身份而對他有任何歧視，恰恰相反，孔子曾經以「瑚璉」比喻子貢，認為子貢是國家社稷的大器、良器。另一位就是越國大夫范蠡，是商人的榜樣。所以後來有：「越國大夫曾貿易，孔門弟子亦生涯」的聯句。宋代社會各階層都有人加入經商的行列，則是毫無疑問的。改變了以往歧視市民、商人的政策，屏棄了漢代「市井之子孫亦不得仕宦為吏」，唐代「工商不得入仕、工商雜類，不得預於士伍」的規定，商人地位大大提高。傳統的「工商眾則國貧」思想，早已成過眼雲煙。有諸多文人從事治生和商業活動，成名文人或踏入仕途的文人從事這類活動，多不是因為生活貧苦所致，其治生的手段主要是通過為潤主作文或撰寫碑銘來獲取報酬，已具有一定的商業化特點。下層文人常常是因經濟拮据不得不忙於治生或經商，其從事治生的手段是多樣的。去職或遭罷官的文人，也加入了這一行列。北宋官員蘇舜欽被罷官後，說：「今得脫去仕籍，非不幸也。自以所學教後生、作商賈於世，必未至餓死」，經商也是光明正大的職業。宋代讀書人不以經商為恥，洪邁《夷堅志》記載，宋徽宗時，「吳興士子六人，入京師赴省試，共買紗一百匹，一僕負之。」借著到京師參加科考的機會，順便也做了一筆生意。

南宋時呂祖謙在嚴州（注：今浙江桐廬一帶）主持州學，曾說：嚴州當地「士由遠方負笈者日眾」；農人也能夠擺脫戶籍與土地的束縛，「釋其耒耜而遊於四方，擇其所樂而居之」。在東京開封，「橋、市、街、巷口皆有竹木匠人，謂之雜貨工匠，以至雜作人夫……羅立會聚，候人請喚」，這些在城市討生活的工匠，也來自五湖四海。商人的流動性更不待言，在杭州，「富室多是外郡寄寓之人，蓋此郡鳳凰山謂之客山，其山高木秀皆蔭及寄寓者。其寄寓人，多為江商海賈，穹桅巨舶，安行於煙濤渺莽之中，四方百貨，不趾而集，自此成家立業者眾矣。」巨商富賈們，居住秀麗山林別墅中，並無拆遷之慮。

得益於貿易的興起，宋代產生了一大批富商。大商人憑藉資本的力量，正在染指更高的社會地位。在一些地方，富商跟地方官員可平起平坐。市民階層正式產生，大批的手工業者、普通商人、小業主構成了宋朝的中產階級。他們經濟富足，又有自己獨立的價值追求。市民的富裕閑暇的生活及審美趣味和生活情趣促成了宋朝文化的高度繁榮，戲曲、雜技、音樂、詩歌、小說等都在宋代高度發展。

農人棄農從商，或者半耕半商更是尋常事了。如南宋初，岳州農民自來

兼作商旅，大半在外，知州范寅敷為了避免田地拋荒，「欲出榜招召，務令疾速歸業；如貪戀作商，不肯回歸，其田權許人請射（注：即承佃種田）」，想收回外出經商的農人的產權。但朝廷最終沒有同意，因為戶部認為「商人田產，身雖在外，家有承管，見今輸送二稅，難許人請射。」保護了經商農人的產權，也承認農民兼業的現實。

方外的僧人道士同樣可以營商。北宋東京大相國寺，就是最繁華的貿易市場；建隆觀也有道人做生意，道士賣齒藥於觀內東廊，都人用之。開設當鋪、放貨收息是寺院自南朝以來的慣常做法，宋時此風更盛，陸游《老學庵筆記》記載：「今僧寺輒作庫質錢取利，謂之長生庫，至為鄙惡。」陸游雖覺得鄙惡的行為，僧人並不為然，因經商致富甚多。莊綽《雞肋編》說：「廣南風俗，市井坐估，多僧人為之，率皆致富。又例有家室，故其婦女多嫁於僧。」女性經商亦不少見，臨安名小吃「宋嫂魚羹」的創始人便是女性。原來是汴京酒家婦，善作魚羹。宋室南渡後，隨之南下，僑寓蘇堤。因為廚藝高明，「人競市之，遂成富媼」。宋代設有專管徵收商稅的稅務官，叫做「攔頭」，還出現了向女性收稅的「女攔頭」，從這裡也可看出宋代經商女性之常見。商業浪潮衝擊之下，以前作為權力中心、似乎莊嚴不可侵犯的衙門，也被商民租來做生意，如南陵縣的一名市民就邑治大門之內開酒店。台州州衙「儀門之兩廊」也是出租給商戶做生意，「僦為賈久矣」。

第三節　宋代商人的形象良好

宋代是發展商業的時代，商民地位大大提高。問題質疑之一是：宋代卻沒有發現富可敵國的大商人。宋代前，春秋時代有范蠡「累十九年三致金，財聚鉅萬」，人稱陶朱公；秦有呂不韋干預秦政；漢有鄧通富甲天下。宋以後，明代有沈萬三曾經助築明都城三分之一，清代有和珅，清末有紅頂商人胡雪巖。問題質疑其二：重利輕義和市民化是商人在人們心目中的基本形象，成語有「仁不帶兵，義不行賈」的說法。意為：如果你稟性仁慈就別帶兵打仗，如果你有義氣講道義就別行商做買賣。可是宋代商人的形象並非如此。作者分析，其中原因是由於宋代商業初起，受前朝「抑商政策」的影響，商業資本不發達，沒有形成能夠威脅國家經濟的實力。另外，商人受儒家學說的影響很深，「小人喻以利，君子喻於義」，懂得盈利分寸，掌握尺度。三國故事這個說書節目，不僅產生時間最早，還是最受宋代人民歡迎喜愛的說書節目，

就是因為故事突出了一個「義」字。至今私家商號依然喜歡供奉關公神像。

宋室南渡，商品流通活躍，海外貿易空前繁榮，泉州晉江現存最長的古橋安平橋是儒商黃護倡導所建。他生於宋元祐年間，父親黃碩馬是個儒生。黃護科舉未中，轉習經商。從小浸潤在相對開放的泉州，後又渡海到渤泥（注：今文萊）發展。三十歲時就衣錦還鄉，在安海開了十幾間商鋪，成為安海當地首富。靠海外貿易發跡的黃護，依舊是文人的作派，愛好篆隸、棋弈、詩謎等文人雅士的遊戲。他還喜歡結交高僧，常到當地龍山寺和高僧品茶論禪。不僅如此，黃護還熱心公益，一心造福鄉里。史載黃護「勸農桑、重工商、興義學、立藥局、闢嬰堂、振武林、懲邪惡、禁博賽、整市容、嚴街鼓、明保伍」，保護百姓，維護安寧，深受百姓愛戴，紹興二年（公元 1132 年）被大家推舉為「里正」。

春秋時陶朱公范蠡進退自如，既能經商成巨富，成名於天下，又能泛舟遊四海，歸隱於江湖，顯然是商人們崇高的精神榜樣。宋代就出現了一位普通商人的隱士情結。墓主人是北宋萊州（注：今煙臺萊州）本地人，從墓誌銘記載的「祖籍天水」和甬道西壁題記壁畫作者「同保少兒李少博」，推測墓主人姓李，單名一個「用」字。李用於元豐七年（公元 1084 年）十月因病去世，享年 61 歲。萊州地處沿海，得魚鹽物產和港口交通之利，商業活動頗為繁盛。李用的商人身份在墓誌中也記得較為清楚，他的家族世代經商，藉以發家致富，這也是為何他能興建內容如此豐富、規格如此高檔的墓室的原因。該墓特色十分鮮明，在整個山東地區的宋代平民墓葬中都屬一流。壁畫備宴圖中為數眾多的仕女，壁畫扇面所採擷的「富貴日興，金車入門」的道教術語，以及舞蹈圖、散樂圖的表演場景，都彰顯著李用的豪富氣象。墓室內只有題壁詩歌多了一份文學或文化情懷，能顯其淡雅心境。詩歌一共題有四首，均為七言絕句。是目前所知較早的墓壁題詩。

南宋臨安府的商人謝國明在日本貿易經商中積儲巨財。日本鎌倉時期，某年天災歉收，人們生活十分困難，眼看馬上要到新年了，除夕博多灣裏駛進了數十艘商船，船上堆著不少滿裝白麵粉和藥品的袋子，那都是商人謝國明的貨物。沒想到，謝國明把這些白麵粉分給正苦於飢餓的博多人民，把防疫藥品散發給百姓，開驅疫千燈法會，為民祈福，受到日本人民的崇敬和感激。

以上實例說明宋代的商人受儒家學說的影響大，重義輕利，都有些書卷氣。現今貪官就是缺少這些，只顧斂財。歷代史書對官吏有循吏和酷吏之分，

循吏著眼愛民，在模稜兩可，判斷不明時，總是向有利民眾考慮。酷吏則濫用法規，寧左勿右，無所不用其極。

第四節　集市貿易中的商人經營之道

一、善抓商機適應需求

　　兩宋經濟空前繁榮，商業環境相對寬鬆，商稅收入成為政府的重要財源，所以商人地位較高，且在民間受百姓嚮往和推崇。商人是貿易市場活動的參加者、主持人和中樞，他們注意義利並重等道德品質，長於靈活經營、巧於競爭、勤於算計、注重效益等營商之道。商人貿易經濟活動的身影，遍布於各個角落。宋人非常有投資意識，「人家有錢本，多是停塌、解質，舟舡往來興販，豈肯閒著錢買金在家頓放？」所謂「舟舡往來興販」，是指長途販運業，「解質」是放貸，「停塌」是倉儲業，總之有閒錢就拿出來投資。商業無疑是推動社會發展的最重要力量，人類社會從自給自足的自然經濟時代，一躍進入彼此聯繫更緊密、分工更細緻、生活更多樣化的複雜社會形態，商業提供了最大的驅動力。

　　宋代江南市場呈現擴大的趨勢，表現在商品空間移動的範圍拓展、市場貿易密度增大。城鄉市場的變化表現在：墟市貿易更為活躍，部分墟市已有商人插手，多少具有一點初級市場的品格。出現了一些新興都市，不少城市不僅是終點零售消費市場，而且兼有中轉貿易市場的職能。大都市商業性增強，形成了幾個重要的批發中轉貿易市場。城鄉市場的突出變化是商業鎮市的興起，從流通角度看，宋代江南鎮市具有初級產地市場、中轉貿易市場與終點零售市場的作用。經商風氣興起，形成不同層次的職業商人群體和分屬不同職業的兼業經商群體。市場的主導力量是財勢顯赫的坐賈行商，市場上最活躍的是散佈於城鄉市場、為生計而不停奔波的小商販。

二、完善服務是經商之道

　　分析和預測市場，從來都是商人在商業競爭中的頭等重大事項。風調雨順年景，農業豐收在即，農產品的價格顯然是要跌，經營利潤會微薄，可以選擇其他可收購產品，靈活運用，商場如戰場。如果有邊防吃緊消息，估計要發生戰爭，冬天的時候，官兵的棉衣需求會比平時增多，提前做好準備棉

衣貨源，待官府採購棉衣時，已經有了貨源。魚米之鄉江南盛產的米，當地人民是吃不完的，刻意大量收購，運到外地，批發給中小經銷商去零售，以贏得足夠的時間。大宗商品，批發是最有經濟效率。讓利給中小經銷商，專營批發，靠規模取勝是不二選擇。當時大宗商品，如茶葉、酒、鹽等都是靠批發交易，再散佈到全國各地經銷商的手裏。

《清明上河圖》裏鱗次櫛比的商鋪，有很多以本姓命名的店鋪，比如「趙太丞家肆」、「王家羅錦匹帛鋪」等，《東京夢華錄》裏記載有：「醜婆婆藥鋪」「東雞兒巷郭廚」等，這都說明宋朝商家已經樹立了廣告和品牌意識。賣環餅的小販，也會打出「虧便虧我也」的口頭廣告語。為了招攬生意，店裏的老闆、夥計都穿戴錦衣花帽，有的酒肆還經營下酒菜肴，還有的安排歌舞娛樂供酒客欣賞。

第五節　宋代商民的多方面活動

宋代商人的營商方式，包括長短途販運、產銷一體、行商坐賈聯營、合作經營、委託經營等多種。

一、長途販運是商民的主要活動

長途販運，賺取地區差價，是商人的盈利手段。宋朝的邊境貿易、進出口貿易，其實就是這個原理的充分運用。茶葉原產地東南地區收購的茶葉，運到西北地區，能賣高出 6 倍的價錢。在販運的路上，商人不辭路途辛苦，往返於遙遠的區域市場之間。茶馬古道，實際上就是一條道地的馬幫之路。茶馬古道沿途，滇、藏、川「大三角」是世界上地勢最高、山路最險、距離最遙遠的茶馬文明古道。在古道上是成千上萬辛勤的馬幫，開闢了一條通往域外的經貿之路。造就了他們講信用、重義氣的性格，鍛鍊了他們明辨是非的勇氣和能力。他們既是貿易經商的生意人，也是開闢茶馬古道的探險家。他們憑藉自己的剛毅、勇敢和智慧，用心血和汗水澆灌了一條通往茶馬古道的生存之路、探險之路和人生之路。

民間海商成為貿易的主導力量。海外貿易不僅豐富了社會生活，滿足了人們的各種需求，更為重要的是拉動了沿海地區的經濟建設。過去的「蠻荒之地」因之而走上繁榮發展之路。宋朝民間對外貿易繁榮發展的原因，係政府鼓勵民間海商泛海貿易。由於市舶之利甚厚，政府通過設置市舶司控制海

外貿易，但泛海貿易程序複雜，艱辛危險，政府一般不親自參與，而是利用各種措施激發民間海商的積極性，鼓勵他們從事泛海貿易。在海外交易中，海商注意信譽，博得好評。據《新全球史》記載的一位阿拉伯商人記述：兩宋時期，信用券被廣泛應用，富裕商人率先使用印製的紙幣，極大地便利了商品的交換。中國商人把錢借給別人時，會寫下借條，借債人則在紙條上用食指和中指畫押。他們主張以信接物，以義為利，市不二價，童叟無欺，不賣假貨，不賺黑錢，不會乘人之危而牟利。

二、以農村為基地收購農產品

宋代庶民、商人到農村購買田產是平常事。當時務農為本的思想還是穩固的，人們認為：「莊稼錢萬萬年，買賣錢當年完」，因而出現為數不少購置田產的庶民地主。鄉村上的富戶「從來兼併之家」，稱之為富民，這些富民並無官位爵銜，只是平民百姓身份的庶民地主。這些富民「招客為佃戶」，著佃的客戶，即為給地主種田的農人，地主即是商人，他們許多來自農村，活動不離舊地，農村到處都有他們的足跡。溝通城鄉貿易，到農村預購農產品，是他們重要的活動，以保證集市貿易的貨源。江南的新米、新茶上市之際，商人們趕著奔著到農村搶購做批發生意。在集市上供不應求時，米價、茶價就會上漲。商人可以提前甚至一年前，就向產地的地主農戶、茶園主下好定金，簽好協議。米茶上市，可根據協議中的價格、數量取得貨源，或取得批發價格，利潤相應地提高。范成大《夏日田園雜興》：「黃塵行客汗如漿，少住農家漱井香。借與門前磐石坐，柳陰亭午正風涼。」這位到農村來的行客，不會是只是在石頭上坐一會，喝口井水，乘乘涼而已。范成大的另一首詩《晚春田園雜興》云：「蝴蝶雙雙入菜花，日長無客到田家。雞飛過籬犬吠竇，知有行商來買茶。」客人是位行商，到此收購茶葉。

三、活躍在牙行的中介商人

貿易中牙商，即舊時集市貿易中為買賣雙方說合交易並抽取傭金的中間人，起源很早，漢代稱說合牲畜買賣的牙商為「駔會」，唐朝發展到各種買賣，有牙郎、牙儈、牙人、牙子等名稱。唐末以後，營業範圍擴大，牙商眾多，才有行會組織牙店，或稱牙行，負有代官府監督商人納稅之責任。宋代以後有官牙、私牙。經營牙行須政府批准，並交納稅課。牙行在交易中起著「評

物價」、「通商賈」，代政府統制市場。在城鎮交易中處統制地位，擴大到代商人買賣貨物，代商人支付和存儲款項，絕大部分商品的批發交易必須經過牙行之手。牙行憑藉特權將其經營範圍從為買賣雙方作介紹，進而有了管理商業的功能，故也稱官牙。經營牙行是一種特權，運送貨物，設倉庫保管貨物，代政府徵收商稅等等。政府還實行介紹買賣的牙人制度，負責告誡過往商人的店戶制度，以及統一的度量衡制度，都對維護商人利益、保證市場繁榮與穩定起了積極作用。民國時期稱為「買辦」，現在成為中介組織。

第九章 服務業容納大量失地農民

　　宋代在農業方面推行租佃制，土地推向市場，使得一部分人脫離人身依附關係和土地依附關係，游離出農村、農業，在貿易大發展情況下，進入商品社會，成為商品社會的服務者。以出賣勞動、技術、知識、進入勞務市場，成為另一種職業群。勞務市場，是以提供勞務滿足他人的需要而進行活動的場所，宋代已經出現了現代意義的勞務市場。在城市中有以牙人為中心的勞務市場；有橋、街、市、巷口形成的勞務市場；有人情茶肆中的勞務市場；還出現了專門提供某種服務的勞務機構。各種類型的勞務市場能滿足不同層次人群多樣化的需求。鎮市和農村的雇傭關係已非常普遍，所提供的勞務種類繁多，分工細密。隨著勞務市場規模的發展，水平也不斷提高。

第一節　農村改革促進職業分立

　　走江湖者又是游離於農村的一群人，本是佛家一句禪語，舊時中國民間指以賣藝、相面、算卦、賣藥、保鏢等為職業，走南闖北，四海為家，憑藉自身能量來往各地謀求生活者。仁者見仁智者見智，瓊瑤的小說《還珠格格》裏面的一首詩：「一簫一劍走江湖，千古情愁酒一壺，兩腳踏翻紅塵路，以天為蓋地為廬。」描述走江湖者逍遙自在，其樂無窮；同時亦有人說：走江湖者「年年難過年年過，處處無家處處家。」中國傳統農耕文化講究「安土重遷」，闖蕩江湖者則離鄉背井，困難很多，常言說：「在家千日好，出門事事難。」這一人群以現在的職業分工的說法，大多是屬於第三產業，即服務業。

　　舊時有三教九流、五行八作的說法，表明社會分工越來越細。五行八作

源起南宋，是杭州民間泛指各行各業的傳統俗稱。當時市肆各種行業分別稱為「團」、「行」、「市」、「作分」等。「團、行、市」多為商業，「作分」則是小手工業。南宋吳自牧《夢粱錄・團行》載：「有名為『團』者，如城西花團，泥路青果團，後市街柑子團，渾水閘鮝團。又有名為『行』者，如官巷方梳行、銷金行、冠子行、城北魚行；城東蟹行、薑行、菱行、州北豬行、候潮門外南豬行、南土北土門菜行、壩子橋鮮魚行、橫河頭布行、雞鵝行。有名為『市』者，如炭橋藥市、官巷花市、融和西坊珠子市、修義坊肉市、城北米市。……其他工役之人，或名為『作分』者，碾玉作、鑽捲作、篦刀作、腰帶作、金銀打鈒作、裏貼作、鋪翠作、裱褙作、裝鑾作、油作、木作、磚瓦作、泥水作、石作、竹作、漆作、釘鉸作、箍桶作、裁縫作、修香澆燭作、打紙作、冥器等作分。」後來分工更細，有七十二行的說法。俗話說：敲鑼賣糖，各做各行。每一種行業還都有敬奉的祖師爺，如筆業拜蒙恬，紙業奉蔡倫，磨豆腐的拜劉安，魯班則被木匠、瓦匠、石匠、棚匠、紮綵匠、雕匠、皮箱行、造船工等諸多行業敬奉為祖師爺。其用意為提高行業聲譽及行業凝聚力。舊時把車、船、店、腳、牙稱為五行，為經營運輸者，牙行為經紀中介人。

儒教以「仁」為最高信仰，以「為天地立心，為生民立命，為往聖繼絕學，為萬世開太平」為終極目標。與印度佛教、中國道教並稱為三教。道教以「道」為最高信仰，追求自然和諧、清靜無為、國家太平、社會安定、家庭和睦，相信修道積德者能夠幸福快樂。佛教重視人類心靈和道德的進步和覺悟。修習佛教的目的即發現生命和宇宙的真相，最終入寂滅，斷盡一切煩惱。農耕文化鼎盛時期的宋代，經過農業改革，真正達到了「耕者有其田」時代。崇尚三教，民眾有良好的信仰，是必然的趨勢。

九流之說，則是後世民間流傳的社會職業分立更細化的一種表現，起於何時，無從考據，並非正式官方規定，卻在社會上影響至深，到了清代依然盛行。九流又分上中下三等。上九流稱：「一流佛祖二流天，三流皇上四流官，五流閣老六宰相，七進八舉九解元。」屬於上層人物的皇帝、官員和有功名人員，皇帝只是排第三，其上還有佛祖和上天，反映了民眾的思想。

中九流和下九流多數是從事社會服務業的第三產業者。中九流稱：「一流秀才二流醫，三流丹青四流皮，五流彈唱六流卜，七僧八道九棋琴。」這一

塊差不多都是古代的文學藝術工作者和科學工程技術人員：秀才至少要懂文學，醫生是醫學專家，其他作書畫的、搞皮影的、算命的、彈唱的、下棋的，現在歸類為文化和體育，都是比較正當的謀生職業。

下九流為：「一流高臺二流吹，三流馬戲四流推，五流池子六搓背，七修八配九娼妓。」這基本上是服務行業，洗澡的、搓背足浴按腳底的、磨剪刀、修雨傘、熗菜刀的……都是自食其力的下層勞動人民。下九流社會地位很低，宋代以後甚至其子弟不能考取功名，是舊社會的極大不公。

第二節　宋代服務業大發展

宋代是服務業發展的重要里程碑，據《夢粱錄》、《武林舊事》、《西湖老人繁盛錄》、《東京夢華錄》等文獻的記載，兩宋的都城汴京、臨安，綜合起來，服務業不下 200 餘種。有茶樓、酒館、旅店、戲場、旅遊等以為生活服務為主體的服務業，還有寄存店鋪和商旅貨物的塌房，存儲和撥兌商人貨款的櫃房，貰租店鋪房屋的房廊等，為商品流通服務業。

城市居民擁有金錢，是市場消費的必要前提。城市擁有品種多樣的商品、各式各樣的娛樂場所，以及優質的服務，是擴大消費範圍、增加消費頻率、延長消費時間的又一前提。我們可以從宋代服務業之興盛發達來理解為什麼宋代的城市消費會如此興盛、如此大眾化。比如飲食業，其服務周到、價格合理已惠及不同的社會階層。《東京夢華錄》卷四「筵會假賃條」載：「凡民間吉凶筵會，椅桌陳設，器皿合盤，酒檐動使之類，自有茶酒司管賃。……欲就園館亭榭寺院遊賞命客之類，舉意便辦，亦各有地分，承攬排備，自有則例。」其收費大體公允，「不敢過越取錢」，對小客戶「雖百十分，廳館整肅，主人只出錢而已，不用費力。」消費如此便當合理舒適，何樂而不為呢？其他凡是與居民生活有關的，如：《東京夢華錄》卷三「雇覓人力」條說：「凡雇覓人力，幹當人，酒食作匠之類，各有行老供雇。」其分類之細，幾乎可以滿足城市各行各業乃至官府衙門的需求，各式服務已經形成一定規模，居民生活因此而更加方便。基於當時的社會條件，這裡的行老已具有「牙人」的職能，他與上下的關係一定是金錢的關係，顯然，宋人的城市消費已經達到個人願意出資以求便當、快捷、舒適的程度。

第三節　飲食服務業興盛

一、四司六局的服務業

民以食為天，餐飲服務業更是發展迅速。宋代兩京飲食服務業的發展得益於兩京規模擴大、人口劇增、民風奢華、市民遊覽成風、上流社會人士熱衷戶外飲食消費等有利因素。按照功能、檔次及特點，可將宋代兩京飲食服務業分作飲食兼營的酒樓，主營主食的食店，主營飲料的茶肆，走街竄巷、沿街叫賣的流動服務，及地方風味食店五類情況，也出現極為興盛的夜市。

餐飲業興盛的同時也帶動了相關服務業的發展，不但服務人員多樣化，而且衍生出「四司六局」等上門代客服務的行業。宋代的城居生活，應酬甚多，為了減省主家的勞動，在京城出現了專門幫辦禮席的服務機構，稱為「四司六局」，《都城紀勝》、《夢粱錄・四司六局筵會假賃》都有專門記載。官府貴家、都下街市均有此等特別服務，當時人戶，每遇禮席，就出錢雇請，舉意便辦。

「四司」：一是帳設司，專掌仰塵、錄壓、桌幃、搭席、簾幕、罘罳、屏風、繳額、書畫、簇子畫帳之類；二是廚司，專掌放料、批切、烹炮、下食、調和節次；三為茶酒司，專掌賓客茶湯、煖盞、斟酒、請坐、諮席、開盞歇坐、揭席迎送、應幹節次等。民庶家都用茶酒司掌管筵席，斟酒、上食、喝坐席、迎送親姻，婚喪嫁娶，送往迎來，以及吉筵慶壽，邀賓筵會，喪葬齋筵，修設僧道齋供，傳語取覆，上書請客，送聘禮合，成姻禮儀，先次迎請等事；四為臺盤司，專掌托盤、打送、齎擎、勸盤、出食、椀楪等事。

「六局」：一是果子局，專掌裝簇釘盤看果、時新水果、南北京果、海臘肥脯、勸酒食品；第二蜜煎局，專掌糖蜜花果之類；第三菜蔬局，專掌簇釘、菜蔬、糟藏之屬；第四油燭局，專掌燈火照耀、立臺、修燭、壓燈、竹籠、裝火、簇炭之類；第五香藥局，專掌藥碟、香毬、香爐、酒後聽候索喚、諸般奇香、及醒酒湯藥之類；第六排辦局，掌椅桌、交椅、掃灑、拭抹之事。

四司六局分工合作，身手慣熟，為辦筵之家省去了許多精力，主人只出錢而已，不用操心費力。故當時京師有一句俗諺：「燒香點茶，掛畫插花，四般閒事，不宜累家。」四司六局服務人員，各有規則，工價一定，不敢過越取錢，散席犒賞時，亦有次序，先茶酒，次廚司，三伎樂，四局分，五本主人從。

二、滿布街區的茶樓酒肆

　　宋代由於商業市場迅速蔓延，酒肆茶坊就蓬勃地興盛起來了。據《東京夢華錄》記載，當時東京擁有大酒店 72 戶，其餘中小酒店「不能遍數」。《宋會要輯稿》中，仁宗五年有「在京腳店酒戶內撥定三千戶」的記載，說明當時東京的中小酒肆不會少於三千。茶坊、酒肆不僅是士大夫聚朋交友的地方，同時往往還有說書、評話、講史、小唱……所以茶坊酒肆也是市民娛樂、休憩和消遣的場所。不但平民百姓住宅附近設有商店，就是官衙、豪宅、使驛、寺廟附近也廣設店鋪。

南宋劉松年《茗園賭市圖》

　　宋代是茶館的始盛期，數量大增，形式多樣，服務周全，與人們的生活發生密切聯繫。茶館不囿於滿足人們的飲食需要，也是人們消遣閑暇的場所，與娛樂、消費生活相關聯的戲場、瓦子酒樓普遍存在。據《東京夢華錄》載，僅開封城內「正店」（注：即規模大的酒店）就有七十二戶，「繡旆相招，掩翳天日」。顯然，定是有經濟實力的人經辦。樊樓已經建在御街北端，皇宮附近。相傳樊樓為北宋東京七十二家酒樓之首，能出入此類酒店的絕非等閒之輩。宋代都城和大城市在區劃中有「廂」，即是城市居民娛樂、消費生活相關聯的

戲場、瓦子、酒樓所在，並有精到的解說。衣食住行是個人消費中最基本和最重要的內容。就飲食方面看，茶坊酒肆在城市中普遍存在，就是市民消費經由市場的明證之一。據《東京夢華錄》載，茶坊酒肆已經遍布開封城的大街小巷，飲食業生意興隆，而小規模的腳店不能遍數。這些小酒肆，「賣貴細下酒」，這肯定是中下階層的飲酒去處。在宋人飲食文化中，飲茶的習俗也佔據著重要地位。飲茶場所有茶樓、茶肆之分，不同身份的人自有取捨。除了固定高檔次的飲茶場所「茶坊」外，還有「車擔設浮鋪」，許人「點茶湯」，大大方便了遊觀之人。茶坊興盛發達是貿易的原因。流動人口，為飲食業提供了一個很大的市場。就連普通市民也習慣於飲食店購買食品，《夢粱錄》載曰，南宋臨安「經紀市井之家，往往多於店舍，旋買見成飲食，以為快便耳。」不但城鎮的大街小巷，在偏僻的鄉村集市上也有茶館，時稱茶坊、茶肆、茶房、茶屋、茗坊等。

茶樓經營完善，雇有「茶博士」，在茶館裏斟茶倒水，「敲打響盞」，高唱叫賣，以招徠顧客。樓主常對茶肆作精心的布置裝飾，有的茶坊內插花、掛畫，創造了和諧雅靜的環境。茶館的茶，主要投合普通市民的品味，有放佐料的「光茶」、「薑茶」，和不放佐料的「清茶」。茶館可以休閒娛樂、商務交易、會友、信息傳播等，已經具備後世茶館的功能。茶肆是社會上信息傳播中心，社會上的各種消息傳聞都能彙集到茶館，茶博士對社會上的奇聞異事所知甚多，因此茶肆成為打探消息的理想場所；而且有娛樂性質，或雇用歌女唱歌，藝人說書；有些還備有棋類等娛樂活動；有的還兼營其他生意，兼賣酒、湯、果汁等飲食類東西；有的賣燈球，謂之燈市；還有兼營旅館、澡堂；有的茶坊在夜裏賣衣服、圖書等，一到天亮就散，謂之鬼市。《武林舊事》載：「莫不靚妝迎門，爭妍賣笑，朝歌暮弦，搖盪心目。凡初登門，則有提瓶獻茗者，雖杯茶亦犒數千，謂之點花茶。」成為三教九流匯聚之地，這些茶館正人君子很少踏足。

第四節　興旺的洗浴業

澡堂文化是極具特色的民間習俗，最遲在唐、宋時，中國就有了公共的澡堂和浴室。最早的公共浴室，就是蘇州的「混堂」。擬宋話本《濟顛語錄》曾寫道：天未亮，城市還在熟睡，而浴池已開門迎客洗澡了。澡堂多在門首

粉牆上置有「金雞未唱湯先熱，紅日東升客滿堂」的對聯，就是這種習俗的反映。澡堂文化興起於宋朝，城市化使得大量人口湧向大城鎮。在大都市四處奔波的旅客和商賈以及城內的居民需要一個集會娛樂、舒適休閒、清理個人衛生沐浴的場所，澡堂由此應運而生。洪邁《夷堅志》記載：一般人家建房都有澡浴的房間。南宋杭州，澡堂特多。浴池用大石板砌成，浴池外有磚灶，灶上支個大鍋，鍋旁有竹管，穿牆而出，設轆轤引水出鍋入池。池中冷水與鍋中熱水，互相吞蕩，溫度適宜，名曰「混堂」。從早至晚，澡客絡繹不絕，下至販夫走卒，上至廟堂大夫，以集體泡澡為人生樂事。這些澡堂通常一大早就開門營業了，公共澡堂通常前面設有茶館，供人飲茶休息，後面才是供人沐浴的澡堂。到澡堂泡個澡，費用也不高，大約每人 10 文錢。宋人還積極開發天然溫泉，如福州，在宋仁宗嘉祐年間全城有 40 餘家溫泉浴室。溫泉浴稱為「湯」，有官湯和民湯之分。官湯一般由寺廟負責，所設公共浴室，對內不對外，浴客都是公務人員。福州人重修溫泉浴室四間，並聲明：「非衣冠不許遊也。」而民湯則屬於大眾浴室，是普通百姓泡溫泉的場所。

愛乾淨、懂享受，沐浴是人們日常生活的一部分。汴京浴室很普遍，有一條街巷被市民稱為浴堂巷。浴堂叫做香水行，通稱浴肆。門口掛壺的標誌便是香水行。掛壺乃是宋朝公共浴堂的標誌，《能改齋漫錄》記載：「所在浴處，必掛壺於門。」到南宋時，香水行更為普及，南宋灌圃耐得翁《都城紀勝》談到臨安各行各業時稱：「市肆謂之……又有異名者，如七寶謂之骨董行，浴堂謂之香水行是也。」香水行不只開浴室，還賣面湯。所謂面湯，並非小吃，乃大家常用的洗臉水。據宋莊綽《雞肋編》：「昔汴都數百萬家盡仰石炭，無一家燃薪者。」可見當時的城市商業煤炭供熱已出現。宋時的公共浴室，已有了擦背的行當，提供搓澡、按摩、修腳等服務。蘇東坡《如夢令》中，就有「寄語擦背人，晝夜勞君揮肘」之句。元豐七年（公元 1084 年），蘇軾在浴堂中搓了一次澡後，愜意到詩興大發，於是寫了兩首《如夢令》專門描述搓澡之滋美：「水垢何曾相受。細看兩俱無有。寄語揩背人，盡日勞君揮肘。輕手，輕手，居士本來無垢。」「自淨方能洗彼。我自汗流呀氣。寄語澡浴人，且共肉身遊戲。但洗，但洗，俯為人間一切。」有人推測宋代還出現了淋浴裝置。

澡堂還是社交場所，在澡堂裏談生意，談事業。宋朝待客，先燒香湯給

客人洗澡，再大擺筵席，接風洗塵。大戶人家建有私人浴室，不管是木製、陶瓷澡盆，中間都放條長凳，便於變換姿勢洗澡或休憩。可以使用豌豆和香草混合製成的「肥皂」，清爽又健康。宋代的市場上已出現了用於個人衛生的香皂，主要是由皂角、香料、藥材製成，叫「肥皂團」。宋人楊士瀛的《仁齋直指》記錄了一條「肥皂方」，使用白芷、白附子、白僵蠶、白芨、豬牙皂角、白蒺藜、白斂、草烏、山楂、甘松、白丁香、大黃、藁本、鶴白、杏仁、豆粉各一兩，豬脂三兩，輕粉、蜜陀僧、樟腦各半兩，孩兒茶三錢，皂角去裏外皮筋並子，只要淨肉一茶盞。先將淨皂角搗爛，用雞蛋清和，曬去氣息。將各藥為末，同皂角、豬脂、雞蛋清和為丸。

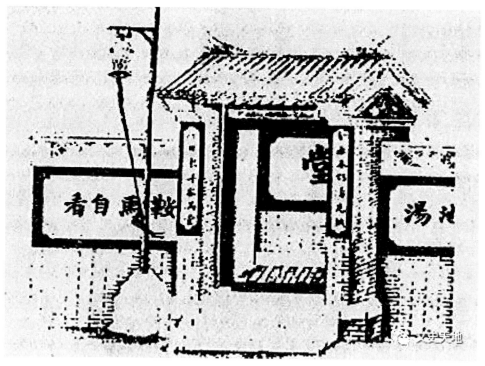

宋代的澡堂想像圖

第五節　服務業充實文化生活

　　宋代的服務業由物質消費向精神消費更高層次發展，只有在人們的溫飽滿足後，精神文化方面的琴棋書畫才可能列入日常生活之中。兩宋時期，城市精神文化方面的內容除了陽春白雪類的詩詞書畫等，又增添了許多下里巴

人的內容，確切地說就是城市市民娛樂方面。從《東京夢華錄》、《夢粱錄》、《都城紀勝》等文獻裏對勾欄瓦肆的記載看，市民文化娛樂內容非常豐富：有小唱、嘌唱、般雜劇、傀儡、講史、小說、影戲、散樂、諸宮調、商謎、雜班、弄蟲蟻、合聲、說諢話、叫果子以及教坊的鈞容直（注：軍樂一種）等。說書是民間娛樂世俗文化的產物，它是一門口頭表演藝術，南宋詩人陸游詩《小舟近村三首》之三記述了宋代鼓書藝人的活動：「斜陽古柳趙家莊，負鼓盲翁正作場。身後是非誰管得，滿村聽唱蔡中郎。」可見宋代鄉村中有不少說書人座場賣藝，亦可見宋代有不少盲人從事說書這個行業。

說書、唱戲成為一項民間娛樂文化表演事業，北宋高承《事物紀原》記載：「宋朝仁宗時，市人有能談三國事者，或採其說，加緣飾作影人，始為魏、吳、蜀三分戰爭之像。」可見在仁宗盛世之時，城市民間先誕生說書這門表演娛樂藝術，之後才產生皮影戲。明人郎瑛在《七修類稿》中說：「小說起於宋仁宗，蓋時太平盛久，國家閑暇，日欲進一奇怪之事以娛之。」《水滸傳》序中也說：「小說之興，始於宋仁宗。於時天下小康，邊釁未動，人主垂衣之暇，命教坊樂部纂取野記，按以歌詞，與秘戲優工，相雜而奏。是後盛行，遍於朝野。蓋雖不經，亦太平樂事。」蘇軾在《東坡志林》中記載道：「塗巷中小兒薄劣，其家所厭苦，輒與錢，令聚坐聽說古話。至說三國故事，聞劉玄德敗，頻蹙眉，有出涕者；聞曹操敗，即喜即快。」孟元老在《東京夢華錄》京瓦伎藝中記載道：「霍四究，說三分。」說三分就是講三國故事，當時北宋首都開封城說書藝人霍四究就是以說三國故事聞名的。南宋吳自牧在《夢粱錄》中評價皮影戲話本時，指出：「其話本與講史書者頗同，大抵真假相半。」宋代說書表演的歷史故事節目，並不是完全依據史實，而是大膽演義，任意戲說，完全圖動聽，以吸引觀眾。這些說書人的技藝高超，說到動情處可以讓聽眾為之落淚。南宋羅燁《醉翁談錄》中指出：「夫小說者，雖為末學，尤務多聞。非庸常淺識之流，有博覽該通之理。」

吳自牧《夢粱錄》記曰：「最畏小說人，蓋小說者，能講一朝一代故事，頃刻間捏合，與起令隨令相似，各占一事也。」耐得翁《都城紀勝》亦言：「最畏小說人，蓋小說者能以一朝一代故事，頃刻間提破。合生與起令、隨令相似，各占一事。」羅燁在《醉翁談錄》中這樣形容說書人：「只憑三寸舌，褒貶是非；略咽萬餘言，講論今古。說收拾尋常有百萬套，談話頭動輒是數千回。」羅燁還在〈小說引子〉的兩首詩中形象的說出了說書人的特色與本領：

「破盡詩書泣鬼神，發揚義士顯忠臣。試開戞玉敲金口，說與東西南北人。春濃花豔佳人膽，月黑風寒壯士心。講論只憑三寸舌，秤評天下淺和深。」

繪畫藝術在宋代十分興盛，隨著商品經濟的發展，繪畫藝術出現了商品化的趨勢，成為街肆買賣的商品。如相國寺廟會日，「殿後資聖門前，皆書籍、玩好、圖畫及諸路罷任官員土物、香、藥之類。」宋著名畫家燕文貴初入東京開封時，曾在天門道上出售自己的山水、人物畫。另一位著名畫家許道寧也曾在東京開封端門外將自己所作的畫隨藥賣出。

宋代的棋手在服務業屬於「中九流」，教下棋、陪下棋是棋手的職業。北宋時，北方遼國有個棋藝高強的女棋手，叫做妙觀，被朝廷冊封為女棋童。她設了個棋肆教授門徒，其中不乏王公子弟。圍棋是我國古老的棋類，宋代人亦喜好，據《宋朝事實類苑》稱：「今皇帝（宋徽宗）善奕，可稱絕格也，何耶？凡諸道進棋者，皆國格，及賜侍御也，盡校二道三道焉。」御製局角圖勢數卷，班行。宋文人更以下圍棋為習，蘇東坡有《觀棋》詩，謂「不聞人聲，時聞落子。紋枰坐對，誰究此味？」《增補武林舊事》有「陸象山少年時嘗坐臨安，市肆觀棋」的記述。《三言二拍》中的「小道人一著饒天下　女棋童兩局注終身」普遍認為是反映明代生活，但其中絕大部分故事的背景都放在宋代，由於宋代和明代時間相隔不遠，其實在這部小說集中，大家也能感受到宋代民間的世俗百態。

第十章　旅業交通支撐著集市貿易

　　服務外出旅行者的行業被稱為「五行」，即車、船、店、腳、牙，也是人們非常需要的服務行業。宋代社會開放，士人需要讀書趕考；農民不再廝守家園；工人出外攬活；商人遊走四方，還要出海貿易。旅行是全民性的，內涵多面性。士農工商「四民」中出行的取向、目的和方式截然不同，取向有時是相反的，目的和方式就有差異。農村觀光休閒是以士大夫一類人為主體，而農工商人則取向城市、集鎮。士大夫多以農村田野、名山大川為對象。車、船、店、腳、牙這五種行業，和旅行者、走江湖者經常打交道，會得罪人不少，就是路途中的艱苦、兇險或平順、安逸，都與這些人有直接關係。

第一節　興起的全民旅遊業

一、宋代士大夫觀光休閒方式

　　宋代旅遊業發展有上峰的倡導和名家帶頭。文人深入農村反映農民的生活，會得到鼓勵。這些人也希望經常與農民接觸、探詢，深深瞭解農民情況。宋代繼隋唐而切實實行科舉取仕，不少的庶族平民能夠通過科舉而為官，這樣促使了寒門弟子讀書。宋代又是文人執政，不少高官相國，如王安石、梅堯臣、晏殊、蘇軾大多出身寒門，或家居農村，或經常接近農民，熟悉農村的生活。文人官宦自然而然的會常到農村轉轉，必然形成經常性的觀光旅遊。著名的理學家起帶頭作用，如北宋程顥的《春日偶成》：「雲淡風輕近午天，傍花隨柳過前川。時人不識余心樂，將謂偷閒學少年。」該詩表達了理學家

追求平淡自然、不急不躁的修身養性的色彩，和水到渠成的務實工夫，也表現了一種閒適恬靜的意境，風格平易自然，語言淺近通俗。另一位理學家朱熹的《春日》詩寫到：「勝日尋芳泗水濱，無邊光景一時新。等閒識得東風面，萬紫千紅總是春。」這是一首哲理詩，「泗水」暗喻孔門，「尋芳」暗喻求聖人之道，「東風」暗喻教化，「春」暗喻孔子倡導的「仁」。本詩把哲理融化在生動的形象中，而不露說理的痕跡。

　　鄉村經濟繁榮，帶動了旅遊的興起。一方面鄉村面貌的改變為旅遊提供了硬件條件，另一方面商人、官員以及富裕起來的城鄉百姓成為旅遊消費的主體，在遊覽繁華都市、名山大川的同時，他們也願意走進鄉村，推動了鄉村旅遊的發展。陸游是屢屢退居農村的士大夫，較長期的生活在農民之間。《遊西山村》提到：「莫笑農家臘酒渾，豐年留客足雞豚。山重水複疑無路，柳暗花明又一村。簫鼓追隨春社近，衣冠儉樸古風存。從今若許閒乘月，拄杖無時夜扣門。」春社、秋社祭神以祈禱風調雨順，國泰民安。與鄉親們打成一片，歡聚一堂，其樂融融，是屬於社日節氣遊。魏野、林逋均屬於隱士類型人物。魏野世代為農，自築草堂於陝州東郊，常在泉林間彈琴賦詩，當時顯宦名流如寇準等多與他交遊。宋真宗西行汾水時曾召見他，但他迴避不見，終生不仕。林逋曾被宋仁宗賜諡「和靖先生」，通經史百家。書載其性孤高自好，喜恬淡，自甘貧困，不趨榮利。及長，漫遊江淮，隱居杭州西湖，結廬孤山，相傳 20 餘年足不及城市，以布衣終身。旅遊者走進鄉村，自然要觀賞農事，在宋朝詩人的筆下，幾乎所有農事活動都被寫入詩中，有「去鋤南山豆，歸灌東園瓜」，親自體驗農業勞動，有「拄杖閒挑菜，秋韆不見人」，或者「菊援分陽甲，滕岩下早英」，進行採摘活動。

　　宋代鄉村旅遊者中還有一個特殊人群，就是應試的士人，宋真宗景德四年（公元 1007 年），各地來京城應試的「貢舉人集闕下者萬四千五百六十二人」，由此拉動起的鄉村遊幾乎成常態化，可以想見，他們也帶動了鄉村旅遊的繁盛。

二、清平世道觀光者多

　　宋代政治比較平和，並沒有像明、清以來大興文字獄。常見到有譏諷朝政、針砭時弊的辛辣詩文，朝廷並不予以追究。宋代商業發展很快，經濟繁榮，官俸種類繁多，有穀帛、錢幣、職田等，幾乎包含歷代各種俸祿形式，

是歷代最高的。宋人龐元英著《文昌雜錄》載：宋代官員的休假，一年達七十六天。其中，元日、寒食、冬至各七日，天慶節、上元節也是七天，天聖節、夏至、中元節、下元節等各三日，立春、春分、清明、上巳、立夏、端午、天貺節、初伏、中伏、立秋、七夕、末伏、秋分、重陽、立冬等各一日，上中下旬各一日。可見宋代的休假主要是各種傳統節日，包括一些重要節氣日。有些節日是連休七天，有些是連休三天。所以說宋代士大夫有著充分的休閒時間。

宋代城市的規模和功能有很大的擴展，很多休閒在城市就能完成，不必像唐人李商隱、杜牧傍晚還向外跑。宋代還限制官員騎馬，下鄉不太方便。樓鑰《陪沈虞卿使君遊錢園》詩云：「休沐無官事，公庭且放衙。城中尋勝地，道上引高牙。潭府臨芳徑，東岩玩物華。」宋代的園林可分為四大類別，供帝王休息享樂的皇家園林，與宗室外戚、高官富商所擁有的私家園林，以及寺觀園林和陵寢園林。園林配以假山、人造池、廊、亭、堂、榭、閣、花木與動物。《洛陽名園記》中，介紹了十九個洛陽名園，園景與住宅分開，園林單獨存在，是士大夫休閒、遊賞或宴會的好去處。南宋都城臨安的西湖，山水秀麗，嵐影波光、更是人們休閒的好去處。王禹偁出身清寒的農家，為官遇事敢言，屢遭貶謫。其《村行》就是他最好的田園詩：「萬壑有聲含晚籟，數峰無語立斜陽。棠梨葉落胭脂色，蕎麥花開白雪香，」字句凝練，對仗精工，影響頗大。

三、錢塘觀潮一大盛事

宋代杭州錢塘江觀潮也是旅遊的盛事。每年八月，浙江錢江潮水上漲，十分壯觀，杭州人遂有弄潮之俗。觀潮、弄潮成為當地最熱鬧的活動，南宋定都臨安（杭州）以後，皇上及朝廷官吏，甚至太上皇也親自觀潮，使觀潮這一活動形成盛事。浙江錢江之潮「自既望以至十八日為最盛」，《夢粱錄》卷四載：「每歲八月內潮怒勝於常時，都人自十一日起，便有觀者，至十六、十八日傾城而出，車馬紛紛，十八日最為繁盛，二十日則稍稀矣。」杭州來觀潮的人擁擠不堪，八月中旬「自廟子頭直至六和塔，家家樓屋盡為貴戚內侍等雇賃，作看位觀潮。」（見《夢粱錄》卷四）觀潮旅遊，一是觀潮水之壯觀，二是觀杭人弄潮，三是觀水軍的訓練。高潮是在皇上來觀潮時，君民同樂，軍民同喜。《增補武林舊事》記有：「禁中觀潮於天開圖畫高臺，下瞰如

在指掌，都民遙瞻黃繖、雉扇於九霄之上。」淳熙十年（公元 1183 年）八月十八駕詣德壽宮迎上皇觀潮。參加檢閱的有澉浦金山水軍五千，臨安水軍及防江水軍。西興、龍山兩岸艦船千隻，弄旗，列陣，舞刀，放煙火。最後只見軍儀整肅，水軍向皇上敬禮奏喏，聲如雷震。民間弄水能手百餘人，手持彩旗，踏浪爭雄，直至海門迎潮。又有踏滾木的，表演水傀儡的，表演水中百戲的，各呈其伎。其日並有文官作詩詞，兩宮賞賜無限，至月上始還。

四、宋代農民為主體的觀光遊覽

以小農經濟為主體的宋朝社會，出現了農產品大量商品化的新經濟特徵。小農經濟與市場是緊密聯繫的，而進入市場的小農必然是會理性考慮自己的交易得失，買賣行為必然符合效用最大化原則。佃耕制使農民有更大的主動性和自由性，所以宋代以農民為主體的觀光遊覽，非常興盛，但在取向不同於前者，以趕集上店為主。張擇端的傳世名畫《清明上河圖》，所描繪的主要內容之一，便是在清明節這一天，以農民為主的人群，趕到北宋都城汴梁街市遊逛。並有郊遊踏青的情景，有進有出，熱鬧非凡。宋朝鄉村旅遊，每逢節日，還有蕩秋韆、放風箏、鬥雞等流行的娛樂活動，其中蕩秋韆是寒食、清明前後踏青郊外遊的一項被稱為半仙之戲。放風箏、踢球也非常盛行，《宮詞》有：「萬人同向青霄望，鼓笛聲中度綵球」之句。

農民辛苦勞作，農閒時也希望得到放鬆，他們既是鄉村旅遊的組織者，也是鄉村旅遊的參與者，蘇軾《和子由蠶市》一詩中寫道：「蜀人衣食常苦艱，蜀人遊樂不知還。千人耕種萬人食，一年辛苦一春閒。」農業生產的發展，農村生活條件的改善，使農民也具備了旅遊的興趣與渴望。農民為主體的觀光遊覽主要是各地的集市。宋代集市有多種形式，遍布各地：一種是日常性的定期集聚交易，屬於最常見的期日集市，市集的週期有長有短。另一種是與燈會、廟會等地方風俗和節日活動相結合的商品交易集會。這類集市一般每年定期、定點舉行。雖然間隔時間比較長，但相對於日常性期日集市，具有規模大、範圍廣的特點。如正月十五元宵節紹興府會稽縣每年都要在府城外的開元寺前舉辦燈會，由此吸引了大批周邊州縣的商人，甚至還有不少海外舶商，交易極為興盛。四月十五日，平江府崑山縣舉辦馬鞍山山神神誕祈會，它州負販而來者，肩袂陸續。還有一種是：專業市場，主要有蠶市、藥市和花市等，這些專業市場以相應的產品為主要交易對象。有些地方還舉辦

藥市、廟會、道會等活動，這些旅遊搭臺、經濟唱戲的活動，在當時廣大鄉村已不是稀罕事。陳元靚《歲時廣記》中描繪：「於是，都人士女，駢於八九里間，縱觀如堵。抵寶曆寺橋，宴於寺內。寺前靷一蠶市，縱民交易，嬉遊歡樂，倍於往歲，薄暮方回。」趕集上店是宋代的重要經濟收入之一，宋神宗熙寧九年（公元 1076 年），全國各地人逛草市為朝廷增加的商業稅高達 420 多萬貫，約占當時全國財政總收入的百分之十。宋朝被稱為最富的王朝，繁榮的鄉村旅遊活動做出了不小的貢獻。

第二節　發達的城鄉旅店業

一、旅店業遍布城市鄉村

　　宋代之前，作為一種傳統的服務業，旅館業就已相當的發展。宋代高度發展的社會經濟，消費結構和經濟結構發生了重大變化，其中明顯的特徵之一就是社會服務業形成產業體系，獨立於工商業中。旅館業種類十分繁多，服務項目也是細緻周全，如客邸、旅館、旅店、旅舍、客店、客舍、邸舍、邸店、旅邸、騷鋪、騷館、騷舍、逆旅等等。從客觀上講，這一產業發展的背景，也給宋代的旅館業發展提供了較為穩定的消費市場，從而在較大的程度上推動著宋代旅館業也一步步地朝著繁榮前進。通過對其發展及變化原因的比較分析可知，宋代旅館業的發展呈現出自己固有的特色，不僅大城市裏旅店林立，而且廣大鄉村也到處開設了旅店。

　　無論是在宋代的皇城都市，還是在宋代的州府縣鎮，作為城市或鄉村中的重要行業之一，其客棧、旅店和民間客舍均有長足的進展。無論是汴京，還是臨安府，都是國內外文化交流與經濟相當發達的中心城市，在一年四季之中，各國使者、使團和蕃夷貴客來京都朝貢或祝賀等活動絡繹不絕，因此為接待遠方的貴賓，宋代中央官府就修建了不少豪華賓館（國賓館），招待海外諸國或蕃客使者，供外使及貴賓食宿之用，或作為上京官員和重要商貿人員之住所。當時來臨安府的各國使者，除拜見皇帝和參觀朝廷大禮等政治使命外，還常常伴隨著諸多的旅遊、經貿活動。《東京夢華錄》卷三記載：「汴梁的臨汴河大街，街西保康門瓦子，東去沿城皆客店，南方官員、商賈、兵卒，皆於此安泊。以東向南曰第三條甜水巷，以東熙熙樓客店，都下著數。」周密《武林舊事》說：臨安的「三橋等處，客邸最盛。」這些客邸，有些是

官營的，有的是民營的。《清明上河圖》也畫了幾家邸店，如孫羊正店的斜對面，樹著一個招牌，上書「久住王員外家」。「久住」是宋時旅店業的常用語，這家旅店大概是一個叫做王員外的富戶開設的。繁華的京城旅店比較高檔，以精美秀麗見長，大多樓橫堂列，廊廡迴繚，木映花承。即使在城市郊外，也出現了邸店，宋人的鄉村旅店並非個例，而是很常見，宋人周必大有一次回鄉，路過衢州禮賢鎮，就見「途中邸店頗多」，由此也可見宋代旅遊業的興旺與人口流動的頻繁。

　　無論中等鄉鎮旅店抑或村落，驛、舍、亭、鋪，相望於道，以待賓客。宋人的詩文中，村店、野店、郊店、山店以及逆旅等隨處可見，宋畫《山店風簾圖》描繪的就是一處鄉下旅店，位於山道旁邊，有三間大房屋，一根長竿將風簾高高挑起，迎風招展，店門口還有住店旅客帶來的牲口與貨物，山道上過往的商客、車輛絡繹不絕。「雞鳴茅店月，人跡板橋霜」，充滿了詩情畫意。鄉村旅遊帶動的不僅是旅店業，一些人看到了鄉村旅遊帶來的商機，於是投資修建私家園林、長亭供人遊覽，類似於現在的公園，園主只是通過收取「茶湯錢」來獲利。發展鄉村旅遊，吸納了大量勞動人口，旅遊業及相關的旅店業、飲食業、種植業、交通業等都從中受益，進一步繁榮了鄉村經濟，也為朝廷增加了稅收。

宋人繪《山店風簾圖》

二、旅店業接待周全

東京東水門內外，這一帶街巷布滿了客店，南方來的官員、商賈、兵卒這類人等，都在這一帶寄住。因為客店較為集中，競爭壓力就相對很大，一些店主除在環境衛生方面比較講究外，還非常注意人情味。不但關心旅客的吃住，還體諒旅客感情上的孤獨，允許旅客進行牆頭文學的創作。宋朝外出經商、旅遊、趕考的較多，旅店多題壁詩，有些驛站還設有詩板，專供旅人題詩。宋人周輝曾在一家旅店牆壁上讀到一首署名為女郎張惠卿的詩：「迢遞投前店，廳廡守破窗。一燈明復暗，顧影不成雙。」回程時，發現「和已滿壁」，「跟帖」非常多，饒有雅興。

人在旅途，往往孤單無援，為保護旅客安全，宋官府出臺了對邸店的管理條例，其中有一條讀來特別溫情：宋人李元弼的《作邑自箴》中記有：「客旅不安，不得起遣。仰立便告報耆壯，喚就近醫人看理，限當日內具病狀申縣照會。如或耆壯於道路間抬舁病人於店中安泊，亦須如法照顧，不管失所，候較損日，同耆壯將領赴縣出頭，以憑支給錢物與店戶醫人等。」意思是說，旅店如發現住店的客人得病，不得藉故趕他離店，而是要告訴當地「耆壯」（民間基層組織的首領），並就近請大夫給他看病，在當日報告縣衙。如果當地人發現路有病人，抬至旅店，旅店也不得拒絕，還是按照程序請醫生、報告官府。等病人病情稍輕時，店家便可以同「耆壯」一同到縣衙結算，按照所花費的開支報銷醫藥費、飲食費等，彰顯宋代仁政之風。

宋代的廣州城，也可以看到各種各樣的客店，打著燈箱廣告，使盡渾身解數，招攬客人入住。宋代商人做生意，一定要加入行會，所以各個行當的生意都會成行成市，旅店業也不例外，在西城走走，這裡是旅館一條街，店小二站在門口，笑臉相迎；那裡又有好多家客店，燈火通明，熙熙攘攘；可見其場面之熱鬧，競爭之激烈。

三、旅店管理嚴格成制度

宋代驛館的食宿方面有許多規定，形成整套管理制度。高級驛館食宿條件堅持高品官優先原則，供應飼養馬匹有專設的草料場。民間還有形式多樣、風格各異的旅舍、客棧，常有往來商賈、應試士子、取經佛徒、遊觀豪族等，因而各種店鋪遍布大街小巷。在貢院、太學一帶範圍之內，旅客大多是應考生員與應舉士子；在運河碼頭等商品集散地，顧客以商賈居多，稱為客棧，

專設貨物堆放的場所，為旅客提供方便。有些酒樓、飯館、歌館也兼營旅店。每逢宋代科考之年，各地旅店的生意更是極為興旺，有的因住宿兼堆貨，每年收入可達數萬計。旅店業經營已較為成熟，不少旅店定價時已與旅遊的淡季、旺季相應，每到旅遊旺季或者科舉應試期間，「雖一榻之屋，賃金不下數十楮（注：指楮樹為原料做的紙幣）」。臨安錢江潮是著名旅遊景點，每到觀潮時，飲食百物皆倍於常時，那時觀潮的人多住在周邊鄉村，旅店費用較平時自然也翻番上漲。

宋代都城內外的客店規模非常大，設備更是優良，房舍也十分寬敞，服侍也非常周到，因而當然是天下豪貴商賈下榻之理想地。為保障商賈客旅的切身利益，一些較為高檔的客棧夜間還雇有役兵巡警，因而安全可靠性較高。除日常的飲食供應之外，客舍還能夠代辦宴請之席。既有雙人套間，也有單人房間；既可小住幾日，也可長住一年半載。宋代民間的旅舍遍及州府縣鎮與鄉村，被稱之為「打火店」。作為旅館業的一個重要分支，許多寺院也設有旅舍，以供香客食宿。

第三節　方便的交通運輸服務業

一、以大城市為中心交通四通八達

宋代立國之初，十分重視交通運輸業，逐漸恢復發展了全國性的交通網絡體系，水路交通與陸路交通方面均得到了長足的發展。宋朝的交通發達超出前朝，每十里設一郵亭，每三十里設一驛站。各地的官道星羅棋布、四通八達。宋政府對郵驛十分重視「以法治郵」的做法，保證了郵驛的正常運行。「白塔橋邊賣地經，長亭短驛甚分明」，地經就是地圖，宋朝的地圖已經相當的精確。以汴京為中心城市，北宋時期就已經建構了輻射四周的水陸交通體系，向北通往當時的遼海與幽燕地區，向南則可通達閩粵蘇杭。北宋四京是東京開封府、西京洛陽府、北京大名府、南京應天府，人口比較集中，為核心地帶，交通聯繫十分緊密。北宋富強 160 多年，京都汴梁（今河南開封）「比漢唐京邑，民庶十倍」，汴梁不僅旱路暢通，水運也十分發達，「舳艫歲歲銜清汴」、「聯翩漕舸入神州」。宋朝的海上交通也非常發達，中外經濟文化的交流顯得十分活躍，當時的船舶向南可以直接航行至南洋、波斯灣地區與紅海沿岸的一些國家。

南宋時期以杭州為中心，道路交通線是向四面八方輻射，改變了逢雨即泥濘難行的困窘，砌磚鋪道嶺道險絕處，道路兩旁密植林木，沿路修建有亭舍，遷徙居民臨道居住在人煙稀少處，路面的硬化有很大進步，既有非常規的修繕，也有定期的修橋補路，又有日常養路的鋪兵。在很大程度上，人口的流動依賴於發達的水陸交通路線、交通系統與相應的交通工具的大發展。這些都為商人進行大規模、遠距離的貿易往來提供了便利條件，也促使更多的人從事商業，大大地改善了商業物流基礎，為人口流動提供了便利條件。迅速發展的農村經濟和相對安定的社會環境，造就了大量的平民遊客群，為觀光旅遊提供了基礎。宋代旅遊觀光盛行，也在一定程度上推動了宋代旅店業的發展。無論在農村還是在城市，都大量存在專門為從事轉運貿易的商人服務的客店及貨物堆棧。

二、多種交通運載工具

宋代有相當先進的交通工具，且種類繁多。在水路交通方面，有貨船、客船、兵船、漁船等數十種不同形式的船隻；在陸路交通方面，有各式畜力和車輛。交通運載工具有：轎子、駱駝、牛馬車、人力車、太平車、平頭車，形形色色，樣樣俱全。當然，不同地位的人有不同地位的出行工具。宋朝馬匹稀缺，人們多用牛車，也有乘驢的。達官貴人出門乘轎很普遍，士大夫一般騎驢或騾子出行，騎馬困難。石敬瑭將燕雲十六州割讓給契丹以後，宋朝喪失了這一良好的產馬地域以致於軍隊裏的騎兵不多，民間的馬更少。除了皇親國戚，其他都是牛車、驢車或坐轎。至此缺馬成了宋朝的一個大問題，比驢子大不了多少的滇馬、川馬，一般只能用作馱運物品，都當作寶貝，連韓世忠得馬高五尺一寸，趕緊獻與高宗，稱「非人臣敢騎」。

《東京夢華錄》記載：百姓「尋常出街幹事，稍似路遠倦行，逐坊巷橋市，自有假賃鞍馬者，不過百錢。」宣政年間，池苑內就有「假賃大小船子，許士庶遊賞，其價有差」，亦曰「京師賃驢，塗之人相逢，無非驢也。」以上史料證明，宋代乘轎的人比唐代多，輿轎流行於社會的各個階層。《夷堅志》記載了一名官吏要到雲南赴任，就是坐著由六人抬的大轎從京城出發，一直抬到雲南。說明當時轎成了人們重要的長途交通工具。同時該書還記載：一名鄉下老婦人去見親戚，就是乘坐由兩名村夫抬的「轎輿」，可見當時乘轎已很普遍，長途和短途都乘轎子。南宋時期，轎子的使用數量超過了車，各級

官員偏重坐轎，很少乘車，因為轎比車要平穩，對於南宋官員來說，坐轎是一種特殊的享受，而且勞力充沛，轎夫易覓得。官方還對轎子等級做了劃分，表明宋朝上流社會已經把轎當成了首要的出行工具，但取消了對坐車等級規定，人推牛拉不受限制。農村應用最多的運輸工具是獨輪車，既可載人，又可運貨，一般是由一人推動，「獨輪雞公車」幾乎成了民間常備運輸工具，千百年一直傳了下來。

《清明上河圖》的轎子

宋朝境內多水鄉，造船技術為世界之冠。宋神宗元豐元年（公元 1078 年），明州（今寧波）造出兩艘萬料（約 600 噸）神舟。1974 年福建泉州出土一艘宋代古船，有 13 個隔水倉，一兩個隔水倉漏水，船也不會沉。隔水倉技術，經馬可·波羅介紹，傳入歐洲。廣州製造的大型海舶木蘭舟，可「浮南海而南，舟如巨室，帆若垂天之雲，舵長數丈，一舟數百人，中積一年糧。」南宋時代還出現了車船、飛虎戰船等新式戰艦。官府對民船實行造籍登記，由北宋臨時性和局部地區的登記，到南宋逐步擴大民船登記制度，特別是對海

船實行普遍登記。民間基本船型而言，有著名的沙船，當時稱為「防沙平底船」，沙船是平底的，不怕擱淺。

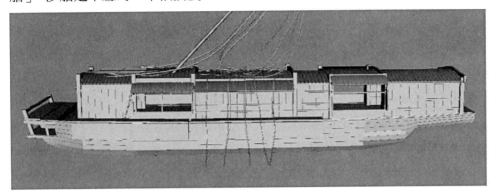

平底船模型

第十一章 確立經濟法與貿易市場 管理

第一節 商業經濟立法和市場管理

宋朝不實行「抑商」政策，鼓勵商品經濟發展，並立法以促進，成為中國古代經濟立法最為活躍的時期，法規內容涉及社會經濟活動的各個方面，專門設置了專賣法，如鹽法、酒法、茶法等法令。

宋的經濟法令，注意到了國家與經濟活動者之間的利益分配關係，順應商品經濟的規律。龐大的財政收入是國民經濟飛速發展，工商業極度繁榮，生產力水平提高的結果。豐厚的社會財力，使政府不必苛稅於民，又能保證政府收入，這就緩和了社會矛盾，進入治理國家的良性循環。

宋代存著兩種機制作用，或曰兩種行為方式：一種是民間的市場式的，另一種是政府的行政式的，兩者的關係是互動的、彼此制約的。宋代市場管理包括：

第一、建立市場劃分銷區。市場的位置、面積、店鋪等貿易設施和布局都是適合於政治、經濟、文化發展需要的，且有一定的規劃。宋代正式全面開放夜市，北宋開封有許多著名夜市，那裡人物嘈雜，燈光照天，每晚至四更方停止營業，還有曉市或早市。

第二、偽劣物品不許上市。政府禁止偽劣及數量短缺的物品在市場上銷售，製造、販賣不合格物品及假冒偽劣者要受法律懲處，所在地方官吏要負連帶責任。政府還規定：商品的製造者須在其所製造的弓、矢、刀、槍等兵

器用具上，題寫自己的姓名，以示對產品質量負責，並要經過官府檢查，方許上市，違者要沒收其貨物。

第三、控制物價。設立專門機構，委派官吏管理物價，嚴禁不法之徒欺行霸市，擾亂市場秩序。主管官吏評定物價要公道，否則要受到法律制裁。唐宋以後，政府已很重視利用牙紀檢驗貨物，評定物價，政府制定法律，予以規範，對定價不公的牙紀，繩之以法。在買賣雙方之間取利的無賴之徒，以及串通牙行、抬價出賣己物、壓價收買他人貨物的不法商販，都要受到杖笞或其他處罰。

第四、收商稅乃財政之源。宋代設立專門機關「都商稅院」、「都稅務」、「稅場」，負責徵收商稅。

第五、衡器統一由政府製造。宋代由太府寺、文思院專門製造的量器叫「法量」。政府有關部門製造鐵斛斗秤升等，發給各地使用，並進行監督檢查。

第六、製發契券規範行為。宋代土地房屋等買賣均立有文契，政府徵收契稅。宋以後，販賣茶葉、食鹽等商品均須持「引」、「票」。

第七、防火緝盜維持秩序。主持地方政務的官員親自抓打擊盜竊犯罪工作，以維持社會和市場秩序。政府頒布法律，禁止欺行霸市、攔截客商貨物。宋代政府屢禁兩旁店鋪向街道中間擴張的「侵街」行為。

為了促進民間商業的發展，宋朝政府還制定法規限制壟斷，維護市場的公平競爭。《宋刑統‧雜律》規定：「諸買賣不和而較固取者，及更出開閉，共限一價，若參市，而規自入者，杖八十。已得贓重者，計利準盜論。」宣和四年，有司奏請：「其四方商旅村戶，時暫將物色入市貨賣，許與買人從便交易，行戶不得障固；如違，依強市法科罪。」政府的這些規定，有利於創造一個公平交易的環境，保護小商人和消費者的利益，對促進商業的發展是有積極作用的。

第二節　市易法的興衰

宋代官府也加強了市場的管理和控制。王安石變法中有市易法，首在開封，後發展到廣州、揚州、成都、杭州、永興軍（注：今西安）、真定（注：今正定）設置市易務，管理市場，調濟貨物有無，平抑物價，功能高級化。市易務可以用平價收購或儲存滯銷商品；商人可以用抵押、取保等辦法，向市易務賒購貨物，還可以貸款經商，這是宋代政府設置專門機構，直接收售

物資，參與交易，以平抑市場物價的一種政策措施，是王安石變法時在城市中推行的一項重要新法。都市易司和邊境、大城市的市易務共 21 個，設提舉官和監官、勾當公事官，吸收守法的商人擔任，負責召募諸行鋪戶和牙人充當市易務的行人和牙人，在官員的約束下擔當貨物買賣工作。外來客商如願將貨物賣給市易務，由行人、牙人一道公平議價；市上暫不需要的也予收蓄轉變，待時出售。客商願與市易務中的其他貨物折合交換，也盡可能給以滿足。市易法還規定：參加市易務工作的行人，可將地產或金銀充抵押，由五人以上相互作保，向市易務賒購貨物，酌加利潤在市上售賣，貨款在半年至一年內償還，年利 2/10，過期不歸另加罰款。這實際是市易務批發，行人零售，市易務為商業機構與金融機構的結合。

市易法有平抑物價、調劑供求的作用，限制奸商壟斷居奇，把以前歸於大商人的利得收歸官有，增加財政收入。這一措施來源於漢代桑弘羊的平準法，但有自己的特點：如「契書金銀抵當」，「結保賒請」，召募行人、牙人為市易務工作等，都是王安石的新創，與平準法的命吏坐市肆販賣、不假手商人的做法有所不同。王安石去職後保守派上臺，市易法被廢除。以後雖有市易之名，或者改用平準之名，而實際是低價抑買、抬價出售的牟利營業。

看來似乎這是一項十分完美的措施，既然政府與民眾都受益，那麼應該受到擁戴，並繼續推行下去。但是事實上，變法卻引起了變法派的分裂，以及王安石的第一次罷相。市易法一方面打擊了大商人「兼併之家」，但是另一方面也在一定程度上損害了中小商戶的利益。

其一，雖然由商人壟斷存在經濟效率的損失，但市場仍能部分地實現配置資源的能力。而由政府壟斷，將使價格信號扭曲，使市場配置資源的能力完全喪失。市易司的官員「務多收息以干賞，凡商旅所有，必賣與市易；或非市肆所無，必買於市易。而本務率皆賤買貴賣，重入輕出」，「凡牙儈市井之人，有敢於與市易爭買賣者……小則笞責，大則編管」。這樣的政府壟斷經營，因為有整個國家的權力作後盾，對商業活動正常發展所起的阻礙作用，比私商更加惡劣。由於政府壟斷過程中，國家追求的是財政收入的最大化，官吏追求的是個人利益的最大化，這就使得政府經營活動的運行成本高昂而效率低下。如民間高利貸利率的一二倍與市易務借貸利率的 20%之間的巨大差價，使權力尋租應運而生。商人要借到 20%利息的貸款，必須向主管官吏支付租金。因此，市易法放貸的最大得利者是主管的官吏，而遭受損失的無

疑是政府，即投入巨大的資本，卻賺不到什麼，甚至虧本。元祐元年（公元1086年）十月，大臣王覿就指出：「市易之法本以平物價，而奸吏為之，乃使民無故而破產……臣訪聞市易本錢約一千二百萬貫，其法每歲收息錢二分。市易官以收息之多，歲歲被賞。行之一十五年之間，若收息皆實，則子本自當數倍矣。今勾收還官及別作支用者，僅足本錢而已。蓋奸吏恣為欺罔，凡支錢出外未見增耗，買物入官未經變賣，並先計息而取賞。既以得賞之後，物貨損惡，本錢虧損，則皆上下相蒙而不復根究。故朝廷有得息之虛名，而奸吏有冒賞之實弊也。」

其二，市易務是壟斷性官營機構，必然設置大量官吏，政府必須為此付出數額巨大的管理和監督費用，加上貪官污吏的貪污受賄、營私舞弊，使官營商業高成本運作，非但不能贏利，虧本是必然的。正如蘇軾所指出的：「今官買是物，必先設官置吏，簿書廩祿，為費已厚。非良不售，非賄不行，是以官買之價，比民必貴。及其賣也，弊復如前，商賈之利，何緣而得？」

其三，政府要扭轉市易務的虧本經營，使其長期、全面運轉，在國家財政補貼無力支付的情況下，唯一的辦法只能依靠政府的強制力量，將成本積累轉嫁到普通消費者頭上。市易法發展到後來，把最初的並不得抑勒的規定拋到腦後，對許多商品實行強買強賣。如任職於市易司的魏繼宗說：「凡商旅所有，必賣於市易；或非市肆所無，必買於市易。而本務率皆賤以買，貴以賣，廣收贏餘。」食鹽專賣後，「鹽價既增，民不肯買，乃課民買官鹽，隨貧富作業為多少之差。買賣私鹽，聽人告，重給賞，以犯人家財給之。買官鹽食不盡，留經宿者，同私鹽法。於是民間騷怨。」市易法增加了交易成本，導致一定數量的商品價格上升，消費者的購買數量下降，本來不滯銷的商品都成了滯銷商品，官府又不能虧本，市易務等機構還要靠賺錢維持運轉，就只好靠強買強賣盤剝百姓了。市易務在贏利中其職能逐漸異化，平抑物價的初衷完全喪失，在官營壟斷商業中連蠅頭小利也不放過。最後以至連水果、芝麻、梳子之類的小商品也作為官府的經營對象。市易務還採取各種辦法抽稅，官吏甚至敲詐勒索。如鄭俠就揭露說：「商人出京師城門，但是一二頂頭巾，十數枚木梳，五七尺衣著之物，似此等類，無不先赴都務印稅，方給引照會出門。」

其四，市易務在借貸方面也損害了中小商人和城市居民的利益。王安石的弟弟王安禮就對神宗說：「市易法行，取息滋多，而輸官不時者有罰息，民

至困窮。」元豐二年（公元 1079 年）八月，都提舉市易司也承認「諸路民以田宅抵市易錢久不能償，公錢滯而不行，欠戶有監錮之患。」因借市易錢而遭監錮的事實說明，中小商人在市易法的實施中不是獲得好處，而是受到損害。市易法之弊，連最初倡行市易法的草澤人魏澤宗都「憤惋自陳，以謂市易主者摧固掊克，皆不如初議，都邑之人不勝其怨。」

第三節　商販與城管的相處得體

開寶九年，太祖趙匡胤發表重要講話：「還經通利坊，以道狹，撤侵街民舍益之。」隨後有司組織實施，立法機構逐一細化形成律條。《宋刑統》細化幾條，「諸侵街巷阡陌者，杖七十。其有穿穴垣牆以出穢污之物於街巷，杖六十。直出水者無罪。主司不禁與同罪。」執法隊伍既是城管，構成比較複雜。譬如縣衙，並無專職城管，多由衙役、保甲長兼任；州府一級設有「監市」或「場監」，熱鬧的商業一條街，還設有「街道司」。街道司的職能非常接近如今的城管執法隊。如開封府有多個街道司，屬下各五百士兵維持市場秩序，身兼城管、稅務、工商管理等職能，還要兼顧抓小偷以及防火救災，工作蠻繁重。京城御街是個菜市場，毗鄰皇宮，地位重要。以其為例，百年來街道司和「監市」與菜販子共處，相安無事。每天派人巡視時，不忘敲鑼宣講「城管法」，有司也常常通過張貼文告的形式曉諭商販遵守法規，盡可能讓每一個商販知道什麼時候該雅靜，哪些地方不能設攤，正鋪之外不能搭建偏鋪等。在正街兩側設置表木，其作用類似今天市場上劃的界線，超越了即是違法，商販們一目了然。城管帶武器巡邏，威懾商販，允許現場暴力執法。但對初犯法者不會動粗，下處罰通知書，責令整改。南宋的臨安鬧市區，有賣羊肉的店鋪，在門前置活羊數隻，穿戴紅馬甲，每天在那兒咩咩的叫喚，吸引了不少路人圍觀。按照當時規定，商家沒有逾越表木，就不算占道，法律沒有規定不讓羊叫。又王家藥肆，請名匠刻製一頭木牛置於門口，請人模仿牛叫，因為沒有占道，不算違章搭建。

宋代的城管商販關係如此和諧，原因眾所周知，宋代官府實行仁政，一般不用暴力。就社會階層而言，商販對城管執法順從，是可以想像到的。因此，只要他們知法，必守法。對大多數商販來說，只要是朝廷規定的東西，基本上不會不遵守。

第四節　行會對市場管理的作用

　　行會組織是政府為鼓勵發展商業，維護市場秩序而採取的一系列措施之一。在宋代已經出現商人會館、公所和商會會館。宋代官方設立的「行」，一般被納入到政府嚴格控制之下。由於宋代科學技術和城市商品經濟高度發展，土地推行佃耕制政策變革，城鄉貿易大發展，促使工商業者需要建立以自身管理為特色的行業組織，藉以保護自身的既得利益。常言說：「行有行規，國有國法。」

　　行會屬於社會的組織，起到同業商人與政府聯繫的橋樑作用，向政府反映行業商人的意見、要求與建議。如：「肉行」代表售肉商人向政府提出了行戶出免行錢的主張，引起了政府的重視。王安石變法中就有免行錢這一條。各行會的行戶只交納一定的免行錢，即可免除各行戶對官司行役。由於王安石變法失敗，免行錢僅實行了八個月，但行會在代表商人與政府的對話中，起到了重要作用。雖然這一組織只是為方便國家徵稅徵物而實行起來的，但在現實層面上，它確實發揮了便於行戶聯合，以維護自身權益的作用。如行戶通過行會組織反對「行戶祗應」。另外，行戶通過行會這種形式的聯合，也使得自身的地位得以提高，社會上平日視商賈低一等的觀念受到了極大的動搖。

　　宋代隨著生產迅速的發展，為了追求利潤最大化，出現了經營者之間相互爭奪市場，導致以次充好、互相壓價等無序、惡性的競爭現象，使整個行業信譽和利潤下滑。如販米而滲以水，賣鹽而雜以灰，賣漆而和以油，賣藥而易以它物，如此之類，不勝其多。宋代行會是多個行戶經營主體的組合，代表整體的集體利益；它的行為大多是由集體討論談判決定，以保護本行會的利益。為謀求行會集體的共同利益，維護各自的優勢，行會統一規定了質量標準和價格標準等，讓定量來減少假冒偽劣，定價代替討價還價，設置出了一套新的非純個人的交易方式。像糧食市場就有行規，《夢粱錄》卷十六「米鋪」條云：「本州所賴蘇、湖、常、秀、淮、廣等處客米到來，湖州市米市橋、黑橋，俱是米行，接客出糶。……城內外諸鋪戶，每戶專憑行頭於米市做價，徑發米到各鋪出糶。鋪家約定日子，支打米錢。其米市小牙子，親到各鋪支打發客。又有新開門外草橋下南街，亦開米市三四十家，接客打發，分俵鋪家。……且叉袋（注：包裝貨物用品）自有賃戶，肩駝腳夫亦有甲頭管領，船隻各有受載舟戶，雖米市搬運混雜，皆無爭差。」從南宋杭州米鋪的交易

可以看出，從糧源、進價、搬運，都由行頭統一決定，統一安排，同行內部有共同遵守的規則。

宋時有南商、北商之分。發展到明清時期，就有了非常活躍的十大商幫。即：山西商幫、徽州商幫、陝西商幫、寧波商幫、山東商幫、廣東商幫、福建商幫、洞庭商幫、江右商幫、龍游商幫。其中以晉商、徽商最為活躍。

第五節　官商問題的處理

貿易經濟的興起出現了官吏經商的問題，官商經濟活動成為當時極其普遍的現象，類似現今改革開放後的「官倒」、「軍倒」現象，幾度威脅到北宋王朝的統治。北宋官吏經商出現的主客觀原因，一是社會商品經濟發展和繁榮是導致官吏經商的客觀原因。北宋王朝，國家的統一和安定為經濟的發展提供了有利的條件。開國皇帝趙匡胤是位很精明的君主，建國之初，便下詔安輯流亡，鼓勵墾殖耕地，並頒布一些輕徭、減賦、賑災、貸種及嚴懲貪官污吏的法令。尤其是租佃關係的建立，農民人身依附關係減弱，提高了生產積極性。由於政局的穩定、政策的鼓勵和農民生產積極性的提高，北宋墾殖面積增加，糧食產量提高。宋代社會最主要的生產部門——農業，在宋初得到了極大發展。而農業經濟的發展進步為宋代手工業、商業發展提供了基礎和條件。二是隨著商品經濟的發展，也帶來了相對的混亂和無序，宋代官吏經商現象比以往更加突出，越來越多的官吏熱衷於營商，引起統治階級的不安。宋代官吏經商範圍廣泛，如日用品布匹、薪炭、米糧、鹽、茶；生產資料如牲畜、竹木建材、車船；戰略物資如軍馬、銅鐵等等；無一不列入經營範圍。宋代有些官吏經營規模不斷擴大，人手不足，便役使部屬或士兵，私招工匠。如仁宗時，鄜延都總管張亢指出，當時邊境將領大肆役使士卒，「每一指揮（約 500 人）抽占三分之一」從事販易和製作贏利活動。史稱鐵面御史的趙抃揭露，秦隴一帶「禁旅雖多，訓練蓋寡，其間至有匠民、樂工、組繡、機巧、百端名目，多是主帥並以次官員占留手下，或五百人，或千餘人。」進行非軍需品生產。針對這些問題官府採取了一些措施予以糾正，北宋初年明文規定：「貿易與民爭利，違者論如律。」孝宗多次下令，「見任官以錢付綱手，商旅過蕃買物者，有罰。」這些措施雖無法從根本上遏制官吏經商的蔓延，但對宋代商品經濟的發展具有一定的積極意義。

第十二章　集市貿易促進金融業發展

第一節　經濟發展貨幣大量流通

　　宋代商業的發達，交易的擴大，形成了全國性的大市場。朱仙鎮、漢口鎮、佛山鎮，與景德鎮號稱國內四大鎮。南宋時的臨安，有人口近六十萬，江寧（注；今南京）近四十萬。每天消耗糧食數千石，需要由外地輸入，必然促進糧食市場的發展。城鎮萬商雲集，八方輻輳。貨物分南貨、北貨、川貨等，相互交換，供應消費。有珠寶玉器、藥材、紡織品、書籍紙張等文化用品，馬匹、調料、毛皮、茶葉、香料、食糖等種類繁多。北宋天禧、皇祐年間，全國每年交易額估算可達到三億二千萬貫。大量的商品交易，則必有批發商業行為。《續資治通鑒長篇》載：熙寧五年，開封有大茶商操縱茶葉的運銷和價格，再轉手另售。市場上已有了行會，各種行會都有不同的規矩。例如：在開封市場上使用的短陌錢（注：即少於百錢而當百錢使用的折數）各行規則不同，魚、肉、菜行七十二作一百錢，而金銀行七十四作一百錢。

　　宋代政府政策導向使商貿高速發展，錢莊業迅猛崛起，在世界人類歷史上第一次出現了最早的紙幣和銀行。沈括提出的「貨幣流通速度論」也是達到了現代貨幣理論水平。銀行可以貸款、異地付款。北宋時期大量開採金、銀、銅、鐵、煤等礦藏，全國各地也出現了世界歷史上最早的製造工廠和加工工廠。如造船廠、火器廠、造紙廠、印刷工廠、織布廠、各地的官窯等。廠裏的工人按期領工資。南宋時的軍器所工匠竟達七八千人。造會子局，有徒工一千二百餘人。綾錦院織工達到四百餘人。除公辦的工廠外，一些私辦

的工廠也相繼大量的出現與繁榮。因為經濟的空前繁榮，宋錢幣鑄造量非常大，如宋神宗時全國年鑄幣 506 萬貫，唐朝最盛的開元盛世年鑄幣只 32 萬貫，不抵宋代。

　　宋代由於工商業繁榮，貨幣流通必然加大，這是社會進步的一種表現。貨幣流通的加大，又促使貨幣種類多樣化。銀子使用地位上升；錢幣的美化和種類繁多；紙幣的開始廣泛的使用等；都是在貨幣上超前代的重要成就，也為後代在使用、發行貨幣方面，取得不少經驗。但是諸如貨幣信譽不高，發行量超過市場需求，造成物價上漲，給人民特別是農民造成很大損失，官府從中取利，搜刮錢財，為皇帝、官員享受，是存在的最大問題。在發行貨幣過量，造成物價上漲的問題中，也有它合理的一面。宋代是一個小而弱的國家，對外戰爭從未間斷，必然要籌措軍費，以對付外侮。宋代一些有作為的名臣賢相，曾為發展貨幣職能作用的事業作出貢獻。像王安石推行新政，設立市易務，實行「免行錢」用貨幣替代實物交稅，擴大了貨幣的作用。按商戶的收入攤派稅，有利中小商人。文彥博支持紙幣交子由官家發行，有利於國家的財政收入。

第二節　宋代貨幣種類繁多

　　宋代隨著商業的發展，打破了唐代以來，坊和市嚴格分開的形式，不但平民百姓住宅附近設有商店，就是官衙、豪宅、使驛、寺廟附近也廣設店鋪，農村集市也很活躍。零售商業的發達，促進適用於小型買賣使用的銅錢在市場上廣泛流通。宋代的貨幣形式與種類豐富，銅錢為宋朝的本位貨幣，單位為「錢」，千錢為「貫」。鐵幣在有些地方作為銅幣的代用品；有些錢幣含有合金成分；此外還使用銀質貨幣——元寶、銀錠及散碎銀兩，但不成定制，與本位幣銅錢在市場上折合使用。因為集市貿易發達，金屬貨幣雖然發行量超出歷代，仍然明顯不足，因此而發行以「貫」為單位的紙幣。紙幣的出世在世界上是首創。

一、異彩紛呈的銅本位幣

　　宋代沿用了唐代開元錢的標準，重量標定為一錢。所鑄錢文亦稱通寶、元寶。加重分量的大錢又稱重寶。錢文還書以年號，充分體現了「年號為文」

的特色。宋太祖建隆元年初鑄還稱「宋元通寶」，倣仿唐的「開元通寶」開闢新紀元的用意。宋太宗太平興國年間鑄造的「太平通寶」則為宋代的「年號為文」首開先河。北宋九帝共用三十五種年號，鑄了二十七種年號錢和三種非年號錢。南宋連同宋末在閩、粵稱號的兩帝亦為九帝，共為二十二個年號，鑄了十八種年號錢和三種非年號錢。錢幣帶年號的共有四十五種之多。同年號錢的大小、等級、成色、年分、幣材又有不同，如再細辨，類別更多。僅神宗熙寧、元豐兩種年號的版別，就各有一百多種。非年號錢是因北宋仁宗曾用寶元年號，鑄錢時避免錢文中的「寶」重複，鑄為「皇宋通寶」之文；宋徽宗繼位之初，仿前鑄有「聖宋通寶」錢，未用年號，分篆、行、隸、真四體文；南宋寧宗嘉定年鑄「聖宋重寶」當五鐵錢；理宗寶慶年鑄「大宋元寶」，寶祐元年鑄「皇宋元寶」，也是避開「寶」文字重複。

　　宋代的錢幣無論是種類、數量還是質量都是中國古代歷史上造詣最多最好的錢幣。宋幣上銘刻的文字書法優美，多為名家及皇帝手筆，篆隸真行草俱全，還古篆體、瘦金體。種種精美的貨幣使人愛不釋手，宋錢是當時周邊各國最喜歡的貨幣，甚至成為南海諸國的鎮國庫之寶。

　　宋太宗書寫的不同字體的「淳化通寶」；「崇寧重寶」為蔡京所書；「大觀通寶」出於宋徽宗之筆；「元豐通寶」是蘇軾筆跡。

　　宋代錢幣的錢文豐富多姿，一般都出自書法名家的手筆，成為後世珍貴的歷史文物，有很高的鑒賞價值。宋代鑄有所謂的「對錢」，即同一種錢用兩種書寫體，其他樣式均相同。「淳化元寶」係真、草、篆三體錢文，係宋太宗所書，稱之為「御筆錢」。宋仁宗寶元年間，所鑄九迭篆文的「皇宋通寶」已

是目前錢幣中的珍品。九迭篆的書寫法，筆劃反覆折疊九次，怪誕難辨，多用於刻製重要印鑒。蘇東波曾書寫神宗時的「元豐通寶」，哲宗時的「元祐通寶」行書體文，也是出自蘇東坡，篆書體傳說為司馬光的手筆。「崇寧通寶」和「大觀通寶」上的文字是宋徽宗所書，鐵畫金鉤，號稱「瘦金體」。

　　宋代鑄錢以銅質為主。宋初，為了消除五代十國濫鑄鐵錢的弊病，曾禁鐵錢。太祖開寶三年，在雅州百丈設監鑄鐵錢，宋代實為銅錢、鐵錢並用，但是使用有區域劃分。四川的成都、梓州（注：今三臺）、利州（注：今廣元一帶）、夔州（注：今奉節一帶）四路專行鐵錢；陝西、河東兩路銅、鐵錢兼用；其餘通用銅錢。宋錢的形制是仿唐開元錢，初鑄的「宋元通寶」寬廓，錢徑約 2.6 釐米；重量 3.4 克。達不到唐開元錢一貫重百兩（注：唐宋時期的衡器一斤為十六兩，百兩即六斤四兩）的標準。此後宋代各年號所鑄造錢幣的質地、成色都遠不如唐錢。銅錢一般在銅內加錫、黑鉛、白鉛。宋錢除了小平還有折二、折三、折五、當十等大錢。南宋還有當百的「淳祐通寶」特大銅、鐵錢。這種大錢的鑄造重量，並不與小平錢的「折」或「當」成比例，名不符實。一方面反映了錢有了信用的含義，但人們仍視為「貶值錢」，在使用上不受歡迎。雖然遼國、金國等國也仿製宋幣造錢，但在遼國、金國流通最多最廣的是宋錢。直到現在出土存世的宋錢還是最多的，今天東到日本、西至歐洲、非洲的廣大地區都有出土。

　　貨幣所形成的物價，雖然與社會狀況有關聯，有漲有落。但一般物價較為現代便宜。歷代米、絹、錢、銀在正常的年景都有一定的比價。一般銀一兩、錢一貫、米一石、絹一匹（注：漢以後，每匹絹幅闊二尺二寸，長四丈。）是等價的。以米價為例，北宋太宗太平興國二年江西每石米六、七百文；真宗咸平元年四川米每石三百六十文；淳熙四年米每石二百文；宋仁宗嘉祐四年絹每匹為一千三百文，與米價相近，是正常的物價時期。神宗熙寧二年，京師米每石一千文，外郡四百文；南宋孝宗時，米每石一千文。動亂、歉收年景都是糧米主貴，自古就有「斗粟自可飽，千金何所值」的童謠。一旦市場物價波動，糧食首當其衝，米價動盪較大。徽宗大觀元年因蔡京鑄大錢、夾錫錢，引起物價上漲，米每石一千二百文。加之與金交戰不利，後漲到一萬文（注：即十貫錢，每貫千文）。徽宗傳位給欽宗後，曾微服上街市用十文錢買一個蒸餅，物價較高。

二、金銀貨幣職能作用加大

金銀當做貨幣可以追溯到商代。除了文字記載以外，實物見到楚國的「爰金」，為金鑄造，俗稱「印子錢」。湖北江陵還出土有楚國的銀餅。但金、銀比較貴重，數量少，多作為財富的儲存，即貨幣的儲藏職能。其他職能發揮，遠不如銅貨幣充分。宋代由於商業的發展，在大量貨物交易中，銅製錢幣不便行使，缺點是價值低，重量大，不便攜帶，一貫錢按當時的宋錢，即重五斤以上。貴重得多的金、銀，得到人們的青睞，更適合當貨幣使用。宋代法定收稅和官俸用銀，銀幣更為盛行。金銀貨幣，已同錢幣、絹帛一起成為國家合法貨幣的一種，民間普遍使用，特別是大額支付白銀就方便的多。雖然歷代多限制金銀為貨幣，但是擋不住金銀投入貨幣行列的趨勢。金則主要還是儲存。金較銀的價值在宋代為十六比一，即一兩金可換十六兩銀。歷代金價不斷上升，現今金價比宋代已高出一倍了。銀錢的形式多樣，有銀錠、銀餅、銀條、銀牌等，並不像銅錢那麼規範，但可以隨時稱重驗質。銅錢與銀的價值比，一般保持唐代開元通寶的狀況，一錢文為一錢重的價值，每兩銀頂換一貫錢。銅與銀的重量比為一百比一。

穀帛自古以來就是重要的貨幣之一。因為是人們的生活必需品，也是賦稅徵集的主要物品。直至唐代依然在賞賜、俸祿、軍需等方面起了貨幣作用，特別是作為價值尺度在市場上起較大的作用。但在儲藏功能、流通功能方面不如金屬幣。如白居易的《重賦》詩中就反映了物資「進入瓊林庫，歲久化為塵。」在商業發達的情況下，逐漸被金屬貨幣代替。唐代中期施行兩稅法，部分穀帛改徵銀。到宋代穀帛的貨幣作用更小了。

北宋時已將膠東劃分為登、萊二州，到北宋太祖建隆元年（公元960年）全國採金的監（主管）、稅（稅務）、冶（冶廠）、場（採場）、坑（礦坑）只分布於四州一郡，並不包括膠東登萊二州，規模還不如唐代。到北宋中期，宋英宗治平年間（公元1064～1067年）增為六州十一冶，並將登、萊二州亦包括進來，六州中膠東已占其二，但還不是重點。到了宋神宗元豐元年（公元1078年）又增為二十五州，已為唐代的4倍，其中登、萊兩州黃金年產量高達9583兩，占全國總產量的89.5%，才使膠東產金在全國居於舉足輕重的地位。

宋代政府財政使用金、銀錢，是為了解決上供皇家銅錢運輸的困難。宋初就實行了入便制，將上供銅錢改為上供金銀。如天聖五年（公元1027年）

將廣西每年上供銅錢 8 萬貫改為買金銀上供，對於買金、銀剩錢又採用入便方式匯至京師。長期上供金、銀錢主要是兩廣和福建，江東、江西等則根據需要而定。官府還允許商人在沿邊或京師向政府納入糧草、銅錢、金、銀錢，從而取得茶鹽運銷的權利，如天聖八年（公元 1030 年）罷三京、二十八州榷鹽，「聽商人入錢若金銀京師榷貨務，受鹽兩池。」

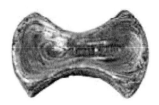

宋代銀錠、銀銀

賞賜、軍費大半用金銀、綾綺。北宋政府財政支出主要是西北二邊的軍費，西北本地賦稅無法滿足需要，必需依靠中央政府的財政支持。從京師搬運銅錢到西北二邊，費用很多，常用金銀錢以便於運輸。南宋政府發行紙幣數量很多，常常貶值，流通受阻，為了維持紙幣的信用，南宋政府常以金銀錢、銅錢、度牒隨時收回一部分紙幣，名為「稱提」，以收縮其流通額，維持其價值。在南宋銅錢漸少、紙幣貶值的情況下，金銀錢以其價值穩定的優勢而顯得更重要，其使用範圍更加廣泛，說明金銀錢在貨幣流通中發揮了重要的作用。

宋代的開封和臨安是全國商業的中心，各地貨物雲集之地，在這裡銅錢運輸困難，政府嚴禁一定數量的銅錢出城，商人出城所攜帶者多為金銀錢、絹、帛，商稅務提出金銀絹帛納稅，紹興六年（公元 1136 年），中書門下省言：「臨安府城內諸行鋪戶買賣金銀匹帛之類，如係將帶出門，首自含於都稅務回納稅錢。」這些關於金銀納稅的規定，說明商人攜帶金銀錢是很普遍的。

金銀錢主要用於大額的交易，支付小額的交易要把金銀錢換成銅錢。為了解決攜帶銅錢困難，又要把銅錢換成金銀錢，為適應這種普遍的要求，宋代經營兩換業務的金銀鋪得到了很大的發展。金銀鋪的分布很廣，在開封、臨安最集中，經營規模最大。開封南通一巷，謂之「界身」，是金銀彩帛交易之所，屋宇雄壯，門面廣闊，望之森然，每一交易，動即千萬，駭人聞見。

金銀鋪的業務：（1）製作首飾、器皿。（2）有價證券的買賣，商人買鹽鈔、茶引，先把銅錢換成金銀錢，再買鹽鈔、茶引。（3）銅錢與金銀錢的兌換，貨幣兌換是金銀鋪的重要業務。

　　宋代對外貿易有大的發展，特別是海上貿易進展較快。貿易往來包括東南亞、中東、非洲、日本等五十餘國。曾先後在廣州、杭州、明州、泉州、密州、秀州、溫州、江陽軍設立市舶司管理對外貿易。外貿使用銀兩量很大。此時期在對日貿易中，宋代的錢幣也大量流入日本。日本出土的五十餘萬枚銅錢，大部是宋代的。陸路於遼、金、西夏、高昌、大理、吐蕃貿易也很興盛，多為茶、馬交易，輸出茶葉，輸入馬匹，宋錢幣使用很普遍，真正發揮世界貨幣的功能。

　　宋代民間商業中用金銀錢要通過金銀鋪，政府所需金銀錢也要通過金銀鋪。各路上供銅錢在金銀鋪兌換金銀錢，「勘會諸路起發金銀物帛，內有色額低次之類，估剝虧官錢數，行下補發，州縣見於干係等人及元發鋪均攤。」即說明各路上供的金銀錢來自金銀鋪。據考古發現的宋代銀錠銘文也說明銀錠多出於金銀鋪。1955 年 5 月，湖北省黃石市西塞山出土的宋代銀錠，其銘文有些是鏨刻上去的，銘文是金銀鋪所在的街道、鋪的名稱、銀錠重量成色；有些刻寫是銀錠的來源、用途和有關人物。前者是金銀鋪鏨鑿上去的，後者是在流通中刻寫的。這些情況說明，金銀鋪在銀的流通中起著重要的作用，因為銀成色的鑒定和銀錠鑄造是金銀鋪完成的，流通中的銀錠多數和金銀鋪有關，金銀鋪是銀流通的中間環節。

三、紙幣的流通

　　為免攜帶大批銅錢之煩勞，咸平元年（公元 987 年）前後四川地區民間出現最早的紙幣「交子」，這是我國也是世界上最早的紙幣。但這種紙幣只相當於擔保的代幣券。宋朝政府先後印刷發行的紙幣種類有交子、錢引、關子、會子等幾種類型。天聖元年（公元 1023 年）宋政府開設了世界上第一個負責紙幣發行的官方機構「益州交子務」，這是世界上最早的中央銀行。公元 1024 年宋政府開始印刷發行「交子」，銅板彩印，上面印有鳥獸、花紋、圖案或故事等，異常精美。此種票據有如公債，分界發行。交子最初是以兩年為一界，發行新交子的同時廢止並回收舊交子，自熙寧五年（公元 1072 年）起，雖仍

然是每兩年發行一界，但是每界交子的流通期增加到四年。交子的面值為自一貫文至十貫文的固定面值，以鐵錢為本，備有發行準備金，已經基本具備了近代本位貨幣的特徵要素。其施用愈來愈廣泛。票據的使用為商業繁榮提供了便利條件。

北宋崇寧四年，江北、華北地區發行了稱為「錢引」的新式樣紙幣，但是只印了一界就因為流通不暢不能順利使用而停印。大觀元年（公元1107年）四川交子改稱「錢引」，交子務也改稱「錢引務」，開始大量印刷紙鈔發行，由於數量發行過大，引起了錢引的嚴重貶值。大觀三年（公元1110年）限制發行量為天聖時的125萬貫左右，對流通地區也限在鐵錢行用的四川、陝西、河東地區，後又採取了受兌、停用舊錢引、增加準備金等多種方法，使錢引的價值得到恢復。南宋時期在杭州設立行在會子務專門管理印製會子。先後印造了一千文、兩千文、三千文及二百文、三百文、五百文，六種面值的會子。會子以三年為「界」，到期作廢，造新換舊。從公元1171年到公元1240年，共發行了十八界會子。後來政府規定第十七、十八界會子可以永久流通。這是真正意義上由政府發行的紙製錢幣，紙幣逐漸代替了銅錢做為主要交換媒介。

外貿的發達，促使大量的貨物向邊貿城鎮集中，貨幣使用量加大，需要更輕便的貨幣投入市場。一匹布需要兩萬鐵錢，約重五百斤，需用車載。使用銀兩數量不足，而且要稱、切、化，十分不便。開始使用一種紙幣，叫做交子。開始為商辦，交子屬於信用貨幣、代金券的性質。商人出具「收據」形式的楮券，（注：紙幣原料為楮紙印造，所以稱為楮券），書有出票人的印記、密碼花押，朱墨間錯。開始並無交子的字樣，樣式亦不統一。此後商人聯合起來發行交子。由有財力的商人聯合建立交子鋪，發行交子。紙幣統一格式，銅版印刷，設圖案花紋，持券者可遠近行使，兌現銀錢，短時期也就在市場上流通。後因商人經營不善，資金不足等原因，交子紙幣不能兌現，信譽下降，甚至引起訴訟。

交子文：除四川外，許於諸路、州、縣公私從便主營。並同見錢七百
七十陌流轉行使。

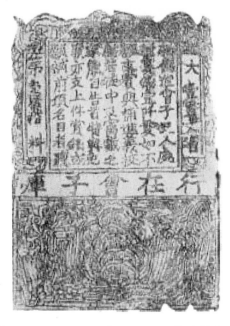

會子文：行在會子庫：：揭偽造會子犯人，處補賞錢壹阡雯，如不願
來賞與補進義校錢，若徒中及窩藏之家，能自告首，特與免罪，亦支
上件賞錢。或願補前項名目者，聽。大壹貫文　第壹　字防稽科

關子文：行在榷，貨務對椿，金銀見錢關子。應諸路、州縣，公私從
便主營。壹貫文省。並同見錢七百七十文足。永遠流轉行使。如官民
戶及應予官司去處，敢有擅減錢陌，以違制論，徒二年。甚者重作施
行。其有賚至關子赴榷貨務，對換金銀，見錢者聽。

在商人發行紙幣出現問題時，官府出面參與。一方面是社會的需要，另
一方面發行紙幣有利可圖，遂改為官辦。仁宗天聖二年正式發行官交子，這
是中國國家發行紙幣的開始。交子的票面是定額的，製版印刷而成。有十貫、
五貫、一貫、五百文等多種。發行紙幣可以用來收購國家需要的物資、擴大
財政收入、幫助貨幣周轉，作用很大。仁宗時宰相文彥博就說過：發行交子
獲利甚厚。但到哲宗時，為了對付西夏等處戰爭，必需籌募軍餉，以致於發
行紙幣過多，使幣值下跌，信用下降。

北宋徽宗時，將交子定名為「錢引」。由於與金朝的戰爭吃緊，軍費開支
大增，大觀元年發行錢引大二千多萬緡。南渡以後，大量增加錢引發行，以
充軍費。紹興三十一年發行錢引達到四千一百萬緡，寧宗嘉泰末年已達八千
萬緡。因為紙幣兌現不了錢、銀，信譽大跌。後每緡只值百錢，貶值十倍。

雖然錢引的印刷質量很高，三色套印，圖案花紋精美，藝術水平很高，但無濟於事，依然貶值。

南宋地方亦發行紙幣。有川陝的河池銀會子、兩淮交子、湖廣交子、興元府（注：今漢中）鐵錢會子等。會子源起於民間一種變換性質的便錢會子，南宋紹興三十年改為官辦。起初會子面額一貫為一關子，一直使用至南宋末年，故名會子。會子意為取錢憑證，有「會合」之意。（注：相同產生於明末時期的匯票），圖案花紋及印製均不如錢引精美。因發行量過大，不斷貶值。理宗末年，蒙古軍壓境，賈似道當權，濫發紙幣，物價飛漲，二百貫還買不到一雙草鞋。

南宋紹興元年，還發行一種紙幣叫「關子」，類似唐代的飛錢，是兩地劃撥款項的匯票性質。當時在婺州招商人出現錢，付給關子。商人持關子到杭州榷貨務對付現錢或茶葉、香料鈔引。因對付困難，信譽也不高。關子有數種，有「現金關子」，專兌現錢，因政府兌現困難，商民不願使用，不久即停止；再一種為「公據關子」，可行使兩年；第三種叫「內關子」，可行使三年；還有一種「金銀見錢關子」，為奸相賈似道主政時發行。

第三節　金融機構興起

一、集市貿易促進借貸業務

借貸業是封建社會重要的經濟門類之一。在宋代，借貸業隨著經濟、政治和社會生活的發展而進一步發展。宋代借貸業者的階級構成複雜多樣，但主體是官僚、商人和地主。宋代依靠借貸調劑餘缺的人們幾乎涉及各個階層，但是以個體農民為主；借貸的原因也多種多樣，多為生活性借貸，也有生產性借貸、經營性借貸，並形成了特殊的借貸關係——京債、軍債。民間借貸業的當物很多是動產，不同的階層所提供的當物不同；宋代商品性的物品成為當物，是宋代商品經濟發展的表現。

宋政府對典當物品有一系列法律規範。典當典主必須離業，倚當、抵當不離業，等於抵押貸款。宋政府立「有利債負準折法」，限制放貸者強行將借貸者田宅折還有利債負。宋政府注重通過法律手段調節債權人和債務人的關係：債務的償還有主動償還、官為理索、保人代償、強力索還等幾種方式：對於民間借貸中的不能償還的呆壞賬，政府為保證社會的穩定採取倚閣和蠲

免的措施；同時，債權人主動蠲免債務的情況也是常見的。私營質庫所受到的外界影響至為深重，特別是國家的政治經濟政策和戰爭環境往往對民間借貸影響巨大，這些影響往往是負面的，阻礙了私營借貸業的正常發展。

青苗法在神宗熙寧二年開始實行，此後，在推行中不斷完善，向靈活實用、可操作方向發展。青苗法通過政府機構建立起自上而下的借貸網絡，並在邊疆地區推行。青苗錢的抑配是造成社會上層激烈反對的原因，但是青苗法滿足了農民部分借貸需求，增加了政府收入，在一定程度上打擊了兼併勢力，是中國歷史上農業金融信貸的重大突破。

二、錢莊業迅猛發展

宋代官營借貸業中牟利色彩較濃的有檢校放貸、市易賒貸、抵當所和抵當庫。檢校庫原來的業務是查核、籍記、保管孤幼財產，在熙寧時期進一步地發展出孤幼財產的放貸收息業務，此項業務在宋代資金融通的經濟活動中佔據了一席之地。

開始於熙寧五年的市易法賒貸最初只對大商人貸錢，對中小商人賒貸，均以房地產或金銀等其他產業為抵押，年息二分。後來，市易賒貸作了部分調整，元祐更罷去市易法，對市易賒貸的欠款進行督索和蠲免。

抵當所起源於北宋開封府的檢校抵當，後與市易抵當合併，並向全國輻射，雖政局變動，但始終存在，直到宋末。抵當所（庫）業務形式與私營質庫類似，主要經營動產抵押借貸，而且資本性、經營性借貸在其放款總量中的地位加強了，從而表現出了早期銀行業的風貌。

官營賑貸是政府救助災民或貧民的重要手段。元豐時實行了放稅七分以上方許借貸，四等以下方免出息的制度，直到南宋末。「以陳易新」於利息之外，在某種程度上加重了百姓的負擔。另一方面，政府不得不展限、倚閣甚至蠲免他們不能按期償還的債負。

南宋經營借貸的社倉則主要是由政府主導、民間力量參與的信用合作組織。儘管社倉借貸存在一些弊端，但是在一定程度上，減輕民眾苦難，促進了社會穩定，成為中國古代三大倉儲之一，影響極為深遠。

佛教的無盡藏理論是中國古代佛教寺院借貸的理論依據，寺院長生庫是宋代佛教寺院借貸的主要機構，其資金的來源有三種：捐助、存本運息、合本經營。寺院借貸業兼有慈善事業和高利息借貸的雙重性質，在相當程度上

會受到當地政府的干預。

　　利息及利息率是借貸業的核心問題。關於倍稱之息有三種含義：1、實際年利率達到百分之百；2、利息積累量的總和；3、法律規定的利息總量的上限或是債務償還的極限。《數學九章》反映了宋代利息計算的水平和質庫的經營的方式。宋代利息率具有多樣性的特徵，一般官營借貸業的利率低於私營借貸業，在宋代沒有形成一個統一的平均利息率，但利息率大多集中於月息二分到月息四分左右。總體而言，利息率呈現出緩慢下降的趨勢。決定宋代借貸業的利息率最低限度是土地的地息率，最高限在農民的承受能力之內。影響市場利息率高低的因素很多，主要有國家利率管制的政策、官營借貸利率、物價因素、天災人禍、急徵暴斂等。因果報應觀念與好借好還、急人之困、反對苛求厚息的借貸倫理相結合，構成了普通借貸者的借貸倫理思想。《袁氏世範》集中反映了借貸經營者的思想，採取調和主義的態度，主張對農民施行扶助性借貸，不能強取厚息，闡述了幾種不宜假貸的經營原則，受到因果報應觀念與中國傳統的持家觀念的影響。

　　官府控制借貸的思想源於《管子》等法家，但是表面上以《周禮》為依據，這一派以李覯、蘇轍、王安石為代表，主要思想是通過國家對借貸業的控制，達到抑制兼併的目的。「貧富相資，官不為理」的國家不干涉借貸的思想，產生於反對青苗法的鬥爭之中。以蘇轍、司馬光、鄭俠等反變法派為代表，主張國家既要保護佃農等借貸者的利益，也要保護富民等借貸經營者的利益，反對國家控制借貸。南宋除葉適外，真德秀、黃震等思想家大都是在行政實踐中得出了「貧富相資，官不為理」的借貸思想。他們的思想是佃農對地主、高利貸者的經濟依附關係的集中反映。借貸業官私並存局面，維持了借貸業的大體平衡，因而它對社會再生產還是能發揮一定的作用的，在一定程度上避免了落魄的人們鋌而走險，是困難時期人們生活下去的最後一根救命稻草。宋代借貸業在災荒年景的時候，對保證小農生產的延續，促進商品經濟的發展，緩和民族矛盾，鞏固邊防，維護社會穩定等方面發揮了一定的作用。總之，宋代借貸業已發展形成一個比較完備的體系，官營借貸業發展迅速，借貸機構大量湧現，借貸市場出現，金融範疇已經萌芽。但是民間自由借貸仍佔據主導地位，機構借貸是業務形式單一，沒有發展形成為近現代的銀行，實物仍是借貸主要載體。救災性、救急性的消費借貸仍是其主流。

三、宋代處理錢荒問題

宋代貿易發展而市場出現錢荒，我們首先可以得出兩點認識：一是錢荒現象主要發生在東南地區；二是錢荒並不是當時所生產的銅錢總量真的無法滿足市場上商品流通的需要。對於第一點，我們可以從眾多宋代的史料記載中看出來。早在宋太宗太平興國年間（公元 976～984 年），即已出現，《宋史・食貨志下》載：「是時，以福建銅錢數少，令建州鑄大鐵錢並行。」

《續資治通鑑長編》記載：宋真宗咸平三年（公元 1000 年），據田錫所云，江南、兩浙等處「彼中難得錢」。北宋中葉，歐陽修說：「今三司自為闕錢，累於東南劃刷，及以穀帛回易，則南方庫藏，豈有剩錢！閭里編民，必無藏鏹。故淮甸近歲，號為錢荒。」歷仕仁、英、神三朝的大臣張方平說：「東南六路……農民困於輸錢，工商窘於射利，謂之錢荒，人情日急。」蘇軾說：「浙中自來號稱錢荒，今者尤甚。」在眾多議論中，所提到的錢荒多發生在東南地區，這既是因為東南地區是宋代財政賦稅的重要徵收地區，每年都會向中央政府上供大批銅錢，更是與當地的商品經濟發展水平緊密關聯。相形之下，在北宋都城開封和西北沿邊諸路，是沒有錢荒現象的，因為這些地區每年都會有大量的錢幣匯聚而來。關於錢荒的成因，《宋會要輯稿・刑法》載：「今日之錢，鼓鑄不登，滲漏不貲，鈺銷日蠧，私家藏匿，迭是四弊，固宜銅錢日少而無以濟楮幣之流行。」這個認識，比較完整地勾勒出導致錢荒的直接原因。

沈括是我國北宋末期著名的革新派政治家、科學家，他在經濟、軍事、醫學等領域也均成就顯著，這在中國歷史上是極為罕見的，尤其他面對當時北宋出現的錢荒，對其產生原因進行了客觀分析之後，而提出的貨幣流通速度論述更為令人驚歎。《續資治通鑑長編》熙寧十年六月壬寅條載，沈括分析通貨短缺的原因之一，是窖藏阻礙了貨幣的流通，認為加速貨幣流通就等於增加了貨幣量。他說：「錢利於流。借十室之邑有錢十萬，而聚於一人之家，雖百歲，故十萬也。貿而遷之，使人饗十萬之利，遍於十室，則利百萬矣。遷而不已，錢不可勝計。今至小之邑，平常之蓄不減萬緡，使流轉於天下，何患錢之不多也？」這裡明確地提出了加快貨幣流通速度可以減少貨幣數量，足見他對貨幣流通速度同貨幣數量的關係有十分明確的認識。沈括的這一理論，比英國古典政治經濟學家威廉・配第的貨幣流通速度論早 600 年。

四、錢幣使用的省陌制

省陌制是宋代的一項錢幣使用制度，當時官方規定七十七錢當一百錢用。這項制度不僅在經濟領域深入人心，而且還滲透到社會生活的其他領域。省陌制的出現及發展淵源與古代社會錢幣供應不足有關。在東漢後期、南北朝之南朝、唐末五代等亂世之中，不僅錢幣產量減少，還有人鎔鑄銅、鐵錢製作兵器或其他器具，以敷實用，這樣流通中的錢幣就更少了。以不足一百的錢充作一百，似乎是降低了物價，但如果物資短缺，物價仍然會無情地上升：你可以用數十個銅板充作一百個，我也可以將賣給你的東西從一百斤減為數十斤。宋代的省陌制可以說是一個特例，是在社會穩定的時候由國家規定比率實行的，原意在於救五代之弊，不讓省陌無限制地省下去，結果 77%的省陌制大體維持了 300 年，成了奇蹟。

古人用銅錢、鐵錢，本來應當是一文作一文，一百作一百的。南朝梁武帝的時候，奸詐的商人們漸漸以不滿百錢的錢來充作百錢使用，有八十為百的，有七十為百的，發展到大同末年，竟以三十五為百。盛唐時期，恢復了足錢，至唐末，以八十五為百。五代時又多次減少。宋初沿用，規定以七十七為百，「天下承用，公私出納皆然」，用了近三百年，這就是宋朝的「省陌制」。可見省陌剛產生時，是對正常的錢幣制度的一種破壞，以不足一百的錢充作一百來用，但後來行用既久，竟由封建王朝明確規定而成為合法的了。

省陌制產生的原因，是鑄幣的短缺，在亂世之中，不僅鑄幣減少，還會有許多人以銅、鐵錢鎔鑄兵器或其他器具。宋初的時候鑄幣仍然不足，又出於沿用前朝之法，稍稍革其弊端，定了一個 77%的省陌率，北宋中期以後，鑄幣充沛，實際上已經不存在相關問題，南宋以後，行用會子等紙幣，貨幣成了一種符號，更不存在錢物失衡的問題，而仍然沿用省陌制，這就完全是因為制度和習慣了。

原來宋朝用錢的主要單位是緡、貫、文，緡、貫均表示一千文，有時也直接用「千」。在宋代文獻中，三個單位後面一般都不必說明是否省陌，而實際上則均為省陌，緡、貫所代表的一千文只有七百七十文。但在規定貨物的價格和民戶的稅率及軍餉的單位數字（注：如一個士兵給若干）等等場合，則常需說明是省陌還是足錢，若為省陌，就在緡、貫、文後面加一個「省」字，若為足錢則加一個「足」字。比如宋朝有一種流轉稅叫做「頭子錢」，稅率是「每貫添收錢一十三文省」，即 13 乘上 77%，大致等於十文足。

五、紙幣管理的稱提術

　　宋朝政府對紙幣發行和流通的管理辦法叫「稱提之術」。源於桿秤的小提繩，說白了就是掂量掂量之意思，有權衡之含義。其內容主要是三年一界，界滿收回舊交子，發行新交子。設置發行準備，限制最高發行額。進入 13 世紀，南宋最主要的紙幣「會子」因大量增發而迅速貶值，成為朝野人士關心的重大社會經濟問題，於是講求「稱提之術」、「稱提之策」者一時多至難以列舉，這樣，稱提一詞便基本上發展為一個與紙幣流通相關的一個專用術語了。

　　宋人言紙幣，原則上皆指可兌換紙幣，如南宋人戴埴所纂《鼠璞・楮幣源流》說：「言楮則曰稱提，所以見有是楮，必有是錢以稱提之也。」所以，「稱提」作為貨幣術語，其基本涵義即借助兌現保持紙幣名義價值與它所代表的真實價值相符之意。推而廣之，稱提有泛言管理之意。而所謂「稱提之術」、「稱提之策」，每可理解為紙幣發行和管理的原則和方法，然而就其主要內容言，則為用金屬貨幣或實物（注：即錢、銀、絹、茶鹽鈔引、官誥度牒等）收兌流通中過多發行的紙幣，即設置紙幣發行準備保證兌現，以維持紙幣幣值的穩定。

　　紙幣制度到元明時期，因停止兌現，禁止金銀流通，長時期是不兌換紙幣制度，因而主張發行不兌換紙幣的人，又往往「稱提」解釋為新舊紙幣的兌換。如明末清初學者錢秉鐙纂寫的《錢幣芻言・先正名言》說：「界滿則易，謂之稱提」。進入清朝以後，由於久未行鈔，因而「稱提」一詞也就甚少為人使用了。

第十三章　稅收適應集市貿易發展

　　國家要想發展好首先需要一個穩定的收入來源，如果沒有穩定的稅收來源，國家一切治理活動就會停滯，所以稅收是一個國家所存續下去首先要做好的工作。宋朝立國之初，宋太祖趙匡胤就號召人們「多積金、市田宅以遺子孫，歌兒舞女以終天年」，宋太宗也曾下詔：「令兩制議政豐之術以聞」，令官員們研究理財求富之道。宋代以前國家稅收是以農業稅收為主體的。宋代集市貿易的發展，商民的增加，必然考慮到商業稅收的增加，稅收種類的比例調整。當年漢武帝「崇本抑末」的原因就是商人不納稅或偷稅漏稅。

　　宋朝獲得龐大的財政收入是國民經濟飛速發展，工商業極度繁榮，生產力水平提高的結果。宋代商業有了空前發展，商稅便成為政府財政的一大支柱。豐厚的社會財力使得政府既不必求苛稅於民，又能保證政府收入，這就可以緩和了社會矛盾，進入治理國家的良性循環。宋朝的經濟是第二、第三產業得到了極大的發展，人民生活水平達到了空前的高度。公元 1077 年，北宋稅賦總收入共 7073 萬貫，其中農業的兩稅 2162 萬貫，而工商稅達 4911 萬貫，構成國家財政收入主體的已經不再是農業而是工商業了，宋朝已經走出農業文明的農業社會，開始向工商業社會邁進。此外宋朝已出現類似現代報紙的「小報」，北宋末年一些中下級的政府官員和書鋪主人合作，將未經官方審查、不准發表或呈報尚未發表的消息，私自以小報書之，飛報遠近。當時人民把這種小報稱之為「新聞」，這就是「新聞」一詞的來歷。

　　集市貿易越來越多地突破地域限制，直接與地區性和跨地區市場活動發生聯繫。嘉定十三年（公元 1220 年），有臣僚上言：「黃姚稅場，係二廣、福建、溫、台、明、越等郡大商海船輻輳之地，南擅澉浦、華亭、青龍、江灣

牙之利；北兼顧逕、雙濱、王家橋、南大場、三槎浦、沙涇、沙頭、掘浦、肖逕、新塘、薛港、陶港沿海之稅，每月南貨商稅動以萬計。」這裡提到的江灣等十餘處集市，分布於浙西平江、嘉興兩府東部的沿海地帶。它們不僅與福建、廣南、浙東等地形成密切的市場聯繫，而且商品流通規模巨大。

宋代削平唐末五代藩鎮割據局面，把地方財權收歸中央，朝廷一般派專官到地方監稅，不令地方行政長官直接掌管，而只讓地方官負督察之責。宋朝還在各州縣及一些關鎮設稅務，召募人於交通要道攔截商人徵稅，稱為「攔頭」。一些稅務有攔頭多達一二百人。宋朝為了防止商人逃避徵稅，嚴格規定行商必須按照官府規定的路線販運貨物，商人如不按官府規定的路線販運，就意味著企圖逃避稅務，就要受到處罰。宋代過稅和住稅都以徵收貨幣為主，徵收實物的情況較少。

第一節　宋代農業稅的變化

中國傳統以農為本，宋朝初期稅收以田賦為主是很正常的，農業稅開始的政策，就是按照田地的性質和大小收稅。宋代的農業稅是繼續執行唐代中期的兩稅法，除了按田畝徵稅之外，還有附加稅。例如「折納」，或稱「折變」，即允許百姓將原應繳交之實物改折為現錢。兩稅之外的附加稅，名目繁多，百姓的負擔甚為沉重。因為工商業的發展，各戶的收入多寡，已經不能以土地差異來判斷，兩稅法因而規定：「戶無主客，以見居為簿；人無丁中，以貧富為差。」

一、宋朝的田賦

宋朝的田賦稅目共分五類：（1）公田之賦，即對官莊、屯田、營田、學田等田所徵之租；（2）民田之賦，即對私田所徵之稅；（3）城廓之賦，即對都市居民所課之宅稅、地稅；（4）雜變之賦，即對各地所徵土特產品，屬額外苛徵；（5）丁口之賦，即對南方丁男所徵之丁口稅（宋以二十歲成丁納稅，六十歲為老免稅）。

田賦的徵收，一般以田畝為標準，田畝通常按土質、色澤分為若干等，按等定率，夏秋兩次交納。夏稅以錢計，秋稅以米計，故夏稅秋稅，又稱夏稅秋米或夏稅秋苗。宋初曾均定田租，只作中下兩等，中田一畝夏稅錢四文四分，秋米八升，下田一畝，錢三文三分，米七升四合。神宗熙寧五年（公

元 1072 年）重新修訂方田法，規定按陂原平澤、赤淤黑壚及肥瘠程度分五等定稅則，後又以土質差別太大，規定不拘五等，以至達到數百種，稅額不可考。

當時又有「支移」之法，實際上是賦稅與勞役相結合的方法：「其輸有常處。而以有餘補不足，則移此輸彼，移近輸遠，謂之支移。」支移之法始於唐，宋朝為節省官府運糧之費，亦令民戶自備運輸工具和一切費用，將田賦運到指定倉庫。運輸距離，依民戶戶等高低而定：戶籍在第一、第二等者，支移三百里；三等、四等者，支移二百里；五等者，支移一百里。不願支移者可納錢，稱「道里腳價」，分為三等。支移不得超過三百里。納錢還是輸糧聽憑納稅戶決定，但地方官吏往往責令百姓輸錢，以借支移之名盤剝細民。百姓為免去輸糧之繁和道里腳價錢的重負，多在輸納之地收羅輸納。有些地方輸糧可就近倉，但也要帶納支移腳錢，如南宋廣德、建平等縣每石帶納腳費三斗七升。於是，支移腳價即成為田賦的正稅。

「折變」是因為宋代夏稅雖以錢計，但徵收時，往往轉折變成實物繳納。折變名目繁多，或以錢折綿，或以錢折麥，或折絹之後再折麥，反覆折納，百姓不勝其擾。例如西蜀，初稅錢三百，折絹一匹，宣和時，絹一匹折草百五十圍，草一圍估直一百五十錢，於是徵錢三百，輸納則達到二萬餘錢，又有以絹折錢，以錢折麥者，絹較之錢，錢倍於絹，以錢麥較之，麥倍於錢。如此輾轉增加，百姓負擔不斷加重。此後雖有合併折變項目的輿論，終未實行。

宋朝田賦除正稅以外，還有附加。主要有如下幾項：

1、頭子錢

頭子錢初行於川陝，後推行於河北、淮浙、江湖、廣福諸路。頭子錢本來是一種手續費，供徵稅官吏支用，也用於彌補倉耗，後來變為隨田賦徵收的額外徵課。頭子錢各地稅率不一，而且不斷提高。開寶六年令川陝人戶兩稅以上，輸納錢帛，每貫收七文，每匹收十文；絲綿一兩，茶一斤，杵草一束，各一文。至徽宗政和時，每貫增為二十三文，南宋高宗時，增為四十三文，孝宗乾道元年，又加十文。宋朝不僅在田賦徵收時，加頭子錢，而且凡與政府發生的收支行為，均徵頭子錢。

2、義倉稅

義倉原來令上等民戶集資儲米糧，以備災荒。宋仁宗慶曆元年（公元 1041

年），令上三等民戶歲輸米二斗者納一升，以儲義倉，備水旱。後時興時廢。紹聖時（公元 1094～1097 年），改為輸郡倉，轉充軍倉，以資軍國之用，遂失去義倉原意，成為一種稅課。

3、農器稅

此稅沿襲後唐制度。宋初，令百姓鑄造農具時，須隨夏稅田畝納農器稅，大中、祥符三年始罷。

此外，尚有進際稅、牛革筋角稅、蠶鹽錢、麴引錢、納醋息錢和輸粟入倉時所徵之帶鈔發納錢（入倉手續費）、剛腳暗腳錢（運費）、市例錢（也屬於手續費之類）等等。

這些附加稅有遍徵於各地者，有徵之一郡一縣者，時興時廢，不及備述。預徵開始於後唐莊宗（公元 923～926 年）。南宋高宗紹興六年（公元 1136 年）八月，預借江、浙來年夏稅。南宋理宗淳祐八年（公元 1248 年）監察御史兼崇政殿說書陳求魯奏：「本朝仁政有餘，而王制未備。……常賦之入尚為病，況預借乎？預借一歲未已也，至於再，至於三；預借三歲未已也，至於四，至於五。竊聞今之州縣，有借淳祐十四年者矣。」而且有因官吏更迭，前任已行預徵，後任再行預徵之事。預徵一年，人民的負擔加重一倍，預徵六年，人民的負擔就加重六倍，由此可見人民負擔之重。宋朝田賦不僅有附加、支移、折變諸弊，在具體徵收中，又產生了一系列的流弊，如多增斛面，使宋朝田賦總額急劇膨脹，北宋政和五年進士林勳著有《本政書》曾說：「宋二稅之數，視唐增至七倍。」這是有一定根據的。

從上可見，宋朝田賦沿襲唐代建中時楊炎所倡行的兩稅法，但與兩稅法已有很大變化。唐之兩稅法「資產為宗」，宋則以「田產步畝」為宗。唐之兩稅法包括丁錢與徭役，宋之兩稅法僅為田賦，兩稅之外，復有丁錢與徭役；唐之兩稅錢、米均分夏秋兩徵，宋之兩稅則夏稅輸錢或折絹，秋稅輸米等等。總之，宋之兩稅法承五代以後，雖謂兩稅，但與前代不盡一致。

二、宋代的徭役

宋代的徭役，主要有兩類，即職役與雜徭。徵收時，以戶等為標準，以等定役。宋代的職役包括五種：

1、衙前：主官府財物。

2、里正、戶長、鄉書手：主課督賦稅。如所主賦稅不足額，則令服此役

者賠補。

3、耆長、弓手、壯丁：主逐捕盜賊。

4、承符、人力、手力、散從官：主傳送敕令文書。

5、縣曹司至押、錄，州曹司至孔目官，縣州雜職、虞候、招等役：負責縣州雜項事。

以上五種職役，按規定由前四等戶輪流差充，所以又稱「差役」。其中衙前役，由資產最多的戶等充當，里正由第一等戶充當，戶長由第二等戶充當，餘下諸役由三、四等戶充當。宋代諸役中，以衙前役為最苦。衙前役包括義務衙前與職業衙前兩種，由鄉戶充當的是義務衙前。他們負責保管倉庫，運輸糧草、物資，不僅負擔所需費用，如有損失，還需賠補，衙前常因此而破產。為了逃避衙前之役，富戶往往買通官府，或以田假售於形勢戶，詭報佃戶，或假作出家為僧，或親族分居，以避重役，最後差役負擔多落到三四等戶身上，甚至役及五等以下的貧民。

以往各朝由有「吏」身份的人去執行的任務，宋代卻要「民」執行，辦理公務，稱之為「職役」，是徭役的一種，稱為「庶民在官」。《宋史食貨志·上五》記載：「役出於民，州縣皆有常數。宋因前代之制，以衙前主官物，以里正、戶長、鄉書手課督賦稅，以耆長、弓長、壯丁逐捕盜賊，以承符、人力、手力、散從官給使令；縣曹司至押、錄，州曹司至孔目官（注：管理檔案的小吏），下至雜職、虞候、揀、招等人，各以鄉戶等第定差。京百司補吏，須不礙役乃聽。」這些職役也叫差役，由各農戶按照戶口輪流充當差事。宋初農戶按其資產多寡分為九等。一等戶輪充衙前、里正，主管府庫，運送官物，迎接過往官員，責任重，風險很大；二等戶充戶長，課督賦稅；三、四等戶輪流充當其他。下餘五等免役。官宦、僧、道、女戶、不成丁戶免役。後王安石變法中的募役法是：讓「庶人任官」，有行政經驗的人擔任差役為好，各戶輪差，難以完成任務。再是：「釋天下之農，歸於圳畝」，安心務農。而讓各富裕農戶交納「免役錢」，困難戶按半額交「助役錢」，各差役採用招募的辦法。在《水滸傳》上常常反映這些差役的活動情況，像滄州草料場的看守人，就是充衙前役，林沖在山神廟曾代人頂替看守草料場；晁蓋是保正，宋江是押司，裴宣是孔目等。這些工作是「好漢不幹，賴漢幹不了」的差事。他們催討賦稅，分派官差是替統治者服務。

徵收印契稅。經過土地制度改革後，個人財產得以確定，買賣合理合法。

太祖開寶二年（公元 969 年），開始徵收印契錢。初，只有典賣房產田地輸印契錢，徽宗崇寧三年（公元 1104 年），典賣牛畜也徵契稅，並規定典賣牛畜契紙、租稅憑證、典賣田宅契紙，均由官府印造，用者除納筆、墨、紙張工墨錢外，另收息錢助贍學用，收息不得過一倍。從契稅負擔來看，仁宗慶曆四年（公元 1044 年）規定，按典賣錢額為標準，每貫收契錢四十文；徽宗宣和四年（公元 1122 年），浙江及福建等七路，每貫加增二十文，充經制移用，總共收錢不得過百文。南宋以後，契稅更重，致有按民戶物力科配的現象，名為預借契錢。

第二節　宋代的商稅徵收

宋朝開國之初，統治者以五代賦稅苛重，百姓積怨至深，所以實行輕稅賦。太祖時曾多次下令：「不得苛留行旅，齎裝非有貨幣當算者，無得發。」又詔榜商稅則例於務門：「無得擅改更增損及創收」。當時的商業稅主要有兩種徵收辦法，包括了過境稅和住地稅兩種。過境稅主要是在交通要道等處設卡收稅，這點我們經常在影視節目中看到，一群兵丁把守住關口，如果商人們想要通過就必須繳納稅收才能進城。過境稅一般是一百份價值的貨物中，抽取百分之二，個別地方可能有出入。住地稅一般是對當鋪、布莊、驛馬行等商鋪收取，這種稅收比過境稅要高一些，一百份貨物要收取三分。

一、商業稅收機構

宋太祖建隆元年（公元 960 年）制定商稅則例。宋朝商稅的徵收機構是「務」，各地州、縣皆置務設官。行者攜帶貨物，徵收「過稅」，稅率為 2%；居者買賣貨物，徵收「住稅」，稅率為 3%。商稅輕稅政策加速了商貨流通，有利於經濟的發展。太宗淳化以後，商稅稅制漸有改變，稅額亦有增加。淳化三年（公元 992 年）實行商稅定額，每州各以本州端拱元年（公元 988 年）至淳化元年（公元 900 年）十二年間稅額最高的年份的實收額作為定額，此後又以五年之中的平均數為定額。南宋後定額任意加增，於是失去定額意義。

神宗熙寧以後，軍旅之費屢增，為滿足財政的需要，便大肆增加賦稅，商稅額外課徵也逐漸增多，先有市易錢，以供「務」吏俸祿，又有對商運五

穀所徵的力勝稅。哲宗元祐八年（公元 1093 年），從蘇軾奏請，暫免商人入京糴糧的力勝稅。宣宗政和時（公元 1111 年～1117 年），額外徵收「一分增收稅錢」，嗣後，又有三分或五分增稅錢，稱：「三、五分增收稅錢」，最高時達「七分增收稅錢」。宋室南渡之初，曾對追隨南宋政府南去的百姓及兩淮復業百姓免徵商稅，但不久就開始徵斂，而且甚於北宋。南宋雖然偏安江左，但人口的南流，土地得以大量開墾，經濟發展很快，江南賦稅增加的驚人。據南宋文人李心傳稱之：「祖宗盛時，歲入錢三百三十餘萬，茶油十居七八。」到南宋淳熙末年兩浙歲入竟達一千二百萬緡。

　　隨著工商業的日益繁榮，宋代工商稅的課稅範圍也日漸擴大。就徵收的物品來說，計四類二十七品：

　　第一類，穀：包括粟、稻、麥、黍、菽、雜子等七品，均以石計；

　　第二類，帛：包括羅、綾、絹、紗、綢、雜折、絲線、綿、布葛等十品，其中絲線、綿以兩計，其餘均以匹計；

　　第三類，金鐵：包括金、銀、鐵、銅鐵錢等四品，金銀以兩計，錢以緡計；

　　第四類，物產：包括六畜、齒、革、翎毛、茶、鹽、竹木、麻、草、笓、菜、果、藥、油、紙、薪、炭、漆、蠟，雜物等六品，薪草以圍計。

　　以上四類每一品中，又有若干細項。宋朝工商稅課的主要項目包括屬於手工業稅性質的鹽、茶、酒、礦產稅及專賣，屬於商業稅性質的關市稅、市舶課、契稅等，屬於雜斂性質有經總制錢、月樁錢、板帳錢、免行錢、竹木稅等，以及各種無名雜稅。

二、小集市貿易場所的包稅制

　　宋代對小的集市貿易實行包稅制，稱為「買撲」或稱「撲買」。這種制度始於五代時期，興於宋朝，盛於元朝。政府非常重視商品流通過程中的稅收，當時徵收的主要稅種是商稅，設有專門徵收商稅的機構——商稅務，全國共設立 1830 多個。即使如此，也很難顧及分散鄉間的小集市貿易場所，據《續資治通鑒長編》記載；「課額少者，募豪民主之。」當時規定凡稅收在千貫以下的小集市，一律實行「包稅制」，稱「買撲」。即由官府測算出該集市年應收稅總數，讓當地大商人出錢承包，然後大商人再向商販徵收，以其收入作為補償，收入盈虧由包稅人自己負責。宋天聖四年（公元 1026 年），又在全

國推行年課稅千貫以下的酒務、道店等商稅，《宋會要輯稿》說：「讓人定年額買撲，更不差官監管」政策。對於政府來說，實行「包稅制」既節約了設置徵稅機構的費用，又得到了應得的稅收，表面上看很有利。但包稅商人大多是地方豪強，包稅後不再依率計徵，肆意加稅勒索，加重了百姓的負擔，影響了手工業和商業的發展。京劇的《打漁殺家》就是反映宋代富豪包稅，欺壓漁民的故事。梁山好漢阮小二失勢後，化名蕭恩隱居打漁為生。土豪丁自變遣人催討漁稅，蕭恩到縣府告狀，反被縣官呂子秋杖責。忍無可忍，以假獻「慶頂珠」為名，進入丁府，殺其全家。

第三節　茶課成為重要稅源

宋太宗太平興國二年（公元 977 年）設榷茶場，規定歲課作稅輸租，餘則官悉市之。其售於官者，皆先受錢而後入茶，稱之為「本錢」。輸稅願折茶者，稱「折稅茶」。茶農生產茶葉，一部分作茶園租稅繳納官府，剩下的全部經由商賣給官辦山場，不能自由銷售。至宋真宗景德三年，（公元 1006 年），宋朝實行「三稅法」。所謂三稅法就是官府對商人虛估給券，以茶作稅。這樣做，商人得利大，不利官府。到宋仁宗天聖元年（公元 1023 年），宋仁宗廢除三稅法，改行「貼射法」。此法就是茶商與茶農交易，官府以實物向園產徵收茶葉，向茶商收息錢。到宋仁宗嘉祐四年，（公元 1059 年），榷茶法被取消，改行「通商法」。通商法就是官府直接向園產收租錢，以 3 倍舊稅為率。至宋徽宗崇寧元年（公元 1102）年，宋朝又恢復貼射法，以茶園產茶量多少而定稅。至宋高宗建炎一年，（公元 1128 年），又變更茶稅法，不再實行由官府直接買茶，而是向茶商出售稱為引票的特許證，規定茶商每斤茶定額引票，春茶收引錢 70 錢，夏茶收引錢 50 錢，另加販運錢 1～1‧5 錢。宋高宗紹興年後，茶馬司又增加引錢，致使民眾負擔加重。

雍熙之後，因多次用兵於遼，軍隊餽餉，於是實行交引法。令商人入芻粟於塞下，根據運輸距離的遠近，按市價優折其值，授以「要券」，叫做「交引」，商人憑引到京師給付緡錢，到江淮領茶及鹽。端拱二年，又行折中法，到京師置折中倉，召商輸粟京師，優其值，給江淮茶、鹽。

宋代茶課，主要是實行專賣制度，只有川、陝、廣東的茶允許百姓自由貿易，但這種貿易只能在境內進行，嚴禁出境。宋太祖乾德二年（公元 964 年）實行「禁榷法」。沿江設置收茶的機構，名為「榷貨務」。榷貨務凡九處，

後京城、建安、襄復州榷貨務廢置，僅剩六處。又在淮南六州設十三場，六州採茶之民歸其統屬。官府先付錢給園戶，稱作「本錢」，待新茶上市，輸茶於官。園戶輸租之外，量茶徵稅，如果園戶願以茶繳稅，聽其自便。這種以茶折稅，稱作「折茶稅」。江南各地之茶，亦到山場輸租折稅。所收之茶，由官府躉售給茶商，此即為「禁榷法」，亦作「公賣法」。

禁榷之法實行之後，出現了很多弊病，主要是茶質低劣，以致腐敗不可食；官吏掊刻百姓，致使園戶棄茶逃亡，官府收利微薄，商人盡獲其利，致私茶泛濫，影響國家收入。官、私均感不便。嘉祐初（公元 1056～1057 年）行「通商法」，允許商人與園戶私自交易，只是園戶交租錢，以償邊塞糴糧之費。行此法疏利源而寬民力。自此除閩茶外，均行通商，直至蔡京易法。徽宗崇寧元年（公元 1102 年），蔡京為搜刮錢財以實中都，乃復禁榷法，創行「引茶法」。由官儲給園戶本錢，置場種茶、製茶，官盡為收買。中都設都茶場，印茶引，茶商赴官納錢請引，領引後，憑引到茶場買茶。此法專以刻剝百姓為務，因而茶課劇增。南宋沿用此法。宋朝茶課收入在財政中佔有重要地位，每年收課額，與鹽課相垺。宋初，每年僅收入僅數萬緡至數十萬緡，至蔡京變茶法後，每年淨收入最高可達四百餘萬貫，南宋時茶課每年淨收入亦在二百七十萬貫上下。

第四節　宋代的進出口市舶稅

北宋初期，大環境漸漸變得平靜，割據勢力消除，商業活動越來越興盛。經商者利潤日增，商業稅的收取順利。隨著海運的發展，北宋中期之後開始重視海貿稅收。這個稅主要是由市舶司收取。外洋海船前來貿易，進行檢查和核定稅收的數量。一般都是十中取一的徵稅。急需的貨物朝廷有優先採買的權力，剩下不緊缺的物資才讓其自行售賣。市舶稅遠超農田稅和商業稅，成宋代的立國之本。這個稅收彌補北方游牧政權的侵襲造成的財政損失。

宋承唐制，將國內出海貿易的商舶及海外諸國來華貿易的商舶，統稱之為「市舶」。中國與海外諸國的貿易，至宋朝始進入興盛階段。太祖開寶四年（公元 971 年），在廣州設市舶司主管海上貿易，以後又在杭州、明州、秀州之華亭、密州之板橋等沿海都市設立市舶司。宋朝政府鼓勵海上貿易，凡來華貿易的外國客旅，國家出資，設宴款待，如來華市舶少，或不來，則派吏出海招致。南宋尤其重視市舶，目的是「招徠遠人，阜通貨賄。」宋朝對市

舶實行統制政策，凡海外諸國來華貿易的船隻，或出海貿易的國內商舶，都必須經市舶司檢查，同時對舶來商品實行壟斷制度，即入港船隻所載之貨，先由市舶司徵稅，然後國家從中收買一部分商品，即抽買。徵稅、抽買之後，市舶司給以憑證，方許與民貿易。抽買的品種與數量隨國內情況隨時變動，至於出口商品的品種，有一定的限制，如銅錢，南宋時成為絕對禁止出口的物品。宋朝對市舶的抽解和抽買，即市舶課，根據情況的不同，常行變動。

1、抽解：是對舶來商品的徵稅，稅率通常在十分之一左右，但有時達到十分之三四，而且，商品品種不同，稅率亦有高低。南宋紹興六年（公元 1136 年）規定：「將細色值錢之物，依法十分抽解一分，其餘粗色並以十五分抽解一分。」

2、抽買：亦稱情買，即國家對舶來商品的強制徵購。太平興國中（公元 976 年）京師設置榷易院，後來為榷貨務。抽買由市舶司負責，抽買的貨物開始全部解運京師榷易院，國家根據需要情況或留充內府庫藏，或交官營手工業作坊，或轉售給商人，而獲巨息。抽買的數額，不同時代有不同的規定，太宗時，抽買貨物的一半，仁宗時，抽買貨物的十分之三，南宋則往往抽買貨物的十分之四。

3、禁榷之制：所謂禁榷，即只許官府收購，配給其值，絕對不准售與商人，禁榷之外的貨物再行抽買。太平興國初，對舶來商品全部實行禁榷。太平興國七年（982 年）始定八種禁榷貨物，其餘三十七種貨品為非禁榷貨物，非禁榷貨物在抽解之後，國家抽買一部分，餘者可任舶商與民貿易。由於國家重視市舶，因而市舶發展很快。北宋時，貿易品種不過五十餘種，南宋時已達三百餘種，市舶課收入亦大增。紹興七年皇帝趙構曾說：「市舶之利最厚，若措置得宜，所得動以百萬計。」可見，市舶課已成為國家財政收入的大宗。

第五節　鹽課的稅收變化

宋朝鹽課是國家主要財政收入之一。據《宋史》記載：北宋至道三年（公元 997 年）得顆鹽收入為七十二萬八千餘貫，末鹽一百六十三萬三千餘貫，皇祐三年（公元 1051 年），鹽課收入為二百二十一萬緡，四年為二百一十五萬緡，此數視慶曆六年（公元 1046 年）增六十八萬緡；南宋孝宗乾道六年（公元 1170 年）戶部侍郎葉衡奏說：「今日財賦，鬻海之利居其半。」由於鹽課收入在國家財政收入中佔有至關重要的地位，所以統治者研究鹽法，竭力苛剝

人民。宋朝的鹽法屢有改變，主要是兩種類型，即禁榷法和通商法。禁榷法包括官賣、計口授鹽、計稅敷鹽、計產敷鹽和常平鹽等內容；通商法包括折衷法、錢鹽法、鈔法、引法等內容，此外尚有鹽附加稅。

1、官賣：宋初實行鹽官賣之法，即官府製鹽，運到指定地點設務售賣。此種鹽法，需兵民運鹽，兵民不勝其苦，每年因運鹽之役而死者，數以萬計；而官吏又常舞弊，雜以硝堿雜質，質次價高，所得鹽利不足以佐政府之急，所以時行時止。

2、計口授鹽：即將鹽散於民，按期徵錢。通常按丁散，所以又叫「丁鹽」。

3、計稅敷鹽：即按兩稅稅額，散鹽於民，鹽課隨兩稅徵收，又稱兩稅鹽錢。有時也按秋稅稅額散鹽，秋稅又叫「秋苗」，因而又稱「苗鹽」。

4、計產敷鹽：為平均鹽稅，而按田產給鹽徵稅，亦稱「戶鹽」。

5、常平鹽：在范祥實行鹽鈔法之時，鹽價時高時低，於是由官府運鹽到京師，京師置鹽務（都鹽院），京師鹽價每斤低於三十五文時，斂而不售，以長鹽價；當鹽價每斤高於四十文時，則大量拋售，以平鹽價。此法是劉晏鹽法的繼承和發展，因其類似常平倉，故稱「常平鹽」。

以上諸法皆屬禁榷之法，其中鹽鹽、兩稅鹽錢、產鹽三種，均有田賦附加性質，以後官府只徵錢，不給鹽，變成了真正的田賦附加。

6、入中交引法：太宗雍熙時（公元 984～987 年），遼兵數犯河北，沿邊州郡軍需不足，因募商人輸芻粟入邊，叫做「入中」。商人入中後，官府給券（注：即憑證），叫「交引」，商人憑引到京師或東南鹽場或陝西解州、安邑鹽池領鹽販運。端拱時（公元 988～989 年）曾募商人輸粟塞下，根據地里遠近，優折其值而給文券，商人憑文券到京師取緡錢，或到江淮鹽場領取茶、鹽，此法又叫「折衷」法。後因京師坐商經營交引鋪，以買賣引為業，從中操縱，抑勒鹽價，以求厚利，於是折衷交引法遂廢。

7、錢鹽法：真宗末年（公元 1022 年），為解決京師銅錢不足，召募商人入錢京師，然後到指定鹽場領鹽，按指定區域運販，不得越界。因其目的在於流通貨幣，故稱「錢鹽法」。

8、鹽鈔法：慶曆八年（公元 1048 年），太常博士范祥針對入中法的弊病，創行「鹽鈔法」。即令商人就邊郡輸錢四貫八百文，售一鈔，請鹽二百斤，任其私賣，得錢以實塞下。此法以產鹽的多寡來定售鈔的數量，使鹽有定產，

鈔有定額，以免入中法虛估、浮發之弊，商人也不能僥倖取利，邊郡之民免食貴鹽，又可免除官賣法的兵民運鹽之苦役，鹽亦無囤積居奇或壅塞不通之弊，公私為便。鹽鈔法是我國票鹽法之始。范祥死後，官府濫發鹽鈔，弊端百出，遂廢而不行。

9、引鹽法：崇寧間（公元 1102～1106 年）蔡京執政，變票鈔法為長引、短引法。此法以運鹽遠近和期限長短來確定引的長短。凡距離遠，引期為一年者為長引；距離近，引期為一季者為短引。鹽商買引之後，自己備辦運輸工具，販賣於指定區域。為增加鹽課收入，官吏以鹽引銷售多寡定秩品。官吏為多售鹽引，強令百姓購買，民不勝其擾。此法是後世鹽引法之濫殤。

10、南宋趙開變鹽法：南宋紹興二年（公元 1132 年）四川總領趙開變鹽法，其法的基本精神是徵收鹽的附加稅。如設置合同場，官賣鹽引，並收引稅錢，每年輸錢二十五文；煮鹽戶按額煮鹽，並納土產稅，土產稅增添約九錢四分；所收過稅錢七分，住稅一錢半，每引又另納提勘稅錢，其後又增貼輸錢等等，此法主要行於四川。

第六節　宋代酒課執行情況

宋朝酒課制度最為繁瑣。作為兩稅附加稅的所謂沿納之中，仍保留了錢的名目，成了榷酤以外的苛稅。具體有三種：（1）城內置務，官府釀造酤賣；（2）三京之地，由官府造麴而賣與人民釀造，東京開封府、西京河南府（注：今河南洛陽市）、南京應天府（注：今河南商丘市），由官府造，民間購買官釀酒；（3）縣鎮鄉閭則人民自釀，官府徵稅，如有剩餘，經官府批准，亦可出售。前二種屬官榷制，第三種屬徵稅制。

宋朝榷酒制度各地實行時間和實施辦法不盡一致。太祖建隆元年（公元960 年）九月，始榷吳越酒酤。由官府置局釀造，並支付柴薪之費、吏工俸料。結果國家支出甚多，收入無幾；且主管官吏為多取盈羨，不遵釀造之法，致使酒的質量低劣，又常抑配於民，酒課按榷酤歲課附於兩稅徵收。淳化五年（公元 994 年），改變官釀酤酒之法，而募民自釀，輸官錢減常課三之二，如酒課達不到規定的數額，由釀者補償。其後應募者少，還是多由官釀。宋代酒課課額有定數，淳化元年（公元 990 年）規定酒課依三年間的平均數為額，但統治者認為遺利未盡，不斷增加酒課，致使酒課日益加重。宋代酒課除正稅之外，還有附加。慶曆二年（公元 1042 年）閏九月，初收「鹽酒課利錢」，

每年三十七萬四千一百三十餘貫，上供京師，酒課上供自此為始。熙寧五年（公元 1072 年）令官務酒課每升添一文，叫做「熙寧添酒錢」。嗣後添酒錢不斷增加，至南宋高宗建炎四年（公元 113 年），上等酒升增二十文，下等酒增十八文，稱為「建炎添酒錢」。酒課在宋朝是一項重要財政收入。宋太宗至道二年（公元 996 年），全國共徵收榷酒和賣銅鐵錢約 326 萬貫；至宋仁宗皇祐年間（公元 1049～1053 年間）增加到 1498 萬餘貫，其酒利收入遠遠超過唐朝。宋代戶部的職能之一就是掌榷酒，「以供邦國之用」。《宋史‧職官》記載：「監當官，掌茶、鹽、酒稅場務徵輸及冶鑄之事，諸州軍隨事置官，其征榷場務歲有定額，歲終課其額之登耗以為舉刺。」

由於官府橫征暴斂，常出現抑配百姓酤酒、酒質低劣等弊端，酒價格也不斷上漲。南宋初，因財政困窘，四川又創立「隔槽法」，也稱「槽釀法」。官府酒坊設置隔槽四百所，百姓釀酒者，米一斛須納錢三十文，以增官府贏利。後來出現虧欠，又強迫納米之家認定每月釀酒錢額，而不再計釀米多少，造成了更深的禍害。宋代酒課一般都實行專利，劃分銷售區域，不得互相侵越。閩、廣等地雖不實行榷酤，實際上也由當地豪民專擅酒利，官府徵收酒稅。凡民間私自造、釀酒或攜帶外地酒進入本地，都須判以苦役、徒刑甚至處死。根據宋代酒課，各州城內皆置酒務，百姓可以釀酒，定有歲課。但百姓只能使用官方製造的酒麴，用現錢購買。正如《宋史‧食貨志‧酒坑冶礬香附》所云：「酒榷酤之法：諸州城內皆置務釀酒，縣、鎮、鄉、閭或許民釀而定其歲課，若有遺利，所在多請官酤。三京官造麴，聽民納直以取。」京城官賣酒麴，中期年配額可達 120～180 萬斤。《續資治通鑑長編》云：「詔在京賣麴，以百二十萬斤為歲額，斤錢二百五十，候賣及舊額，復舊價，酒戶所負白糟、糯米錢，更展限二年帶納。京師麴法，自熙寧四年定以百八十萬斤為歲額，斤錢二百。」

第七節　宋代的苛捐雜稅

宋開國之初，一度廢除若干雜稅，事隔不久，這些廢除的雜稅便全部恢復了，於是，五代所有苛徵雜斂之法，均被宋朝承襲，成為中國古代史上雜稅最多的朝代之一。其中，對人民擾亂最大，國家收入較多的雜稅有下列諸項：

1、經總制錢：經總制錢係經制錢與總制錢的合稱。經制錢首創於北宋宣

和四年（公元 1122 年）。當時方臘起義方興，東南軍旅之費告急。兩浙、江東發運經制使陳遘，請求淮、浙江湖、福建等七路，在賣酒、鬻糟、商稅、牙稅、契稅、頭子錢、樓店錢等七色稅種既定稅額的基礎上，每貫增收二十文以充經制之用，叫做「經制錢」。這種稅，以官名定稅名，屬地方附加性質。實際上是一種無名雜斂。經制錢不獨立徵課，而是在若干稅種之上，略徵附加稅，然後歸而為一。此稅雖不直接課於百姓，而以商賈為課稅主體，但商賈勢必將這些負擔轉嫁給百姓，實質仍是對百姓的盤剝。行之不久，因其病民而罷。宋室南渡後，又恢復此稅，並得到廣泛推廣，而且稅率屢增，成為人民的沉重負擔。總制錢係仿經制錢而成。紹興五年（公元 1135 年）總制使翁彥國，亦仿其法增收少許，歸為一目，也以官名稅，稱為總制錢。靖康初，一度廢除。南宋恢復徵收，而色目更廣。經制錢與總制錢合併之後，每千文徵收五十六文。北宋時每年約得二百萬緡，南宋初只收百萬緡，紹興十六年以後，歲達一千七百二十五萬緡。

2、板帳錢：板帳錢係東南諸路港口供軍徵收的錢，《宋史》載：「以添助版帳為名，不問罪之輕重，並以科罰，大率官取其十，吏漁其百。」後來發展成為無孔不入的苛斂手段。如輸米則增收耗剩，交錢帛則多收糜費，幸富人之犯法而重其罰，恣胥吏之受賕而課其入，索盜贓則不償失主，檢財產則不及卑幼，亡僧、絕戶不俟核實而入官，逃產、廢田不與消除而抑納，他如此類，不可遍舉。

3、月樁錢：月樁錢始於紹興二年（公元 1132 年），當時韓世忠駐建康，需軍餉，令漕臣以經制錢、上供錢等供應，漕臣願動用所領之錢。於是以大軍需用月餉為名，均攤各地，月餉的撥付，宋代稱為「月樁」。均攤各地之大軍月餉，本無名目，於是以用途名稅，稱「月樁錢」或「大軍月樁錢」。在兩宋，這種既無固定數額，又無一定的徵稅對象，隨時需用，隨時攤派的雜稅，各色極多，如麴引錢、納醋錢、戶長甲帖錢、賣紙錢、保正牌錢、折納牛皮筋角錢等，更有甚者，訴訟不勝，有罰錢，既勝則令納歡喜錢。官吏恣意貪求，沒有止境；民間受弊，不可勝言。

4、和買：和買在唐後期即實行過，宋時「和買」大多是官府向民間購買絲麻產品，以保證龐大常備軍的軍裝供應。為此，官府需在絲麻產區置場和買各種產品。宋和買始於太宗，當時，馬元方為三司判官，他建議在春天青黃不接的困乏之時，將國庫之錢預貸給百姓，至夏秋冬輸絹於官。這是和買

絹的開始。和買成為統治者重利盤剝的手段，這時和買已失去了本來的意義，成為變相的賦稅，其弊病主要有如下幾點：（1）強制抑配。國家和買，本應根據百姓的有無，負擔能力的大小，分等和買，但在執行中，往往抑配於民，以收重息剝奪細民；（2）給錢少、輸絹多，不等價交換。百姓所得之錢甚少，而官府索取之錢甚多，刻剝甚於商人，如布，市價每匹千文，官府和買僅給四百文，與市價較之少給錢五分之三；（3）和買之息過重。春貸錢於民，其息竟達五分；（4）。和買變折。和買應經絹償還，但常常轉折他物，如折收錢、麥等物，又稱「折帛錢」。由於折變比例不合理，人民的負擔往往加重許多倍；（5）和買之外另加手續費。在和買時，又向百姓索取市例錢、頭子錢、朱墨錢等不同名目的手續費，從而增加了人民的負擔；（6）名為和買，實為強奪。名義上是官府給錢和買帛絹，實際上往往不給錢而強取之。這種現象在北宋後期屢見不鮮。

第十四章　宋代興亡對後世的影響

第一節　閒談今古論興亡

一、懷古反思憶宋朝

　　白髮漁樵諸事懶，閒談今古論興亡。在裴李崗為代表的黃河文化和河姆渡為代表的長江文化，先民們在這片土地上開墾居住、休養生息。隨著人類文明的發展，出現了歷史。曾經被稱之為華夏、炎黃或中華的這片「澤國江山」的中國，與二十四史也好二十五史也罷所說的朝代，是不同的歷史與空間概念。明人楊升庵《廿一史彈詞》總說《西江月》：「天上烏飛兔走，人間古往今來。沉吟屈指數英才，多少是非成敗。富貴歌樓舞榭，淒涼廢冢荒臺。萬般回首化塵埃，只有青山不改。」這就是「國破山河在」的意思。中國各朝各代的疆域不斷更改，所有朝代疆域疊加起來，去掉重複部分，歷史就是研討「中國」的涉及部位。「虞夏商周秦楚漢，三分南北至隋唐」都有各自的國號，沒有稱「中國」者，直到現代才有「中華」之說。「秦宮漢苑晉家塋，無非是皇家私產」，「白髮詩人閒駐馬，感時懷古傷情」，只是一陣子的「空悵惘」，無可奈何而已。

　　眾所周知，宋朝趙氏天下，在幾千年中國歷史上所以值得稱讚，是個少給人們留下仇恨的一個朝代。土地制度變革使得貿易興盛，促進城市化，國家富足，集市貿易、稅收金融管理，按照章法辦事，人民安泰，少有殺戮是有目共睹的。宋代也是科學發展的高峰，出現著名科學家沈括、兼通科學的

儒者鄭樵以及大儒朱熹等。不僅造紙業、指南針、印刷術和火藥是聞名於世的四大發明，在天文、數學、醫藥、農藝、建築等各個領域，不僅超越前代，而且在當時的世界上處於領先地位。北宋時進行了多次較全面的恒星觀測，景德三年（公元 1006 年）關於客星的記載，是世界上著名超新星中的最早記錄。元祐年間，蘇頌、韓公廉等人創造了水運儀象臺。醫藥學著述甚多，有《經史證類備急本草》，《和濟局方》，《銅人腧穴針灸圖經》等。南宋《洗冤集錄》十五卷，是世界上最早的法醫學專著。陳旉撰成的《農書》，是綜合性的農學著作。開封磚塔和定州開元寺塔都是建築史上的成就。

開封的宋代遺跡龍亭（民國時期的老照片）

宋代理學的興起，市民文化提高，商品經濟繁榮與印刷術的發明等一系列背景下，宋朝優秀文人輩出，知識分子自覺意識空前覺醒。史堯弼在《策問》中認為：「惟吾宋二百餘年，文物之盛跨絕百代。」陸游在《呂居仁集序》中也認為：「宋興，諸儒相望，有出漢唐之上者。」文學主要涵蓋了宋代的詞、詩、散文、話本小說、戲曲劇本等，其中詞的創作成就最高。散文是重要的發展階段。所謂「唐宋古文八大家」中，宋人就佔了六位。

宋代全國上下有堅定地儒學信仰，兼顧佛、道，政治清明。開國時，趙普提出：「過去臣以半部《論語》輔助太祖平定天下，現在臣用半部《論語》

輔助陛下，便可使天下太平。」崇尚忠義，維護仁孝，「終宋之世，文臣無歐刀之辟」。在治國方針上，貫穿著寬仁尚禮的精神，對於民間文化事業、經濟生產、社會生活等方面，自建國之初即因自然趨勢而未予過多干預。佃耕制土改沒有用「革命」手法，是「順其自然，水到渠成」。

無論如何講，宋代趙家天下雖亦有瑕疵，在主流上看，還是被後世人稱讚懷念的。宋代理學家程伊川總結「本朝超越古今者五事」，可以說「前無古人，後無來者」：改朝換代沒有動刀兵，沒有擾民，沒有鎮壓舊政權，沒有發生動亂。開國「四聖」實行「仁政」，從未濫殺過大臣和「士」。王安石亦說：「享國百年、天下無事之故。伏惟太祖躬上智獨見之明，而周知人物之情偽，指揮付託，必盡其材；變置施設，必當其務。故能駕馭將帥，訓齊士卒，外以捍夷狄，內以平中國。於是除苛賦，止虐刑，廢強橫之藩鎮，誅貪殘之官吏，躬以簡儉為天下先。其於出政發令之間，一以安利元元（老百姓）為事。太宗承之以聰武，真宗守之以謙仁，以至仁宗、英宗，無有逸德。此所以享國百年，而天下無事也。……伏惟仁宗之為君也，仰畏天，俯畏人，寬仁恭儉，出於自然。而忠恕誠慤，終始如一，未嘗妄興一役，未嘗妄殺一人，斷獄務在生之，而特惡吏之殘擾。寧屈己棄財於夷狄（指北宋每年向契丹和西夏政權獻幣納絹求和的事）。臣前蒙陛下問及本朝所以享國百年，天下無事之故。」

宋朝已建立冤假錯案的預防機制，犯人臨刑前如果喊冤，立即停止執行。只要犯罪嫌疑人翻供喊冤，也得立即停刑，原法官迴避，另選法官或移交其他法院重審。北宋規定，犯罪嫌疑人有三次翻供機會，南宋改為五次。但實際操作中，一次次翻供，一次次重審，政府居然沒感到不耐煩，支付的司法成本夠高。

在清明的政體下，宋代盛行理學，講究「存天理，滅人慾」，知識界以「慎獨」作為重要的修養方法。出現了許多名臣、賢相和歷代稱頌的清官。像歐陽修、文彥博、韓琦、范仲淹、寇準、包拯等不勝枚舉。開明的君主為了「富國和強兵」要求變法改革。經過仁宗、英宗到了神宗時期社會趨於穩定，經濟規模空前，文化也是更加繁榮。在公元 1067 年，宋神宗繼位，決心變法。王安石被召到開封為參知政事，次年又升任宰相，主持變法事宜，推行新法。反對新政的有司馬光、蘇軾等。他們之間只是君子之爭，並沒有發生個人的「你死我活」勢不兩立的鬥爭。王安石和司馬光都是古代為官的楷模，他們

「不愛官職，不殖貨利。清正廉潔、樸素無華、不好聲色、不喜奢靡」。王安石身為宰相，但並無私第，罷相後隱居金陵郊外，只有茅舍一處，僅能遮蔽風雨，四周連院牆都沒有。司馬光在洛陽編修《資治通鑒》時，居所極簡陋，於是另闢一地下室，在那裡讀書寫作。兩人雖是「政敵」卻都「性情淡泊，不喜奢華」，性格非常相似。對此，現代貪官們值得深思。關於變法之爭，他們沒有個人的恩恩怨怨和私利，而有為國為民的耿耿忠心和君子之爭。司馬光說：「光與介甫，趣向雖殊，大歸則同」；王安石也說：「議事每不合，所操之術多異故也」。王安石亡故後，司馬光又主政，廢除新政，還不忘給王安石爭封銜，追贈王安石為太傅，諡號「文」。王安石另一個「政敵」蘇軾，他因事入獄，王安石還積極營救。蘇軾外放回來時候，已退休的王安石穿一身與鍾山農民沒有多大區別的衣服，騎著一頭毛驢到江邊迎接蘇東坡。來不及冠帶的蘇東坡慌忙出船長揖而禮：「軾敢以野服拜見大丞相！」王安石則拱手而笑：「禮豈是為我輩設？」

二、兩宋創造了豐厚的物質和精神遺產

兩宋經過農村土地制度變革後，商品經濟呈現出劃時代的發展變化。坊市制度的打破，商業大都市的形成，草市、墟市的繁盛與經濟型市鎮的崛起，商業活動的活躍，坊郭戶籍的出現，社會商品化程度的提高和商稅比重的增大，都表明當時的商品經濟進入了一個新的歷史發展階段。出現了主要以商業而不是以行政為中心的大城市。在古代是歷史上經濟最繁榮、科技最發達、文化最昌盛、藝術最高深、人民生活水平最富裕的朝代。是當時世界上發明創造最多，貢獻最大時期，發明火藥、指南針、印刷術、紙幣、垂線紡織，瓷器工藝得到大規模實際的運用，航海、造船、醫藥、工藝、農技等都達到了古代前所未有，這些輝煌的成就與宋的綜合文明有直接聯繫。北宋富強百多年，京都汴梁「比漢唐京邑，民庶十倍」，汴梁城不僅旱路暢通，水運也十分發達。「舳艫歲歲銜清汴，聯翩漕舸入神州」，「汴都數百萬戶，盡仰石炭，無一家燃薪者」，宋朝的汴梁城已經用煤，而不是用木材生火做飯取暖。新興的市民階層的誕生，富庶安逸的生活使宋人消費意識濃烈，極大地刺激了茶坊酒市、娛樂業等第三產業的繁榮發展。宋朝的城市不像唐朝的城市一到黑夜就一片黑暗了，宋城在黑夜裏是燦爛的光明之城。因為宋朝不像唐朝一樣實行宵禁，宋人有夜生活。一到夜裏，宋人就自己的房間裏、在家門口、庭

院門口都點上了燈，因而到處都有燈光。在夜晚趕路遊玩的人們都拿著各種各樣的燈籠，因此在夜晚整個城市都在閃爍，燈火通明，叫賣聲到天明。在瓦子、勾欄等固定娛樂場所百戲伎藝競演，市民集中觀看。夜間飲食店鋪生意興隆，直到太陽從新升起，街上一樣擠滿了人。

　　英雄競折腰的一片殘山剩水，數風流人物的年年虎鬥龍爭，趙氏王朝滅亡了，中國歷史依然繼續走下去。崖山海戰雖然成為歷史，在最後時刻南宋十萬軍民投海赴死，表現出來的那種義無反顧，忠貞不二的氣節，讓人由衷敬佩。公元 1279 年南宋滅亡以後，元世祖忽必烈詔令修遼、金、宋史。到元順帝時丞相脫脫裁定：三國各與正統，各繫其年號，將朱熹學說定為「國是」，都說明蒙古元朝是中華正統繼承者。宋代的高度文明最終中止於蒙古人的入侵，雖然蒙古人仍然使用宋代高度文明所帶來的技術及工具，但保持高度文明所需要的智力活動，以及保持這種智力活動所需要的寬鬆氛圍和人格尊重，已經喪失，不可避免地使宋代創造領先世界的高度文明走向沒落。

現代新建開封樊樓

三、宋代資本主義發展方式與國外比較

推行商品化經濟是資產階級革命的目的。歐洲資產階級革命影響最大的是英國和法國。17、18 世紀，歐洲封建主義的基礎受到衝擊，繼尼德蘭革命之後，英國爆發了資產階級革命，為資本主義制度的確立開闢了道路。英國資產階級革命從公元 1640 年到 1688 年，由長期議會的召開，《大抗議書》的提交開始，到「光榮革命」結束，建立了君主立憲制。法國大革命則從公元 1789 年巴黎人民攻陷巴士底獄開始，到公元 1814 年拿破崙發動霧月政變結束，建立了資產階級民主共和國。歐洲商品經濟的建立和發展，經過跌宕起伏近兩個世紀，資產階級革命曲折複雜，經過長時間的戰爭、起義、復辟、反覆的暴力不斷，人民損失慘重，不少統治者在政變中也被送上斷頭臺。

公元 1640 年，英國國王查理一世召集議會期間，挑起了內戰。克倫威爾率領的議會軍隊打敗了國王軍隊，取得了勝利。公元 1649 年，查理一世被推上斷頭臺。公元 1660 年查理二世登上王位，隨後復辟分子上臺，在倫敦將克倫威爾和愛爾頓的屍體挖了出來，裝上木架，拖拽遊街後，再套上鐐銬，弔在絞刑架上示眾。公元 1701 年，英國國會通過了《權利宣言》，10 月又頒布《權利法案》，又進一步通過《王位繼承法》，確立了英國君主立憲制的基本原則，歷史上稱為「君主立憲」制。由於這次推翻復辟王朝的統治，是沒有民眾參加的不流血的宮廷政變，所以被資產階級史學家稱為是「光榮革命」。

法國在公元 1789 年 7 月 14 日成千上萬的群眾衝向巴士底獄，堡壘前人山人海、硝煙彌漫。經過四小時激戰，終於攻克這座封建堡壘，它標誌法國大革命開始了。後來 7 月 14 日這一天被定為法國國慶日。公元 1792 年 9 月 21 日國民公會通過了廢除君主制的議案，宣布成立法蘭西共和國，路易十六在公元 1793 年被送上了斷頭臺。公元 1794 年 7 月 27 日即共和歷熱月政變得以成功，政羅伯斯庇爾和他的親密助手被推上斷頭臺；公元 1799 年 11 月 9 日拿破崙發動政變，在公元 1804 年稱帝，建立了法蘭西第一帝國。期間與普魯士等國不斷發生戰爭。1814 年反法盟軍乘虛進入巴黎，拿破崙被迫宣布退位，法蘭西第一帝國覆亡，波旁王朝的路易十八由外國軍隊保護返回巴黎復辟。

宋朝使用另一種方式，並未經過民眾暴烈革命，以朝廷為主體在政策上推動，順其自然，水到渠成，實現了市場商品化的經濟改革。立國後首先農業實行佃耕制，土地推向市場。農民不再依附於土地，國家不設田制，農業

已無農奴，職業分立，集貿市場大發展，鼓勵商業，商人地位大大提高。科學進步，礦業發達，京城汴梁普遍使用煤炭。宋朝的鋼鐵最高年產達 15 萬噸，（注：工業革命後的英國在公元 1788 年鋼鐵產量才達到 7.6 萬噸。1949 年我國的鋼鐵產量只有 14.7 萬噸。這些數字需要進一步探討，但宋代鋼鐵產量豐盈可確認。）從皇祐到元豐元年（公元 1078 年）的近三十年內，銅的年產量由 500 多萬斤增至 1400 多萬斤（注：一度高達 2100 多萬斤）。景德鎮的瓷器行銷世界。南宋時期熟練雇工的工資高於知府工資。北宋神宗元豐年間（公元 1078～1085 年），城市化達到驚人的 30%以上，在所謂「康乾盛世」時代，這一比例也不過 9%；新中國在 21 世紀初才重新達到這一數值。南宋中後期，宋朝的人口占世界人口的 15%左右，經濟總量卻占到了全球的 75%以上。公元 1077 年，北宋稅賦總收入共 7070 萬貫，其中農業的兩稅 2162 萬貫，而工商稅竟達到 4911 萬貫，構成國家財政收入主體的已經是工商業了。這應該是宋朝已經達到資本主義社會的一項重要指標。雖然沒有建立「議會」，但大事已經找民眾諮詢。以上改革則比歐洲早 6 至 7 個世紀，但是歷史發展受到曲折。

第二節　崖山之後的各朝延續狀況

一、崖山之後又如何

老屋、故鄉、祖國有大小層次不同的空間，是人們常常思念的情懷。老屋是故居，草根詩人馬道州寫到：「老屋剛剛拆遷，母親的故事卻留在裏面。」故鄉是生養我們的地方，有抹殺不掉的童年回憶和常年不忘的舊時庭院。王安石的《泊船瓜洲》：「京口瓜洲一水間，鍾山只隔數重山。春風又綠江南岸，明月何時照我還？」這首詩寫於熙寧八年（公元 1075 年）二月，正是王安石第二次拜相進京之時，有了開創變法的新局面，但還是希望早日辭官回歸故里，不忘江寧家鄉。祖國也是應該嚮往的，是祖先世世代代傳承下來的所在地。國人是最敬祖先，數典忘祖，就認為是叛逆。不過說起祖國就不那麼簡單了。元代從上到下均貫徹民族歧視的政策，「四等人制」將人民分為蒙古人、色目人、漢人、南人各等。蒙古人高於色目人，色目人高於漢人，漢人高於南人。元朝和祖國就成了複雜的問題，至今難解，一言難盡，張弘範的祖國在哪裏？

　　宋代的滅亡標誌著中國古典時代的終結，從而引申出「崖山之後無中華」的說法，此說出自何人難以定論。錢謙益《後秋興之十三》：「海角崖山一線斜，從今也不屬中華。更無魚腹捐軀地，況有龍涎泛海槎？望斷關河非漢幟，吹殘日月是胡笳。嫦娥老大無歸處，獨倚銀輪哭桂花。」則頗近其意。史學界認為：征服者是社會文化落後於被征服民族的游牧民族，正常的資本主義社會發展進程被打斷，推遲一千年，給中華文明帶來了巨大傷害，科學發展受到阻礙，一脈相承數千年的中華文明由此產生斷層。元明清三代只是對農學、中醫學等方面有所發展，許多科學受到抑制，如乾隆皇帝對明代科學家朱載堉的《十二平均律》歪曲攻擊，赫爾姆霍茨等近代國外科學家認為《十二平均律》是有天才和技巧的中國發明。

　　「無中華」應該是具體指宋代理學家程伊川總結「本朝超越古今者五事」和王安石說的：「享國百年，天下無事」，即此後的千年歷史，仁政不再。比照崖山之後建立的各朝代則個個無不是在：虐殺降將遺臣、大殺功臣、使用酷吏、草菅人命、冤案遍地、大興文字獄、壓制輿論、官府貪污腐化勾心鬥角、槍桿子暴力政治、少壯失教鋌而走險、農民居然轉乎溝壑，不一而足。元朝的「達魯花赤」制度，明代的廠衛制度，清朝的易服剃髮，民國的武裝內戰等等，都給歷史留下了多少遺恨，常言說：「國正天心順，官清民自安」。不能反思的民族是個沒有希望復興的民族，克己復禮、精忠報國是正道。中華多少興亡事，悠悠歲月無盡頭。

二、崖山之後千年來商品經濟發展遲滯

　　崖山之後，元人掠奪了宋代積累的豐裕經濟基礎，也接觸了深厚文化積澱。公元 1275 年威尼斯商人之子馬可·波羅隨同父親和叔父萬里迢迢到達中國，覲見了元世祖忽必烈。馬可·波羅在中國生活了許多年，1295 年回國後，把他在中國的所見所聞寫成了《馬可·波羅遊記》，詳細記錄了中國蒙元的財富、人口、社會生活、政治、物產等情況，而被當時的歐洲人視為世界上惟一的文明國家。但這個國家不是馬背上的蒙古人建設的，而是被其鐵騎踐踏過的農耕文化宋朝故地。該書卻起到了介紹蒙宋戰爭廢墟後，依然繁榮與富庶的中國，直接推動歐洲大航海時代的來臨；指南針和宋代的造船技術的引進，使得大航海具備技術上的可能。宣傳了代表東方文化的核心和最高成果：儒學及儒學的最新成果理學被引入歐洲，掀起了歐洲崇拜中國的思潮。

　　明朝是在推翻元朝統治基礎上建立的漢族王朝，因而明統治者在承認華夏民族「天下一統」的同時，特別強調對宋朝歷史文化的認同和繼承，理學有所發展。重修《宋史》和重視研究宋史成為明代史學的一大特色。明朝一代，先後產生了 123 種宋史著述，現存 62 種。明人對宋文、宋詩、宋詞、宋畫的認可，更是奠定了宋代文學藝術與漢唐並峙的地位。比較宋代不同的是：明代一開始就濫殺功臣，十分殘酷。實行特務政治，宦官掌權，直言進諫被廷杖而死的不計其數，死於朱元璋刀下的文人多達數萬之眾，文字獄搞得很「低級」，不合己意一個字就可能殺頭，其陰影一直籠罩著後來的中國文化，難以實現民主政治。

　　明初期奉行重本抑末政策。朱元璋曾言：「若有不務耕種，專事末作者，是為游民，則逮捕之。」甚至還規定禁止商賈之家穿綢紗，有漢朝遺風。明隆慶三年（公元 1569 年），大學士高拱上《議處商人錢法以蘇京邑民困疏》，反映商人的愁苦和商業的窘困，並奏請隆慶皇帝採取措施，革除宿弊。之後張居正提出農商榮枯相因，進一步肯定商業的作用。明代中後期商人地位有所提高，部分士大夫認為經商有成，在價值上也等同於讀書有得，「亦賈亦儒」、「棄儒就賈」的現象也開始出現。

　　明朝一度有著繁榮的經濟，16、17 世紀間曾是世界上手工業與經濟最繁榮的國家之一。明代初期推行的海禁政策，使得商業受到一定的壓制，但明穆宗隆慶元年（1567 年）廢除海禁後，海外貿易重新活躍起來，全盛時遠洋船舶噸位高達 1.8 萬噸，占當時世界總量的 18%。明神宗萬曆年間，在張居正等大臣的鼎力相助下，實行新政，使朝政為之一振，經濟得到了空前的繁榮，開創萬曆新政的局面。明朝中期，朝廷被迫弛用銀之禁，而通過海外貿易大量流入中國的白銀恰好彌補了國內銀礦不足的缺陷。張居正推行「一條鞭法」，即規定賦稅折銀徵收，說明民間使用白銀已比較普遍。明代由外貿積累的銀兩，大都被清朝損失掉。最可惜這些銀兩在庚子賠款時，許多又落入洋人口袋。

　　後金崛起和明末張獻忠、李自成之亂，使得大清建立。清朝（1636 年～1912 年）是繼元朝再次由少數族執政的一個大一統封建王朝，康雍乾三朝走向鼎盛。在此期間，社會穩定，經濟快速發展，人口增長迅速，疆域遼闊。統一多民族國家得到鞏固，蒙古、新疆和西藏都納入版圖。對邊疆少數族以

懷柔為主，對蒙古體現是和親、政治籠絡、爵位世襲、利益共享等；對西藏確立達賴、班禪的冊封制度，設置駐藏大臣共同管理西藏，對外事宜，均由駐藏大臣全權處理。對漢族一方面實行嚴酷的文字獄，八股文，禁錮思想，推行剃髮、改服，消除漢民族意識；另一方面尊崇儒教，開科舉有條件的利用漢官。

清代曾經有過康乾盛世，商業貿易十分繁榮，各種商品行銷海內外，河南的棉花供銷各地，廣東佛山鎮的各種鐵器行銷全國，蘇州的絲、棉織品，南京的綢緞，景德鎮的瓷器，廣東、臺灣的蔗糖，安徽、福建、湖南的茶，也都行銷各地。康熙初年一度開放對外貿易且發展快速，大量的茶葉、絲綢、棉布、瓷器和漆器經廣州口岸運往歐洲銷售。清朝跟日本、巴達維亞（今印尼雅加達）、馬尼拉以及歐洲也有貿易來往。甚至中國還做轉手生意，把從歐洲進口的布匹出口轉銷日本。中後期由於政治僵化，閉關鎖國，思想禁錮，科技停滯，遠不如宋代開放，逐步落後於西方，多遭列強入侵，大清主權和領土嚴重喪失。清政權接受教訓，同時也開始了近代化的探索，開啟了洋務運動和戊戌變法。甲午戰爭和八國聯軍侵華戰爭使得民族危機進一步加深。

公元 1911 年，辛亥革命爆發，清朝統治瓦解，1912 年 2 月 12 日，北洋軍閥袁世凱逼清末帝溥儀遜位，隆裕太后接受優待條件，清帝頒布了退位詔書，清朝從此結束。中華民國仍合漢、滿、蒙、回、藏五族完全領土，稱為「五族共和」。「五族」是綜合了五十多個的多民族國家，「共和」則是民主政體。袁世凱稱帝引起「眾諸侯分疆土，各霸一方」的局面，但是北洋政府時期依然保持疆土和中央權威，參戰第一次世界大戰居然得了勝利一方之名，期間尚有了經濟復蘇的機遇，亦未得其果。北伐成功以後向「以黨治國」政治發展，此時期相距宋代已經近千年了，仁政影響逐漸渺茫，並吸收了比蒙古「更北」的游牧暴力文化，削弱理學文明。西方發起由俄羅斯中轉的學說是對中國儒學的批判。從而對宋朝的態度，實質批判多於繼承。對宋代倡導的儒學，則從民初「打倒孔家店」延續到「批孔老二」。土地改革正是對宋代奠定「佃耕制」的否定。另一方面，卻利用儒家一些理念治理國家政事，承繼儒學文化，是很大的矛盾現象。此時期也出現了許多國學大師，進行另一種方式的儒學研究，不得其果。雖然後來尚有抗日戰爭勝利，給中華帶來榮光，但後果也並不十分圓滿。

三、世人常思亡國恨

　　這個推行仁政的宋朝，卻屢受侵凌，災難深重。前有「靖康之恥」，後有「崖山之滅」。不少人評說宋朝「積貧積弱」，事實並非如此。要知成敗是和非，都在漁樵話裏。宋朝國家財旺，民眾富足。在軍事上曾有「樓船夜雪瓜洲渡，鐵馬秋風大散關」的軍事威勢，在滅遼、滅金戰爭中都是主動出擊。由於當時虎狼之邦的蒙古，鐵蹄踏遍歐亞兩洲，兵鋒直達地中海。文明抵不過蠻橫，時耶命耶？為之奈何？但是，自古豪強終必滅。

　　常言說：「貧家出孝子，國難顯忠臣」，國家有難人們的愛國心越重，越忠貞，希望恢復祖國、故地。陸游的《示兒》詩具有代表性，該詩為他的絕筆，作於寧宗嘉定三年（公元 1210 年），是臨終前寫的，表達了詩人的無奈以及對收復中原失地的期盼。這年他已經八十五歲。詩云：「死去元知萬事空，但悲不見九州同。王師北定中原日，家祭無忘告乃翁」。

　　二十餘年後，公元 1233 年南宋在聯蒙滅金的過程中，收復了兩淮全境，用金哀宗的屍體在臨安祭祖，用俘獲的金國宰相張天綱等行獻俘禮，靖康之恥終於得以洗雪，也是對陸游「王師北定中原日，家祭無忘告乃翁」的最好回答。

　　是非成敗轉頭空，隨之而來的是宋蒙之戰。40 餘年後，公元 1276 年元丞相伯顏率軍攻入臨安，恭帝降。公元 1279 年，元又大舉進攻崖山，宋徹底滅亡。而且，滅宋者的大將軍張弘範「不是胡兒是漢兒」，連為南宋死守襄陽六年的呂文煥都加入滅宋的行列。當此之時，如果陸游在天有靈，將陷入更加悲痛之中，北定中原無時日矣。當崖山之戰南宋兵敗的消息傳到越州之後，陸游的孫子陸元廷悲憤不已，號啕大哭，這不僅是為自己做了亡國奴而發，更多的或許就是實現不了陸游的遺願：北定中原。不久，陸元廷就憂憤而死。而陸元廷的兒子陸傳義，也就是陸游的曾孫，在聽聞崖山之戰的結果之後，為了表示自己的愛國之志，遂絕食而死，誓死不當亡國奴。崖山之戰時，陸游的一個玄孫陸天騏參加了這場戰鬥，在南宋軍隊戰敗之際，陸天騏為了避免被元朝軍隊俘虜，竟投海自盡。根據南宋史書記載，南宋軍隊在崖山兵敗之時，南宋許多忠貞之士追隨其後，十萬軍民寧可跳海殉國，也絕不做亡國奴。

　　歲月悠悠，華夏又經歷了多少勝敗興亡。到如今，曾身在臺灣的近代名流于右任老先生的《望大陸》一詩流傳到大陸。能得以廣讀，並編入小學課

本，或賴於想觸動華夏子孫靈魂深處隱痛，有利臺灣回歸。詩曰：「葬我於高山之上兮，望我故鄉。故鄉不可見兮，永不能忘。葬我於高山之上兮，望我大陸；大陸不可見兮，只有痛哭。天蒼蒼，野茫茫。山之上，國有殤。」

1964 年于右任與世長辭，終年八十六歲，與陸游享年只差一年。詩意主題是思念回歸故土，堪與陸游《示兒》詩珠聯璧合，均可視作他們二人的遺囑。可是兩位遭遇情節卻大有不同，陸游故國是被異族佔領，還有南宋大片土地可居；而于右任是被「革命同袍」攆出了大陸，逃到祖國的一隅海島棲身，思念的是故鄉。至今海峽兩岸仍然是天各一方，為之奈何？

想回大陸有條條大路可走，李宗仁不就回來了嗎，據說流傳此詩後面還有一句：「不得大陸，不能回鄉，大陸乎，何日光復？」，如果如此，就難說下去了。據傳，于右任臨終前，其老部下楊亮功到醫院去探望，他伸出一個指頭和三個指頭，是何意沒有解開。後來，資深報人陸鏗覺得可以這樣理解謎團：將來中國統一了，將他的靈柩運回大陸，歸葬於陝西三原縣故里。可能不是難事，願得圓滿。待到臺海統一之後，中華民族又能有什麼難以了斷的愛恨情仇，悲歡離合？誠知此情人人有，不盡江河萬古流。陸、于兩位先賢在地下之靈隨遇而安吧。

最後用文天祥丞相的《正氣歌》結束此篇，以疏導寫作時的惆悵、鬱悶、蒼涼心情。詩曰：天地有正氣，雜然賦流形。下則為河嶽，上則為日星。於人曰浩然，沛乎塞蒼冥。皇路當清夷，含和吐明庭。時窮節乃見，一一垂丹青。在齊太史簡，在晉董狐筆。在秦張良椎，在漢蘇武節。為嚴將軍頭，為嵇侍中血。為張睢陽齒，為顏常山舌。或為遼東帽，清操厲冰雪。或為出師表，鬼神泣壯烈。或為渡江楫，慷慨吞胡羯。或為擊賊笏，逆豎頭破裂。是氣所磅礡，凜烈萬古存。當其貫日月，生死安足論。地維賴以立，天柱賴以尊。三綱實繫命，道義為之根。嗟予遘陽九，隸也實不力。楚囚纓其冠，傳車送窮北。鼎鑊甘如飴，求之不可得。陰房闃鬼火，春院閟天黑。牛驥同一皂，雞棲鳳凰食。一朝蒙霧露，分作溝中瘠。如此再寒暑，百沴自辟易。嗟哉沮洳場，為我安樂國。豈有他繆巧，陰陽不能賊。顧此耿耿在，仰視浮雲白。悠悠我心悲，蒼天曷有極。哲人日已遠，典刑在夙昔。風簷展書讀，古道照顏色。

參考文獻

1. 傅宗文：《宋代草市鎮研究》，福建人民出版社，1989 年版。

2. 龍登高：《宋代東南市場研究》，雲南大學出版社，1994 年版。

3. 葉廷珪：《海錄碎事》卷五《商賈貨財部·市廛門·子午會》，《文淵閣四庫全書》本。

4. 徐松輯：《宋會要輯稿·食貨》中華書局，1997 年版。

5. 趙汝适：《諸蕃志》卷下《海南》，《文淵閣四庫全書》本。

6. 周煇：《清波雜志》卷七《吉陽風土惡弱》，中華書局，1994 年版。

7. 《嘉泰會稽志》，《宋元方志叢刊》本，中華書局，1990 年版。

8. 陳耆：《本堂集》卷八一《奉文本心樞密書》，《文淵閣四庫全書》本。

9. 《淳祐玉峰志·風俗》，《宋元方志叢刊》本，中華書局，1990 年版。

10. 張澍：《蜀典》卷六《風俗類》引《成都古今記》，影印清道光刻本。

11. 張金花：《宋詩與宋代商業》，《宋史研究通訊》，2005/2。

12. 范成大：《吳船錄》卷下，影印清鈔本。

13. 郝經：《陵川集》卷三《青山磯市》，《文淵閣四庫全書》本。

14. 周必大：《文忠集》卷一七一《乾道壬辰南歸錄》，《文淵閣四庫全書》本。

15. 葉廷珪：《海錄碎事》《商賈貨財部·市廛門·子午會》，《文淵閣四庫全書》本。

16. 歐陽玄等：《宋史·食貨志》，中華書局，1957 年版。

17. 王雷鳴：《歷代食貨志注釋》，農業出版社，1984 年出版。

18. 王柏：《魯齋集》卷 7《社倉利害書》，《文淵閣四庫全書本》。

19. 呂祖謙：《宋文鑒》卷 125，高弁：《望歲》，《文淵閣四庫全書本》。

20. 朱熹：《晦庵集》卷 6《取會管下都分富家及缺食之家》，《文淵閣四庫全書本》。

21. 呂南公：《灌園集》卷 14《與張戶曹論處置保甲書》，《文淵閣四庫全書本》。

22. 樊樹志：《國史概要》，復旦大學出版社，2010 年 5 月版。

23. 復旦大學、上海財經大學：《中國古代經濟簡史》，上海人民出版社，1982 年版。

附錄一：宋代奠定的租佃制是具有活力的土地流轉方式

提要：

歷來中國農村自始至終存在著兩種經濟成分：一種是自給自足的小農經濟，即所謂「編戶齊民」，似「汪洋大海」的小農經濟。另一種是地主經濟，他們依靠其社會政治、經濟地位優勢，佔有超常的土地，控制勞動力，用剝削方式從事生產經營。地主土地的經營方式歸納起來大致有三種：蓄養農奴耕作、雇工耕作和出租給佃戶耕作。宋代以後廣泛實行的租佃制是歷史選擇的結果。租佃制促進了土地權屬的流轉，目前土地租賃在農業經營中依然存在活力。

耕地乃是固定的自然體，不能流轉。但是在社會經濟學權屬方面，它的所有權、處置權、使用權等等卻不斷更替流轉。土地權屬流轉是社會經濟學研究的重要課題。社會科學是研究社會現象的科學，它的任務是闡明各種社會現象及其規律。在近代由於種種原因，社會科學常援引西歐之說，依為圭臬。但是因為社會科學受時空的影響，西歐的社會歷史現象和中國社會發展現象並不相同，而所套用來的並不全適當，有關土地制度亦是如此。

一、中國和西歐農業發展歷史的差異

西歐中世紀各地盛行農奴制莊園經濟，莊園是這個時期西歐農業生產中的一種特定的組織形式。封建主主要依靠自己的地產生活，所以國王、教會

和大封建主都建立莊園。自給自足的自然經濟形態，為生產者自家和領主提供生活資料。莊園的農業生產實行三圃耕作制，即把耕地分作春播地、秋播地和休耕地三部分，輪流耕種。休耕地和收穫後的耕地作為公共牧場，集體使用。莊園生產者主要是農奴，此外還有自由佃戶、雇工和奴僕等。隨著社會經濟的發展科學的進步，以及海外殖民地的擴展，資本主義社會建立，包括最落後的俄羅斯都逐步廢除了農奴制。

　　而在中國則從事農業生產歷史悠久，約近八千年。在發展生產中不斷提高農業技術和建立比較完善的農業管理制度，與西歐的社會發展有不同的經歷，過去套用西歐的社會發展史必然有失偏頗。在這個歷史階段，奴婢只是在從事工業勞動方面較明顯，但是，社會生產主導的力量還是村社組織的農民。農業生產則有分散性、季節性、技術性等特點，不便使用奴婢。《左傳‧襄公九年》有：「其庶人力於農穡，商工皁隸不知遷業。」皁、隸即為雜役奴婢身份，與商、工並列，區別人力於農穡的普通人。當是時，地廣人稀。在生產要素中，土地並非是難以獲得的生產資料，隨處都能墾殖農田，種植作物。為了牽強附會西方的社會發展史說法，持井田制為奴婢說者，常引用的有兩則史料為據：一則是以《詩經‧北山》所提到的：「溥天之下，莫非王土，率土之濱，莫非王臣」，這首詩是描寫一個參加採摘枸杞勞動的小吏，因為上級對自己不公而發的牢騷言辭。「土」是指天下，「濱」是指小吏的領導而言。從土地權屬問題考慮，國人重視的第一層次「國土」是有道理的，歷史上不論哪朝哪代，保衛國土是第一位。其次才是個人佔有權、使用權、支配權等等。那時說的「王土」實際就是指「國土」。至今國人依然會把「國土喪失」視為頭等大事。二則人們還時常引用《禮記‧王制》中的一句話：「田里不鬻」，當時農業生產實行墾荒制和休閒制，農民土地隨時隨地都能得到土地開發，種植作物，對土地權屬並不在意，無需買賣，這很自然。

二、中國農村的自耕農、地主兩種經濟成分始終並存

　　歷來中國農村自始至終存在著兩種經濟成分。一種是自給自足的小農經濟，即所謂「編戶齊民」，似「汪洋大海」的小農經濟。另一種經濟成分是地主經濟，他們依靠社會政治、經濟地位優勢，佔有超常的土地，控制勞動力，用剝削方式從事生產經營。

　　歷史上一直作為農村經濟主體的自耕農，是以牛耕和人合力使用犁、耙、

鋤為主耕農具的小規模生產方式。他們親自勞作，用簡單的一鋤一犁，創造的中國傳統農業可以在世界上誇耀。自古以來，自耕農在自己的一小片的勞作範圍內不斷的創新。治理過所有的大江大河，開發無數的水利工程，土地開發了十五億多畝，使不少鹽鹼不毛，高低不平，雜草叢生，荊棘滿地之區墾為良田。農業技術逐步改進，形成舉世矚目的有特色傳統農業技術，培育出無數的優良品種。利用占世界百分之七的土地，養活占世界四分之一的人口，是了不起的貢獻。水稻的插秧等先進技術都是由中國率先使用後傳到國外。以往政治、經濟學家對小農經濟是保守的落後的社會根源的評議實在有失公允。中國的保守落後是多種因素所形成的，如商品經濟不發達，工業技術落後等。根據以上情況，中國以往的農業經濟應該視為小農經濟——即自耕農經濟為主體經濟。

另一種即地主（包括莊園主）經濟，屬於第二位。地主土地的經營方式，在中國農業發展歷史過程中，歸納起來大致有三種：蓄養農奴耕作、雇工耕作和土地出租給佃戶耕作。這三種經營方式並不是絕對的互相更迭演替的關係，在很多的歷史階段，它們常常會並行存在。在中國農業經濟發展的歷史中，私營土地經營方式的選擇，是業主在特定的經濟社會條件下的理性選擇。

三、蓄奴耕作的土地經營方式

秦以前，中國存在使用奴隸以官奴為主，但是官奴婢不能做為農場勞動力的主要來源。這主要是由三方面的原因決定的，第一，官奴婢是戰犯及刑事犯改降而來，為了取得官奴婢，必須維持十分強大的權力機構，其交易費用奇高；第二，官奴婢的來源缺乏彈性，不能按農業生產的需要來調整人數，奴婢太多養活起來不經濟，奴婢太少又恐不夠用；第三，戰俘及罪犯被降為奴婢，常心懷怨恨，不但怠工，而且常思逃亡或破壞，所以工作意願不僅是零，而且是負值。有人根據《詩經》上的「千耦其耘」和「十千為耦」兩詩句〔註1〕來判斷周代有驅使兩萬名官奴婢耕作的大型農場，這在現實中是不可能出現的。實際是描述成王親政後，在周公輔助下的太平盛世。農業生產蓬勃發展，人民生活相對改善，農民以家族為單位一起勞動的景象。

〔註1〕「千耦其耘」一句，出自於《詩・周頌・載芟》。「十千為耦」一句，出於《詩・周頌・噫嘻》。成王親政後，在周公輔助下，平定叛亂，鞏固了西周政權。社會已相當繁榮，經濟發達。農民以家族為單位，大家熱情的勞動歡快景象。

　　秦商鞅變法「除井田，開阡陌」，土地也成為商品，買賣逐漸頻繁。隨著土地產權的流動，生產要素的另一方面——勞動力也「流動」起來。秦代已有大量私人蓄養、使用奴婢從事農業生產的現象。秦國推行「耕戰」政策，獎勵軍功，斬首一人賜田百畝、宅九畝、奴婢一人，升爵位一級，促進了產生農奴和農奴主。同時土地和奴婢私有化，奴婢大量的用於農業生產，成為名符其實的「農奴」。設立郡縣後，豪強四起，霸佔田土，富商大賈大量置買田產，畜養奴婢已成必需，遂有了農奴主。土地大量流動，勞動力也隨之流動，奴婢市場興旺，富人以買賣人口贏利。在全國大城市都設立奴婢市場，《漢書・王莽傳》稱：「秦為無道，……又置奴婢之市與牛馬同欄。」漢承秦制，繼續保留奴婢市場。通都大邑，販賣奴婢，一次交易量很大，達到「僮手千指」，即奴婢一百人。牛以頭計算，馬以蹄計算，則奴婢以手指計算，人等同於牲畜。這個時期奴婢大量的投入農業生產領域，為興起的莊園主勞動。不但有奴婢市場，而且有奴婢的產地。秦代時滇、僰（音 BO）出奴婢，與戎狄產牛馬齊名。統稱笮馬、僰童、犛牛。僰為今四川宜賓一帶，為落後族聚集地，常被擄當為奴婢販賣。

　　到漢代已經普通存在使用農奴、雇工兩種方式。社會上也就有了兩種平行的勞動力市場——奴婢市場與雇工市場。兩種取得勞動力的方式可以互相置代，奴價太高則雇工，工資太高則買奴。奴婢可以用來操作家務，或是工作比較集中的行業，如礦業，容易監管，但若要從事在平面上展開的農業生產，就難以監督。在《全漢文・僮約》中所說的那位名為「便了」的髯奴（生有連鬢鬍子）就是典型的奴婢。漢代奴婢的價格很高，那位「便了」身價是一萬五千錢。魯唯一《漢代行政記錄》載：大婢一人值二萬錢，小奴值一萬五千錢，而一匹馬值四千錢，一頭牛值二千五到三千錢。一個奴婢價格比牛馬高五六倍之多。而當時一畝地的價格不超過一百錢，一般七十到八十錢。一個奴婢相當於百十畝地價格，正好相當一個奴婢勞動力所能負擔的畝數。再者，奴婢的投資不但高，而且時間也較長，回收率不高，操作也比較複雜。

　　到了南北朝，農奴制一度大為盛行，形式也多種多樣。南朝盛行莊園制，大批蓄養農奴。一個莊園能達到：「僮僕成軍，閉門為市，商船千艘，腐穀萬倉。」北朝前期盛行宗主督護制，豪強地主隱蔽著大量農奴性質的「佃客」，這些豪強經營方式很簡單，只是收取保護稅而已。因為豪強們截斷了朝廷的稅路，北魏才實行「均田制」，朝廷直接掌握土地權。「均田制」規定良人男

夫十五以上受露田四十畝，婦人二十畝，奴婢按照良人的標準，同額受田。不但如此，受田的奴婢之課調較良人減半，即《文獻通考·戶口二》載「奴任耕婢任織者，八口當未娶者四，耕牛十頭當奴婢八。」在這種制度下，購買奴婢是取得土地的捷徑，土地與勞動力一舉而兩得，而且還享受稅賦減半的優待，於是地主群起開辦奴婢農場。這就形成了中國歷史上「耕當問奴，織當問婢」的時期。北朝政府很快就看到，在這種制度下，不但課調減少，而且耕地不敷分配，必須改弦更張。北齊政府首先對每戶奴婢受田之人數加以限制，限外奴婢不得受田，也不必納稅。隋朝煬帝即位，索性全面廢止了奴婢受田，蓄奴之家便完全失掉蓄養奴婢的優惠條件，奴婢低下的工作意願便使得奴婢農場變成相對不利的經營方式，很快就在全國範圍內式微。

四、庸工耕作與蓄奴耕作並存的土地經營方式

另外一種在歷史後期逐漸沒落的經營方式是雇工耕種的農場。雇工耕種的農場在秦漢時已很普遍，很多有名人物都曾在農場中當過庸農，如陳涉、兒寬、第五訪、孟嘗等人〔註2〕。那個時候的農場工有相當的人身自由，所以才有「帶經而鋤」及「為人庸耕以資學」這類佳話傳下來。一般說來，到農場當庸工的人都是自願就雇，有相當的工作意願，但是仍然需要雇主的監督，監督工作的難度要受下列因素的影響：第一，與地形地貌有關，丘陵地區的耕地比平原的耕地難以監督。梯田或溝渠縱橫的田地也會增加監督人力。第二，單一作物比多熟耕作制，粗放耕作比精耕細作，都較容易監督。第三，雇工經營的地主要考慮租佃地主的淨收益，看哪種經營方式的淨收入高，以定選擇取捨。農場規模愈大，監督愈困難，單位產量的監督成本愈高。如果租佃地主的淨收入（也就是經營地主的機會成本）上升或雇工的工資上升，經營農場的成本曲線便上升，其臨界面積隨之縮小。當臨界面積縮小到一定程度，經營地主就不願再費心經營這麼小的雇工農場，索性全部轉化為租佃方式。這種轉化首先在南方出現，明末時已有明確記載，經過幾百年的不斷發展，到了清末民初，江南地區的地主已將他們的全部耕地出租給佃戶，難得找到一家經營地主。

有關此種轉化的明確記載見於明末湖州的《沈氏農書》。該書成書於明崇

〔註2〕陳涉，少時，嘗與人傭耕；兒寬，時行賃作，帶經而鋤，休息輒讀誦；第五訪，少孤貧，常傭耕以養兄嫂；孟嘗，隱處窮澤，身自耕傭。

禎年間，沈氏地主先將自己的雇工農場之經營成本逐條逐項核算，即他所謂的「條對條」，然後與鄰村西鄉的租佃農場相比較。他的結論是：「……所謂條對條，毫無贏息，落得許多早起晏睡，費心費力，特以非此碌碌不成人家耳。西鄉地盡出租，宴然享安逸之利，豈不甚美。但本處地無租例，有地不得不種田，種田不得不喚長年，終歲勤勤，亦不得已而然。」此處具體說明兩種經營方式的比較與轉化過程，西鄉已地盡出租，其本鄉尚未轉化。

　　到了清末民初，這種轉化過程加速，尤其是南方由於新式工業興起，要雇用工人，帶動農村雇工工資上升，經營地主的成本曲線上升；另一方面做為機會成本的租金也上升，於是經營地主紛紛轉化。不但如此，自耕農也跟進，將自己的小塊田地租佃出去，自己進城當不在地小地主。

五、土地租佃是最普遍的土地流轉方式

　　宋代確立了不設田制、不抑兼併的佃耕制。佃耕制亦稱租佃制，由於庶族地主增加，農民與地主只是租佃經濟關係，依附關係削弱。部曲一類的農奴已不復存在，才結束了實行近十個世紀使用農奴的歷史。但是必須說明的是：使役家奴的奴婢制度一直持續到清末。但不用來務農，主要用於侍奉、歌舞、扈從、以及家庭雜務。

　　佃耕制是「不設田制，不抑兼併」，土地基本上是進入市場流轉的。「不抑兼併」和「田制不立」的政策，適應了商品經濟發展的趨勢，減少了封建政府對土地的政治干預，客觀上有一定的積極意義。宋代人認為本朝「田制不立」，這正反映了宋代所實行的土地制度不同於前代的授田制，而是實行一種私有程度比較高的地主和自耕農的土地所有制。韓琦言：「且鄉村上三等並坊郭有物業戶，乃從來兼併之家也。」〔註3〕宋代土地交易主要有三種形式，一是絕賣土地，二是典當，三是倚當。土地和房屋是宋代不動產買賣的主要對象，土地交易中，凡稱「永賣」、「絕賣」、「斷賣」的，是將土地的所有權絕對讓渡給買主；只轉讓使用權、收益權而保留土地的所有權和回贖權的「典賣」，稱之為「活賣」。田底和田面權的相對獨立流動性對於加速土地流轉的意義最為重大。明清以來，作為土地資源不可或缺之重要組成部分的水資源，也開始從土地所有權中逐漸分離出來進入市場交易的範圍。

〔註3〕見《韓魏公集》卷17。

　　自宋代以來，土地轉移的頻率日高，故辛棄疾有「千年田換八百主」之說。但其中地主之間買賣土地大增：宋代劉克莊已有「莊田置後頻移主」的慨歎；明代歸有光《震川文集》上說，「罕有百年富室。雖為大官，家不一二世輒敗。」但出賣土地的並不都是地主，其中也有大量的農民。明代法律明確規定，官田「不許私自典賣」，民田得以典賣、繼承、贈予等方式流轉。明中葉以後，土地流轉頻繁，有「田宅無分界，人人得以自買自賣」之說。民間典賣土地，自行立契，按則納稅。清代前期的土地買賣，與明朝相比，交易更加頻繁，形式更為多樣，手續越益繁瑣，「鄉例」的名目更多，更為盛行。葛金芳在《對宋代超經濟強制變動趨勢的經濟考察》一文中考證：宋代投入流通過程中的土地至少要占在籍的耕地的百分之二十。〔註4〕郭愛民在《英格蘭、長三角土地市場發育程度比較》一文中談到：在民國初期長江三角洲地區土地市場流轉率為 0.424%，接近英格蘭轉型期的水平。〔註5〕

　　在宋代已經廣泛實行佃耕以後，也曾出現過短時間的反覆、倒退的小高潮。一是北方金人、蒙古人掠取了大量漢人為奴，嘗試奴耕，但是並不成功。原因是他們很快就發現使用奴婢耕種遠不如其他農業生產方式的效益高，所以紛紛出賣手中奴婢，另行召募佃戶來種田。滿洲人入關後在華北地區進行圈地運動，將漢人民田劃為旗地，賞賜給滿人貴族，原來的漢族居民被降為類似奴婢的身份，在旗人家中操作，其中很多人被安排在田間工作。清政府也再三明令，不許旗地領地將土地出賣或出佃。然而這些旗地農場都連年虧損，許多旗人就暗地將土地出售。

六、宋代盛行佃耕制是歷史選擇的結果

　　宋代自認為是沒有「田制」的朝代，所謂「不立田制」。宋代於各路置轉運使，「不務科斂，不抑兼併」，或謂「富室連我阡陌，為國守財」。在前代名聲很不好的「兼併」之於宋代，已經屬於「合法」。田主（地主）一詞，唐已有之，宋則普遍。清初顧炎武說：前代稱之為「豪民」或「兼併之徒」者，「宋以下，則公然號為田主矣」。「不立田制」不等於沒有土地制度，更不等於沒有土地政策。「不抑兼併」也不是無條件，它主要指土地可以「私相貿易」而言。

〔註4〕見《江漢論壇》1983（3）。
〔註5〕見《中國農史》2007 年第 4 期。

（一）租佃制有一定的歷史基礎，晚唐鼓勵墾荒的政策在宋代得到延續

宋太祖乾德四年（966 年）閏八月詔：「所在長吏，告諭百姓，有能廣植桑棗、開墾荒田者，並只納舊租，永不通檢。」並對「招復逋逃」有功官員予以嘉獎。太宗至道元年（995 年）六月丁酉日詔：「募民請佃諸州曠土，便為永業，仍蠲三歲租，三年外輸稅三分之一。州縣官吏勸民墾田之數，悉書於印紙，以俟旌賞。」可見北宋前期數十年間，對鼓勵墾荒的政策給予了高度重視，它以恢復和發展生產為直接目的，從制度上來講是對沒有授田政策的一種補償。而前代開墾荒土，常要受到法令的限制，有一定條件，不能隨意「過限」。

（二）放任對土地的買賣，「不抑兼併」

一方面，無地的客戶佔有若干田畝之後，可以脫離地主而上升為主戶成為（半）自耕農。另一方面，又為官僚豪勢之家兼併土地大開方便之門。杯酒釋兵權一幕中，宋太祖趙匡胤對重兵在握的石守信等人說：「汝曹何不釋去兵權，擇便好田宅市之，為子孫立永久之業。」是給錢叫他們去市買田宅，與直接賜予田土有很大不同。唐中葉以後「法制隳弛，田畝之在人者，不能禁其買易」，禁而不止，只好不禁。宋「不抑兼併」實際上是對晚唐以來既成事實的承認。

（三）國家維護土地私有權，制定了詳盡的交易法律

正如《袁氏世範》「田產宜早印契割產」條說，官中條令，惟田產「交易」一事最為詳備。同時也制定了田產繼承法，私有土地由本主的子孫後代繼承下去，只有當無任何繼承人時，這類戶絕田則收歸國家，轉化為官田。晁說《晁氏客語》載，王安石變法規定：「新法：戶主死，本房無子孫，雖生前與他房弟姪，並沒官；女戶只得五百貫」，便是田產私有繼承的一種法律保證。

七、確保租佃制一千餘年不衰的原故

在土地推向市場以後，重要的問題是不能讓地主實行兼併，壟斷土地市場，才能保證租佃制的實施，確保佃耕制一千餘年不衰。主要有以下幾方面：

（一）政府政策的影響

確保佃耕制不衰，必須抑制地主土地兼併。宋代雖被認為是「不設田制，不抑兼併」的朝代，但在宋代即使是政見不同的雙方，不管他們的真心實意

如何，都以抑制兼併為詞。王安石變法時就是如此。王安石曾作一首古詩，題為《兼併》，說：「三代子百姓，公私無異財。人主擅操柄，如天持斗魁。賦予皆自我，兼併乃奸回。奸回法有誅，勢亦無自來。後世始倒持，黔首遂難裁。……俗儒不知變，兼併可無摧。利孔至百出，小人私闈開。有司與之爭，民愈可憐哉。」反對王安石變法的司馬光、蘇軾、韓琦、陳舜俞、曾布等等也都主張抑制兼併。如司馬光，他在熙寧四年（1071 年）上的《為乞不將米折青苗錢狀》就談到：「竊惟朝廷從初散青苗錢之意，本以兼併之家放債取利侵漁細民故，設此法抑其豪奪，官自借貸，薄收其利。今以一斗陳米散與饑民，卻令納小麥一斗八升七合五勺或納粟三斗，所取利約近一倍。向去物價轉貴，則取利轉多，雖兼併之家乘此飢饉取民利息亦不至如此之重。」

自發兼併趨勢不會急驟增長的最主要的原因，在於封建國家的強控制。為了維持自身的統一和強盛，一方面要允許土地買賣，以防止地主經濟向領主經濟蛻變；另一方面又要把它限制在一定範圍和一定程度之內。一旦超出了界限，封建政府就要對土地買賣加以限制，甚至進行打擊。在一個王朝新建時，國家把大量無主荒地分給農民，分配原則是按農戶勞力多少。這種名義上的均田，最初確實起到了抑制兼併的客觀效果，維持了大量自耕農的存在。清康熙年間實行的更名田、攤丁入畝政策，對保證佃耕制也起了積極作用。清代和民國的立法允許私有土地繼承、轉讓和自由買賣，傳統中國社會的土地流轉中存在，顯示土地流轉中習慣法制約的放鬆。

（二）經濟規律的抑制作用

地價低或者用工價高，會促使租佃制發展。葉夢珠《閱世編》記載，清代前期的地價變化可劃分為三個時期。順治康熙年間，由於很多的原因，地價與明初一樣十分低賤，有時甚至以田送人，人且不受，上等土地每畝不過數兩，康熙後期，地價略見上漲，雍正攤丁入畝，又一度下落。乾隆時，其價穩定上升，但截至末年，每畝價未有達三十兩者，從十八例檔案分析，每畝過二十兩者僅有四例，僅夠全部材料的四分之一。道光時，所取檔案十六例，每畝超過二十兩者已達十例，超過了全數的六成，其中廣西興安每畝價高六十八兩，浙江紹興也每畝價將近六十兩。

日工和月工的工價應比長工高的多，因為日、月工全是在農忙勞動持續

緊張的時刻應雇，無忙閒的調節機會。明代日工工價最少者為日銀二分，合當時制錢十五六文，最多者日六分。清代順治康熙時期，一般的也是日銀二分至七分。明代人謂日取傭金四分，腹且不飽，清代也是如此。順治康熙間，雖每日傭金有二至七分不等，個別高的城市傭工甚至高達每日一百文、二百文之多，但多數是每日傭金三至五分，即制錢三十至五十文。清初的月工工價有一月二錢、三錢、一兩和一兩八錢者，相差三五倍至十倍。〔註6〕

　　清代嘉慶道光年間的各種工價與清初比幾乎沒有什麼兩樣。日工工價最少者為三十文，最多達二百文，但一般的為五十文至七十文，月工最少者為三百文，最多達一千五百文，但以八百文、一千文為常價，長工最少為三千文，最多至二十弔，但以十弔一年者為多。城市或城郊工價高，農村低。南方特別是江、浙、閩、廣等商品經濟最發達的地區，其工價特點是懸殊不大，而且比較穩定。北方則有的很高，有的相當低，如道光三年，陝西甘泉長工一名高達二十千，同時候，甘肅、河南一帶，則三千、五千者亦復不少。〔註7〕

（三）戰亂的影響

　　據錢泳《履園叢話》記載，崇禎末年，盜賊四起，年穀屢荒，人們都以無田為幸，每畝只值一二兩，或田之稍下，送人亦有無受諾者；另《弢園文錄外編》載：在太平天國戰後，幾乎百里無人煙，其中大半人民死亡，室廬焚毀，田畝無主，荒棄不耕；陶煦的《租核》說：「上至紳富，下至委巷工賈胥吏之儔，贏十百金，莫不志在良田。」經過無數戰亂的神州大地上，租佃制經久不衰，歷久彌新，仍然煥發著勃勃的生機。

（四）地主經濟的弱勢

　　多子均分析產的傳統也是「富不過三代」的重要原因。需要強調的是，中國歷史上導致土地零細化的原因，除了多子分割和富家子弟往往養尊處優，好逸惡勞，又不善經營，造成家道衰落外，國家的作用也不容忽視。實際上，在中國，自古以來國家就一直懷著均田的理想。過去兩千年來，國家頻繁進行著以均田或「人人有其田」為核心的土地制度改革，這種努力在中國小農人口迅速增長的背景下，必然會導致土地不斷零細化的後果，從而無法出現大型的農業經營。正是在這種情況下，產生了國家與小農直接面對的局面。

〔註6〕參看黃冕堂：《明史管見》卷3《明代物價考略》。
〔註7〕參看第一歷史檔案館藏，《康熙朝題本》、《順治朝題本》、《雍正朝題本》。

（五）荒地的墾殖

　　清朝初年，為了促進農業的發展鼓勵開荒，設立永不升科田。乾隆以後，由於農民開墾荒地成熟後「照例升科」，導致墾荒越來越少。道光十一年（1831年），經廣東省督撫奏請，爰照乾隆年間高、雷、廉、瓊四府墾荒成例，「各府州屬山頭地角荒地，向本地無業貧民報官給照。墾植成熟後，作為世業，永不升科。」實行這一政策後，新寧又興起墾荒熱潮，有利農業的發展。清末以來，闖關東、走西口以來，東北、西北的開發，更促進租佃制的發展。例如被稱為「河套王」的王同春，在內蒙五原、臨河、安北修支渠 270 多條，墾荒地 2.7 萬頃。最後還是都採用了佃耕，出租給農民。

（六）工商業的發展

　　宋代以後工商業的發展也促進城市發展，促進人口進入城市。海外貿易，促使華商網絡初步形成。印度以東水域的貿易，基本上由中國海商主導。隨著近代工商業的發展，農民的分化分明快速加速，其結果：一是大量過量農民從土地上撥開與分離出來、從農業產業分化出來而轉向非農產業；二是原先具有一致農民身份的人們分化為帶分明階層特點特徵的群體。土地流轉速度、力度都有增加，促進了土地租佃制的進一步發展。富人不再專注田土，起到抑制兼併的作用。

八、土地流轉最具有活力的是租佃制

　　在農業經濟占主導地位的時期，人們的社會地位是隨著土地流轉而不斷變化的，即所謂「十年河東，十年河西」。大多數家族、家庭不會永遠固定在一個階級、階層中，是不斷變化的，尤其在經濟發達地區更是如此。邊遠地區因為社會經濟變化小，相對土地流轉固化。所以中國的社會道德、文化、倫理是屬於全民族的，不屬於哪個階級的。但是各階級、基層為了各自的利益在運作中會有所取捨造成差異。據眾多史料證實，在中國歷史上歷久不衰，長期通行的土地經營方式是租佃方式，也稱為佃耕制。漢朝的文獻已經清楚記載佃耕制的經營方式，此後歷朝都有明確的記載。由於歷史的原因，把回歸租佃制視為「畏途險境」。原因是在現代土地改革運動中，把租佃制視為「萬惡之源」，談虎色變。推行租佃制的卻是步履危艱。歷史的發展，同樣是租佃制現在已經發生本質的變化。由於城市化的發展，大規模的農村人口走出農村，奔向城市工商業和第三產業。現今農戶多半成了「兼業農戶」，並且正在

擴大、發展著。在這種形勢下，土地流動是大勢所趨。土地租賃是促進、發展農業規模經營的必要手段。

以往土地流轉是找「水平」，土地權屬趨向平衡，取向小農經濟。人們的均平思想始終占主導地位。現今社會發生很大的變化，城市發展很快，農業生產也需要又有一定的規模經營。土地流轉是趨向適度集中漫遊，是當前解決農用土地的關鍵問題。

土地流轉方式有：出售、租佃、典當、合夥、入股、借用、繼承、贈與等形式。最具有活力的是租佃制，簡單易行，進退自如，不會損傷農民的根基，更適合「兼業農戶」操作。流轉的目的是土地適當集中，以發揮適度經營的經濟效益。達到專業化、區域化發展商品經濟。

改革後的土地使用管理制度應為廣義的「耕者有其田」。使資金、科學技術、資源、勞力投入農業，發展現代農業。有志於從事農業發展者，通過經濟手段運作，在這個領域都會得到發揮，土地不再是不可逾越的障礙。土地的流轉會使因為城市化等原因，被政府強制執行而失掉土地的優秀的農業生產者、高明的農業管理專家、有志於從事開發農業之士，重新得到重操舊業的機緣。願意投資於土地者，使資金得到去路，對穩定金融有利。特別是充實了農村發展基金，把資金引向農業。農業的發展會使有知識、有文化的勞動者向農村回流，不必在城市角落裏流蕩，這才是真正的農村大有作為，減少農村人到城區買「幽靈」（即無人居住房）房產。現政策農村土地全市模糊，農民有些錢到城區去買七十年產權的房屋，以保產權。由於大學生增長速度過快，隨之而來的失業越來越多，而且這些失業大軍都在大城市「浮遊」，形勢非常險峻。租佃制的開放，會引導大量有知識文化的人員回歸農村，回鄉創業。有效的回歸文化、資金，充分利用農村土地、資源。兩者結合，會有很大的效果。

現今農地流轉有些鬆動，如浙江省鎮海農民傅建明又把剛流轉過來的 60 畝耕地建成了精品蔬菜區，經營總面積達 806 畝。到去年底，該市耕地流轉面積達到 111 萬畝，規模經營面積近百萬畝，土地流轉率與規模經營程度在全省均名列前茅。安徽省宿州市宿城區耿車鎮，自 2002 年以來，不但沒有發生農民要回流轉土地的現象，土地流轉的面積還在逐年增加，由 2002 年的 5500 畝，增加到了 2005 年的 1.5 萬畝。擁有承包土地 2.2 萬畝的耿車鎮，土地流轉率為何能高達 68%？臺灣土地改革存在同樣的情況，在土改後仍有 15.2%（即 12.36 萬公頃耕地）繼續實行租佃（1980 年材料）。

九、確保土地合理使用，改革土地管理制度設想

我國是社會主義國家。現行的《土地管理法》所規定的：「農民集體所有的土地依法屬於村農民集體所有，由村集體經濟組織或者村民委員會經營、管理」，也就是說，村民委員會擁有土地經營權。這種經營管理制度非常死板，缺乏活力。社會主義的農村土地集體經營，應該借鑒歷史經驗，以土地使用權與經營權相分離的方式來管好用好十分有限的農村土地。我國農村土地使用權流轉機制改革設想：

（一）農地實行國家控制，私人佔有

土地權屬第一位仍然是「國土」。土地權屬在實際運作中，在目前執行的是兩種土地所有權，即：國家所有權和集體有權。目前意識形態體制下，賦予個體農民土地所有權似有比較大的難度，那麼可以從所有權中剝離出土地的使用權，把這種有限度的權利賦予個體農民。但是這種使用權並不是幾年或者幾十年有效，應該是永久性的，從而徹底剝奪農村幹部不斷地重新分配土地（承包權）、從而控制農民的權力，使農民成為自己命運的主人。採取類似「更名田」的辦法，把土地使用權徹底地交給農戶。他們可以自由地交易這種土地使用權，可以轉讓、出租、繼承、贈與。並不僅僅是在本村的範圍內，而是在更大的甚至是全社會範圍內自由地交易，自主選擇土地的業主，國家只需規定土地的用途即可。

對於土地使用權的私有化，其好處非常多。只有在這一基礎上，才有可能出現真正自願性的集約化經營。另外，農民不再是一無所有，因為他擁有一塊土地，這塊土地就是他的主要資產，他可以用它抵押進行貸款，可以出售這塊土地獲得自己進城創業的資本。這樣可以大大加速城市化過程。使流動到城市的農民不再只是勞動力的出賣者，也有可能是創業者。

（二）地租率不得超過 25%

大陸在土地改革以前曾實行過二五減租，或稱四一減租，四分之一即25%。即把農民向地主交納的地租額統一按土地全年收穫物的50%計算，在此基礎上再減去25%，公式為：50%×（1－25%），就得出37.5%。換言之即地主收取地租，最多不能超過租地全年正產物的37.5%。從理論上講，因每年收穫量不一樣，所以每年都要以37.5%乘以實際收穫量，才能算出應交的租額。在 1948 年臺灣省的土地改革中就曾推行過相似的政策，稱之為「三七五減

租」。說法不同，實際都是一回事。為了保護承租者、出租者、勞動者等多方利益，以及參照國外情況，還可規定地租率再低一些，地租不得超過 25%，基本接近西方國家的土地租賃水平。

（三）核定農田地價，購買年不得少於二十年

我國自土地改革後，幾十年來，農田就沒有地價。在世界這也是奇異現象。允許土地租賃，就需要核定地價。購買年法是按土地收益定價方法的雛形。它是用若干年的年地租（或收益）來表示土地價值的方法。即：

地價＝年地租×購買年

威廉・佩第（William Petty，1623～1687 年）在 1962 年出版的《賦稅論》中寫道：「在愛爾蘭，土地的價值只相當於六年至七年的年租，但在海峽彼岸，土地就值二十年的年租。」在我國現階段，考慮到通貨膨脹的影響，地價應按照該耕地主要產物全年收穫總量的五倍以實物計算，購買年不得少於二十年。根據以上地租率的規定，地租率為全年收穫總量的 25%，故受領農民，只要連續交納二十年地租，每年交納的租額正好等於每年應交納的地價。照顧了租、賃雙方的利益。

（四）出租、轉讓按律收稅，實行土地累進稅

稅收是國家調節經濟發展和資源配置的法寶，累進稅更是經濟社會的自動穩定器。對土地的出租、轉讓課稅，實行土地累進稅，是提高農地利用效率的有力措施。當土地轉移時，不論土地面積大小，漲價數額多少，一律以超過原價倍數累進課徵。

（五）科學合理的進行規劃，以切實保護農民的基本農田。

公用設施建設用地要有規劃，可以因地制宜地開展造田造地，在坑窪處採用異地運土、填土的方式來造地，以實現耕地占補平衡。對後備土地資源進行全面調查。計劃以外的建設用地，不准佔用農業土地，為子孫後代的發展做好打算，實現土地的可持續發展。違者依法處理。

（六）農地轉為非農地，漲價部分歸公

農地轉成非耕地的前提，必須在規劃範圍內。農地按照規劃轉為非農地，漲價部分歸公。這裡說的「漲價歸公」是借用孫中山先生的「平均地權」思想中的一個概念，即土地所有者報價之後地價上漲時，國家通過土地增值稅

將上漲部分收歸國有。所以土地經過改良和進步之後，所漲高的地價，應該歸之大眾，不應該歸之私人所有。」這種「漲價歸公」的思想，也適用於土地徵收。

我國目前的土地管理政策，政府徵地只對村集體，對農民並無增值收益可言。徵地的補償費用的數量各地根據經濟水平有差別。一般在比較發達地區都包括：前 3 年平均年產值的 3～6 倍土地補償費（最多 15 倍）；每個需要安置農業人口的前 3 年平均年產值 2～6 倍（最多 10 倍）的安置補助費；及地上附著物（含建、構築物）和 1 季度青苗的補償費。臺灣地區現行土地增值稅稅率，按土地漲價倍數實行 3 級超額累進稅率，具體計算為：土地漲價總額超過原規定地價或前次轉移時申報現值但未達 100%者，就其漲價總額按稅率 40%徵收；超過 100%而未達 200%者，就其超過部分按 50%的稅率徵收；超過 200%以上者，就其超過部分按 60%的稅率徵收。

宋代以來的「不抑兼併」土地政策，當前也可視為允許擴大農業生產經營規模。為了解決土地流轉中保障農民利益，用制定合理的規章、制度，經濟手段解決土地流轉問題。如：充實土地法庭作為土地交易糾紛最後裁決機構。建立「國家失地農民賬戶」和「國家失地農民保障基金」。「國家失地農民保障基金」的主要用途是：對一部分失去耕地以後所獲得的補償收入不能滿足生活保障需要的農民進行援助；開墾或復墾一部分土地，安置因公用事業徵地而喪失土地的農民；補充「國家失地農民賬戶」的資金不足。這些政策，都可以考慮。

十、促進土地流轉，達到耕者有其田

中國古代的土地所有制經常是國有的官田和民間的私田相結合，由於官田制的不嚴格以及官田經常被分封給功臣宗室，官府豪強經常憑藉自身的權利和資金侵佔收買小自耕農的土地，導致歷代都存在嚴重的土地兼併。普通農民渴望擁有自己的土地成為中國歷史的一個重要線索，並經常在朝代末期因災荒誘發而導致戰亂。在經過戰亂造成的人口大量減少之後，土地矛盾減少，一切又回歸秩序，再一次開始分田、兼併、起義的新的輪迴。

我國土地改革使農民擁有了自己的土地，分到土地的農民生產積極性空前高漲，糧食產量逐年提高。土地的私有化有利於調動農民的生產積極性，但是過度分散的小農經濟則不適應社會經濟發展的需要。為了解決這個矛

盾，共和國政府在 1953 年後的幾年裏逐步推進農村合作化，號召農民以自己的土地入股組成合作社，進行集體經營。但是這種制度逐漸變為強制性的政策，全國農民在未必自願的情況下參加了人民公社，他們的個人土地所有權也變成了全體社員集體所有。由於這種集體化經營存在的諸多弊病，導致了三年饑荒中大量農民因為缺乏口糧而被餓死。但直到 79 年代末鄧小平實行包產到戶的農村聯產承包責任制之前，人民公社土地集體所有制在大多數時間裏成為共和國農村的主要形式。

在這二十多年的時間裏，農民失去了土改獲得的個人土地所有權，成為了集體經濟的雇工。而改革後的土地使用管理制度可以通過土地流轉，促進土地集約化經營，提高農業社會生產率，並且為城市化提供勞動力。改革後的土地使用管理制度應為廣義的「耕者有其田」，使資金、科學技術、資源、勞動力投入農業，發展現代農業。有志於從事農業的工作者，可以通過經濟手段得到充分的發展，土地不再是不可逾越的障礙。

原文刊於《古今農業》，2008 年，第 4 期；共同作者尚有：張爽、李豔

附錄二：宋代的佃耕制使地租地價問題凸顯

摘要：

　　秦漢以來，土地私有的發展，出現土地買賣而有地價，一般每畝一貫（千錢）左右。此後土地制度基本實行有制式，土地很少買賣。宋後不設田制，土地買賣頻繁，地價上升。價格與土地肥沃程度有直接關係，同時與社會安定狀況至關重要。近代地價與地租受資本規律支配。現今社會主義制度下，土地不准買賣，土地是通過徵收轉換產權。農村土地承包地允許有年限限制的出租，涉及面較窄。

　　以往的說法，地價是指土地所有者向土地需求者讓渡土地所有權所獲得的收入，是買賣土地的價格；地租是土地所有者憑藉土地所有權將土地轉給他人使用而獲得的收入。土地本來是自然物，本是沒有價值，人們開墾付出勞動，就產生價值；而在土地私有後轉手時也產生了價值。現舉一例說明，清初，東北視為「龍興之地」，推行封禁政策，禁止漢人進入開墾。光緒末年，國勢日衰，宣告全面開禁。「闖關東」是一種約定俗成的說法，「闖關東」者隨意開發土地種植農作物大豆、高粱等，就成了自己的土地。有了政權「三年起課」就名正言順的有了個人地權，誰開發的田地就是誰的，可以繼承，自由買賣，直到解放前東北一些地區依然如此。前北京副市長白介夫，解放戰爭時在吉林長白縣任縣委宣傳部長，參加長白縣的土改工作，留下了一篇

《長白山地區土改運動紀實》文章，提到：「長白縣當時不缺土地，到處都是荒地，想種地，出去開片荒地都可以。」誰都有自己的土地，沒有佃戶。所謂地主，主要是那些佔有生產資料較多，勞動力強的人。但有些強勢者，用霸佔手段取得土地所有權，如軍閥吳俊生只在洮南就掠取土地二萬畝。他們的土地出售就產生地價，出租就得地租。

一、古代地價狀況

在遠古時期人類以墾荒為主，無有定地，土地無主。夏商周三代所謂「普天之下莫非王土，率土之濱莫非王臣」，實行井田制。到秦代「廢封建，立郡縣」，確立君主專制制度、獎勵軍功，賜爵位、宅地、奴婢，土地私有而有買賣。

漢承秦制，漢代地價每畝價格均在一千錢至二千錢之間，是漢代中等土地的一般價格。曹仲成買地鉛券買的是冢田，並非農田，但從文獻上看，漢武帝時，一般的畝價應在千餘錢到三四千錢之間。而與奴婢相比，大婢一人值二萬錢，小奴值一萬五千錢，一匹馬值四千錢，一頭牛值二千五到三千錢。當時一畝地的價格很低，一個奴婢相當於數十畝地價格，邊遠地區一畝地只值百錢。貴者可達畝值一金，即一萬錢，這種土地稱為膏腴，或者是人們認為風水好的墳地。如《漢書·東方朔傳》說：「酆鄗之間，號為土膏，其價畝一金」。又《史記》載：「會土（會稽郡）帶海傍湖，良疇亦數十萬頃，膏腴土地，畝值一金。」（我國實行天圓地方的制錢後，兩千年來，千枚制錢穿起稱為一緡、一串、一弔、一貫等，都是一個意思。一般等於一兩銀，一兩金等於十兩銀。舊制十六兩為一斤。各朝代有一定的可比性）。

中唐以後經宋代一直到民國時實行佃耕制，土地可以自由買賣，「不設田制，不抑兼併」，土地經常「自由流動」，故辛棄疾有「千年田換八百主」之說，劉克莊也有「莊田置後頻移主」的慨歎。盛行佃耕時期，農業分成地主經濟成分和自耕農經濟成分，這兩種經濟成分，在彼此相互消長動態運行中不斷取得平衡，保持這類田制土地買賣和租佃土地的活動十分頻繁。地價變動比較大，一般與時代的治亂有直接關係，升平時代一般地價較高。宋仁宗朝初期杭州土地，太后所賜，當是良田，不過 500 文（半貫）左右的話，那麼，數十年後的價格就大不一樣了。據知杭州蘇軾言：「體問民田之良者，不過畝二千。」所以良田畝值即達到了 2 貫。地價與土地肥沃程度有直接關係，

絳州正平縣的南董村，「田畝舊直三兩千，所收穀五七斗。自灌淤後其直三倍，所收至三兩石。」陝西慶州的沿邊土地，「向來只用二千貫買地，一頃才十貫餘，宜其不好。」每畝僅值 100 餘文。王禹偁曾說，宋首都開封：「重城之中，雙闕之下，尺地寸土，與金同價，其來舊矣。」

戰亂影響地價甚大，清代《履園叢話》記載：「前明中葉，田價甚昂，每畝值五十餘兩至百兩，然亦視其田之肥瘠。崇禎末年，盜賊四起，年穀屢荒，咸以無田為幸，每畝只值一二兩，或田之稍下，送人亦無有受諾者。至本朝順治初，良田不過二三兩。康熙年間，長至四五兩不等。雍正間，仍復順治初價值。至乾隆初年，田價漸長。然余五六歲時，亦不過七八兩，上者十餘兩。今閱五十年，竟亦長至五十餘兩矣。」李文治《論清代鴉片戰前地價和購買年》一文中提到：「明代中葉地價高昂，明朝末年地價跌落，清初地價仍然很低，但此後一直持續上漲，到嘉慶年間達到高峰。這種發展變化屢見於當時人記載，並偶見於康熙五十二年（1713）皇帝上諭，略謂「前因人少田多，一畝之田值銀不過數錢；今因人多價貴，一畝之值竟至數兩。」據此，由順治至康熙朝數十年間，地價增長數倍。在戰亂中清代初定天下，康熙朝每畝只有 8 兩，雍正時升至 13 兩，乾隆時土地上升高達 23 兩，嘉慶 21 兩，鴉片戰爭後各朝地價不斷下降，道光為 14 兩，咸豐為 11 兩。太平天國運動戰亂不斷，使糧價升高地價大跌。同治時降至 5 兩，光緒 6 兩。太平天國失敗後，稍事平定，陶煦《租核》說：「故上至紳富，下至委巷工賈胥吏之儔，贏十百金，即莫不志在良田。」每畝地價上升到一二十貫，恢復到道光時期地價。

政府農業政策也影響地價，有利於農業生產，地價就上升。嘉靖七年（1528）《山樵暇語》卷八云：「田多者為上戶即僉為糧長應役，當一二年，家業鮮有不為之廢墜者。由是人懲其累，皆不肯置田，其價頓賤，往常十兩一畝者，今止一二兩，尚不欲買。蓋人皆以喪身滅家為慮故也。江南之田，惟徽州極貴，一畝價值二三十兩者，今亦不過五六兩而已，亦無買主。」

二、古代的地租

漢代有大量公田出租，《漢書‧食貨志》載：趙過行代田法「令命假（借）田三輔公田。」馬援出租公田：「對半分成」，反映這屬於「民屯」的也是高額地租。《居延漢簡》記載：「右第二長官二處田六十五畝，租二十六石」，「右家

五，田六十五畝，租大石二十一石八斗」，分別反映地租率為 40%和 34%。

　　一些權勢之家從官府假得公田，再轉租給無地或少地的農民，從中漁利，這就是所謂的「分田劫假」。「分田劫假」使「租公田」變質。「假民公田」由於收取「見稅什五」的地租稅率較輕。《漢書·食貨志》董仲舒語：「至秦，力役三十倍於古，田租田賦，鹽鐵之利，二十倍於古，或耕豪民之田，見稅什伍。」即「對半租」。秦漢到唐代中期，實行過名田制、屯田制、限田制、均田制，在這一階段，共約一千年時間內，田畝基本是受國家控制，成為有制式。除了官府授受田地外，私人買賣土地也在控制之中，只有在南北朝那段動亂時期，失去掌控，莊園制得以惡性發展。這類田制，官府必須能夠控制農田「授受」，田畝能滿足一家人（最低五口之家）的生活和「耕三餘一」的備荒糧。此時期，買賣土地、出租土地很少發生。

　　地租有勞役地租、實物地租和貨幣地租三種形態，勞役地租在三代時期盛行。基本是屬於國稅的貢、助、徹。均田制初期，官員也授田，使用力役，則類似勞役。而以實物地租為主，明代逐步發展貨幣地租。

　　實物地租可分為實物分成租和實物定額租兩種形式。分成租歷史悠久，發展到宋代，地主與佃戶所佔份額大多數是五五開，即「見稅什伍」，佃農須向地主繳納一半的收穫作為地租。宋人熊禾《勿軒集》中載：「南北風氣雖殊，大抵農戶之食主租，已居其力之半。」說明這種對半分成租還是南北普遍實行的地租方式。而且不僅是民田，在官田中也多有根據民間習慣，對半分租的。如《宋會要輯稿》載：「高宗紹興六年，收成課子，且令官收四分，客戶收六分。次年已後，立中停均分。」這裡的「均分」指的就是對半分成租。

　　宋人洪邁《容齋隨筆》稱：「予觀今吾鄉之俗，暮人耕田十取其五，主牛者取其六，謂之牛米。」王炎《雙溪集》載：「膏腴之田，一畝收穀三斛，下等之田，一畝二斛。若有田不能自耕，佃客稅而耕之者，每畝而得一斛一斗而已。有牛具糧種者，主客以四六分。無牛具糧種者，又減一分也。」這種對半的分成租，租金額度無疑是很大的，而且還是在佃戶使用自己的耕牛、農具和種子的情況下。若佃戶借用地主家的耕牛，地租還要提高。

　　元代地租較為突出的是實物地租中定額租制進一步發展，相對分成租制而言，它已取得了支配地位。白壽彝《中國通史》載：元代分成租制在民田中仍佔有一定的地位，分租比例一般為對分。屬婺州路（治今浙江金華）的浦江、東陽都有徵收分成租的事例，浦江「窶人無田，藝富民之田而中分其

粟」；「東陽多宋貴臣，族民藝其田者，既入粟半，復畝徵其絲。」婺州路一帶是封建租佃關係相當發展的地區，這一地區的民田中分成租制仍佔有一定比重，其他地區的情況可以推知。徽州黟縣（今屬安徽），元末兵亂後「里無居人，田皆荒穢不治」，縣尹周某「乃下令遠近之民有能耕吾廢田者，比秋成十分其入，耕者取其六，田主收其四。」這說明黟縣一帶在此之前必有分成租制，而且分租比例高於六四分，六四分租是特殊情況下降低了的一種比例。元代學田中也存在少量的分成租，如：昌國州翁洲書院「塗田租穀，每歲與佃戶兩平抽分」；福州路儒學「兔塢莊田若干畝，時升里田一百畝奇，歲皆分其收之半。」分租比例也都是對分。

明清時期地主鑒於雇工經營麻煩，收入並不多，更樂於出租土地。如明末清初張履祥《補農書》記載：俗所謂「條對條全無贏息」，落得許多起早晏眠，費心勞力，特以非此勞碌，不成人家耳。西鄉地盡出租，宴然享安逸之利，豈不甚美，瘠田十畝，自耕盡可足一家之食。若雇人代耕，則與石田無異。若佃於人，則計其租入，僅足供賦役而已。眾口嗷嗷，終將安藉。」

清代中期地租形態的變化為：定額租制得絕對優勢，貨幣地租徵收的增加，永佃權的擴大。據清代《望溪先生全集》載：「豐年獲稻不過三十餘石，主人得半。」安遠清《乾隆年間縣志》記載，佃農如果種植糧食，需用糧食收穫量的一半交租，而種植煙草，只需以煙草收穫量的三分之一交租。

結論：舊社會地租最高是「對半租」。

三、中國近代地租地價

中國到了近代，永佃制不斷擴大，王同春在黃河後套成立土地「公中」；張謇在蘇北成立農業發展公司；廣東一帶發展了專業農場，標誌農業資本經營方式不斷發展。資本式的農業經營，包括土地投資者、資本經營者和農場勞動者三方面組成。在中國土地投資者即地主，也會直接參加經營；永佃制下的佃戶可以兼為直接投資經營，加大投入，使用機械、半機械和化肥。經濟活動就得按照資本規律活動。

資本社會興起，經濟活動包括土地投資都與利率掛鈎，土地價格完全推向市場。按照銀行年 10% 的利率，土地購買年就是 10 年，換句話說十年利息就是地價。公式：地價＝購買年÷利率。中國以往地租多為對半租，即收穫量的 50%。地租必須超過當年地價的 10% 利息，否則就要無利可圖。十年地租

就是五年的全收穫量。現今政府土地的徵用，在土地補償上，基本沿用資本興盛的土地理論，按照五年農業全收入，進行補償的基礎上，根據實際情況，再做調整。國家徵收集體土地進行補償也關照了馬克思的地租理論，補償地價按照土地的生產力決定價格，肥沃地高於瘠薄地，符合級差地租 I；距離城市中心遠近，同樣按照級差地租 II 處理。地租同樣是這個原則，決定租金的高低。如以鄭州市為中心，大致直徑 50 里內，每畝每年租金在 1500 元以上；直徑百里租金降至 1000 元左右；到了一般縣區平地約 500 元，山地只每畝 100 元，相距很大。

「絕對地租」是指由於土地私有權的存在，租種任何土地都必須繳納的地租，其實是農產品價值低於社會生產價格所產生的那部分超額利潤，即土地所有者憑藉土地私有權的壟斷所取得的地租。土地所有者對於他的土地，不論是優等地或劣等地，總要取得一定的地租，否則，他寧願讓土地長期閒置，也不肯讓別人無償使用。這種導源於土地私有權壟斷的地租，馬克思稱之為絕對地租。

級差地租有級差地租 I、級差地租 II，二者的不同點在於：級差地租 I 是以土地肥力和位置的差別為條件；級差地租 II 則以對同一塊土地連續追加投資而有不同的勞動生產率為條件。

馬克思主義地租理論，地價是地租的資本化，或者說是資本化的地租，是預測一定年數的地租，兩者的關係為：地價＝地租／平均利息率；例如，假定平均利息率為 5%，每年 200 元的地租，可以看作是一個 4000 元資本的利息，據此推算出地價為 4000 元，並認為地價實際上「不是土地的購買價格，而是土地所提供的地租的購買價格，它是按普通利息率計算的。」但是，地租的這種資本化是以地租為前提，地租卻不能反過來由它本身的資本化而產生。

四、社會公有制的地租地價問題

土地改革，農民分田發土地證，明確是土地私有，可以轉讓、出租、繼承等土地的全部權利。公社化後，實行社會公有制廢除了土地私有制，耕地歸農民集體所有，礦山和城市土地歸國家所有，經營者毋須再向地主繳納租賦。級差地租可以歸土地、礦山的所有者和勞動者共同享有。農產品是農業勞動者創造的，但是他們的生產活動離不開國家、集體為他們提供的生產條

件和經濟條件。例如，國家和集體在興修水利、改良土壤、發展交通運輸等方面，就費了大量的人力、財力和物力。因此，把級差收入中的一部分收歸國家和集體所有是合理的。一般地說，相當於級差地租Ⅰ的部分，國家和集體可以通過稅收和公積金等形式收回一部分或一大部分，留給直接承包經營的勞動者一小部分，相當於級差地租Ⅱ的部分由於主要是農業經營者多投入資金和勞動造成的結果，應歸農業勞動者所有。

我國目前由於土地不得買賣，但是，現有政策農民土地承包經營權可以依法採取轉讓、出租、入股、抵押或者其他方式流轉。而「買賣」（具體稱為出讓和轉讓）的是有一定使用期限的國有建設用地使用權，所以人們通常所講的地價，是出讓或是轉讓國有建設用地使用權的價格，是國家一次性出讓若干年的國有建設用地使用權，或者土地使用權所獲得的收入，其本質是一次性收取若干年的地租。

社會主義地租，性質完全不同。土地已經不是私人所有，土地個人並沒有投資，農戶承包的土地都是「恩賜」的，出租土地沒有任何個人成本可言。農民出租承包土地得到比以往地主還高的地租，自己再出外賺錢，這帶有對農民的福利性質。

土地價格脫離價值理論和規律，土地買賣一部分推向市場，實行土地拍賣。在土地經濟的推動下，北上廣等大城市地價似野馬脫韁。鄭州 2014 年 11 月 6 日位於龍湖朝陽路南、龍騰一街東，佔地面積 17242.63 平方米（折合 25.86 畝），容積率小於 1.7，建築限高 24 米，最終競得者為鄭州眾之和置業有限公司。每畝地價 1348.75 萬元，樓面地價折合每平方米 13487 元。2014 年 2 月 19 日，鄭州市國土資源局以掛牌方式出讓了位於金水區的兩宗住宅用地，因位置較好引來眾多競拍者。位於信息學院路西、博頌路南的一塊 51.34 畝住宅用地，以每畝 1550.31 萬元成交。城市地價高，造成店鋪租金高漲，商品價格高漲。

農村受城市地價邊際影響，價格已經失去理性：目前農村承包土地制度仍然有租賃制。農村集體土地租賃給農業開發公司發展設施農業。鄭州市郊屬於黃土高原向華北大平原過渡地帶，土壤多為褐色土，不沙不城，適合農業生產。但受鄭州大城市的經濟區位影響，農業是低收入區域。這裡也規劃了基本農田區，麥秋兩季，一年毛收入 1500 元，去掉成本淨得 600-800 元。農民忙活一年只相當當地普通工一星期的工資，技術工的三天工資，男女青

壯年幾無一人在村務農。當地已經不是自給自足經濟，如村中不准燒柴，必須用煤氣罐、電器做飯，購買這些就要打工賺錢，是家庭的第一要務。為了防止勞力過量外流，造成土地荒蕪，農業凋敝，特別是城市郊縣，即便是糧食基地也很難看到糧食作物的蹤影，應該限制永久農田承包出租租金。古代的地租也只有「對半租」，抗戰期間為了統一戰線，還實行過「二五減租」，地租率不過是37.5%。或者實行土地勞力分成辦法，發揮糧食承包大戶的積極作用。

當地轉讓土地每年每畝約為 1500 元。等於全年剩餘勞動和全部必要勞動，大大高於封建地主地租。我國舊社會封建地租不過是「對半租」，所以承租者必須有更高的收益的項目，才能得利。今年種大白菜者也賣不上價錢，選擇經營農業盈利項目，十分重要。集約經營是解決高額租金壓力的辦法，《補農書》等明清時期的農書就提到發展養蠶、種植煙草，可以少用地，多盈利。所以，現今租地者多用為種植果樹、苗木、花卉、特產、食用菌等，選項很窄，不能種糧食。現今依然是「租佃制」，承包者如轉租給專業大戶，被稱為「小地主大佃戶」，但轉讓租金是市場化的，由租讓雙方商定解決。出租土地基本都是定額租，出租的農民不管年景好壞，收入穩妥。

絕對地租的農產品財富量應當不超過由上述推測所構成的絕對地租的形成基礎，如果超過這個基礎，就必然會出現土地無人租種，除非地主自己耕種，否則只有讓土地荒蕪。如果打算實現糧食生產基地，這也不難，要把地租起碼比現在降低一半。

為此官方提倡發展設施農業，增加農業投資，因此陽光大棚興起，辦起了莊園。建三通、蓋大棚、租土地一畝平攤每年不過6000元，而出租費得9000元，農民和經營者都盈利可觀。租用者情願多付出的正是休閒功能費，去掉這休閒功能租用者就是「冤大頭」了。

在戶口二元化的情況下，農村戶口和城市戶口涇渭分明，已經數十年了。農民進城只是個農民工，市民開發農業也只有走租地這一條路。城市郊縣農民集體土地所有權出手還又一條路，就是等待國家徵收。這裡土地比較珍貴，按年產額1500元，土地出讓金7年計，安置金14年計，徵購補償金額為35700元／畝，並可轉為市民，和出租給企業開發公司收入相當，但土地所有權未變，仍然是該集體所有。這是表明地價的一種特殊方式，並不表明經濟實質。據說戶口改革即將出臺，農民工可轉為市民，但是市民轉為農業戶上沒有政

策，達到市民、農民隨其志願而居，都能夠「耕者有其田」，需要深一步的政治改革，前景還沒有看到。

現今農民承包田可以轉租、轉讓。農業發展的大方向是：「專業化、區域化和商品化」，只有如此才能適應經濟發展的需要。以村組織為主體組織農業公司或農業合作社比較簡單方便，因為人民公社失敗，人們發生對「組織起來」的疑惑。還是安徽小崗村「揭竿再起」，才免除了全國的饑荒，對那一段經歷依然耿耿於懷，舊景難以再重現。因為農業是個低收入的行業，至今沒有特別突出的農業集體，有名望的都是以其他行業為主。

附錄三：金屬貨幣在唐宋時期的比價探討

提要：

中國古代貨幣有「虛實」之說，按照傳統的「貨幣虛實論」，貨幣可分為實物貨幣、硬通貨實錢、硬通貨虛錢、紙質貨幣四個層次。硬通貨實錢，即用金、銀、銅、鐵、錫等金屬為鑄造貨幣材料，在通貨四個層次中，處於承上啟下的作用。在歷代貨幣流通中，實行以銅幣為主的複本位制。銅幣流通最久，達到三千餘年。這與我國在小農經濟下，商品交換不發達有直接關係。

金屬貨幣價值比，大致為 10000：1000：10：1。就是說：十個鐵錢等於一個銅錢；一貫錢（即一千錢）等於一兩白銀（即十錢重）；十貫錢等於一兩黃金。這與我國的金屬產量有直接關係，價值與產量之比很恰當。貨幣的價值最重要落實在換取多少實物上，主要是反映在穀米和布帛的價值。歷代金屬貨幣和實物的正常價比在：一兩白銀，相當一貫錢，或一匹布帛，或一石糧的中間上下浮動。

一、貨幣的虛與實

中國古代貨幣有「虛實」之說。西漢時期的《鹽鐵論‧力耕》載，桑弘羊云「以末易其本，以虛（金錢）蕩其實（物品）。唐代「安史之亂」時第五琦鑄造當五、當十的大錢是虛數而貶值，就有「實錢」、「虛錢」之分（《唐會要》卷八十九）。宋代發行紙幣，上面寫的錢數也是虛數。元朝以後，白銀

又逐漸發展為流通的主要貨幣，於是「虛實」概念也被推廣用於說明白銀、銅錢和紙幣流通現象。北宋周行己說：「物為實」，「錢為虛」（《浮沚集》）；虛實概念更多地被用於說明不同種類和性質的貨幣的關係。唐代最初使用「實錢」、「虛錢」的概念是指流通中足值銅錢與不足值的虛價銅錢。宋代產生了紙幣，從此以後，人們運用虛實概念解釋貨幣流通現象，大多是以紙幣為「虛」，尤其是貶值了的紙幣。南宋詩人楊萬里，曾經在廣東、江西當過管財政的地方官，他曾把金屬錢比作「母」，紙幣比作「子」，也應該相權。大凡宋、元人言虛實相權，目的皆為了強調紙幣應具有兌換性。到清代，人們綜合宋代紙幣作為信用貨幣並不需要十足準備金和元代不兌換的純紙幣流通的經驗，包世臣、王茂蔭提出了紙幣流通的「以實馭虛」、「以實運虛」的原則。

傳統的「貨幣虛實論」，說明在人們心目中，貨幣可分四個層次。

第一層次為實物貨幣。就是桑弘羊所說的實物是本，金錢是虛。實物貨幣是由物物交換包括農產品、畜產品、手工業品等互換而演變來的。在徵調布帛的同時，布帛又成為貨幣。由於它具有比較穩定的價值，民間已將它作為價值尺度和支付手段，賦予它一定的貨幣功能。王莽時「貨幣雜用布帛金粟」，布帛開始具有法定貨幣的地位。東漢末，穀帛取代金屬貨幣成為主要貨幣，曹魏更以「穀帛為市」。兩晉南北朝並出現絹帛排斥其他實物與金錢兼行為幣的明顯趨向，這種情況特別是在歷史上戰亂期間使用最廣。日寇佔領華北到解放戰爭後期，因為物價飛漲，紙幣貶值，京津一帶以「大五福牌」白市布，和「狼狗牌」線襪為市場交換的「價值尺度」。大額用布匹，小額用襪子計價，優點是互不吃虧，缺點是交換很不方便，範圍窄。

第二層次為硬通貨實錢。就是用金屬鑄造有形制、重量和質量符合標準的貨幣。如「秦半兩」、「漢五銖」都是「文如其重」的實錢。經過魏晉南北朝貨幣混亂以後，唐初開元通寶流通，中國衡制中的一兩十錢便由此產生，二十四進位的銖兩制隨即結束。開元通寶，徑八分（約 2.4 釐米），重二銖四絲（約 4 克）為一錢，每十文重一兩，成為唐代以後各代銅錢的標準「實錢」。金屬幣使用比實物方便，《魏書·食貨志》上說：「熙平初，尚書令任城王澄上言：……布帛不可尺寸而裂，五穀則有負擔之難。錢之為用，貫鏹相屬，不假斗斛之器，不勞秤尺之平。」隨著生產和流通的進一步擴大，金屬幣材的數量逐漸不能滿足商品流通的需要，而且遠距離的大宗貿易攜帶金屬貨幣多有不便。

第三層次為硬通貨虛錢。就是錢的實重與標明的價值有差距。例如王莽時幣制改革以「周錢有子母相權」為依據，興大錢，鑄造「一刀平五千」、「契刀五百」、「大泉五十」等。五千、五百、五十都是虛值，代表不了五十個「五銖小錢」。南北朝時，貨幣質量亦很差，包括入水不沉、隨風飄飛、一捧十萬、薄如榆莢、大小和家禽眼睛差不多的鵝眼錢、雞眼錢、綖環錢、榆莢錢之類的錢，不足分量，亦是「虛錢」。

第四層次為紙質貨幣。像宋代的「交子」，元、明時期的「寶鈔」等。發行紙幣時，有些統治者也懂得要有準備金，即「鈔本」，並認識到鈔本的重要性。但到後來，由於軍費、奢糜等造成的財政困難，統治者最終還是乞憐於發行紙幣，使通貨膨脹越來越嚴重。金屬幣受材料所限往往難以濫發，而紙幣印製簡單，成本低，非常容易製印而造成通貨膨脹。

在以上四種中作為貨幣的可信度順序，最高者為實物。《管子》認為貨幣「饑不可食，寒不可衣」，而貨幣卻向著相反發展，現今已經使用了更虛的摸不著的「電子貨幣」。

二、金屬貨幣使用價值比

古代有五金之說，即金、銀、銅、鐵、錫，都當作過鑄造貨幣的材料，派上過用場。以前四種為主，錫一般為輔料。在古代鉛、鋅也納入錫類。五金中沒有鋁，只有近代發明了電，才能生產鋁。所以，在古代鋁不能成為貨幣的鑄造材料。金屬貨幣的優點：價值比較穩定、易於分割、易於保存、便於攜帶等。

金屬鑄造的「實錢」在歷代貨幣中，流通最久，達到三千餘年。在通貨四個層次中，處於承上啟下的作用。金屬貨幣其基礎還是實物，貨幣的價值是取決於交換實物價值，就是說貨幣價值表現，是能夠買到多少東西。金屬貨幣又是紙幣的「鈔本」。馬克思主義經濟學認為貨幣的本質是一般等價物，西方經濟學則認為貨幣的本質是交換中介物，這表述古代貨幣最為恰當。現今法幣的執行由國家銀行發行，以國家信用保證的法幣，使貨幣與價格波動的貴重金屬脫鉤，因之具有一定的強制性。有人認為貨幣的本質是：「由國家或國家許可的機構發行的用於在全社會範圍內分配商品的憑證。」

《管子》說：「先王以珠玉為上幣，黃金為中幣，刀布為下幣。」根據《史記・平準書》：「金有三等，黃金為上，白金（指銀）為中，赤金（指銅）為

下。」又說「又造銀錫為白金，以為天用莫如龍，地用莫如馬，人用莫如龜，故白金三品：其一曰重八兩，圜之，其文龍，名曰『白選』，直三千；二曰以重差小，方之，其文馬，直五百；三曰復小，撱之，其文龜，直三百……。」又說：「農工商交易之路通，而龜貝金錢刀布之幣興焉。……虞夏之幣，金為三品，或黃，或白，或赤；或錢，或布，或刀，或龜貝。及至秦，一國之幣為二等，黃金以溢名，為上幣；銅錢識（幟）曰半兩，重如其文，為下幣。而珠玉、龜貝、銀錫之屬為器飾寶藏，不為幣。」珠玉龜貝銀錫退為裝飾品。

銅質材開始曾仿自然貝鑄造了銅貝，銅幣的材質不變而形體不斷發生變化。進入春秋戰國時期，鑄幣呈現出明顯的區域性特徵，大都處於仿傚農具形體。中原晉衛地區的布幣是仿傚耕地農具—鎛，布是其轉音；東北部齊燕地區的刀幣是仿傚砍伐、剁削用的刀；中西部秦晉地區的圜錢是仿傚紡織用的紡線墜；南部荊楚地區的蟻鼻錢是銅貝變換而成。後來，錢上標明重量「重如其文」的「秦半兩錢」、「漢五銖錢」都是。到戰國中期已經出現了外圓內方的錢，並不是秦始皇所創。公元前 221 年秦統一中國後，立即實施統一幣制，將內方外圓的秦半兩錢推廣到全國。銅作為幣一直到清朝中期，金、銀、鐵仍然只是輔助幣材。銅幣以錢為計算單位，千錢稱為一貫或一緡。零用用錢支付，大量用貫（緡、弔）支付。

我國自給自足的小農經濟是汪洋大海，貨幣形式特點與國情直接相關。數千年不間斷地以銅作為貨幣的主要材料，變換的僅是鑄幣上的文字，這在世界文明史上少有。中國的農民和手工業者的收入增加始終變化不大，如在漢代，平時農民的收入平均每戶每年收入糧食「不過百石」上下（見《漢書·食貨志》），還要扣除賦稅、地租。工人工資方面，《漢書補注》說，每月工錢為 300 錢；東漢時的《政論》說雇工一月 1000 錢；《漢書》注釋者如淳說，雇人值更 2000 錢。人們大量日常的交易可能僅是幾升、幾斗米與幾斤幾兩鹽、茶之類的交易。宋徽宗退位時，汴梁軍事吃緊，物價上漲。他曾微服上街市，用銅錢十文買炊餅一個。這樣的交易規模如果用貴重的金、銀來充當交換工具，就難以執行。銅幣與農耕社會生產物品正相匹配的，是鑄幣形制、重量在相當長的歷史階段基本保持連續穩定不變的主要原因。

《國語·齊語》：「美金以鑄劍戟，試諸狗馬；惡金以鑄鉏、夷、斤、斸，試諸壞土。」用以鑄造兵器的「美金」是指青銅，用以製造農耕器具的「惡金」是指鐵。春秋時代，銅的用途很廣，除了鑄造貨幣外，禮器、兵器、冥

器消耗銅也很多。鐵光澤不如銅，大量用作農具材料。漢以後，以及三國時的吳、蜀，還用鐵鑄錢，以彌補銅的缺乏。但是，價值遠不如銅。

　　黃金作為貨幣，是一種以重量為單位的稱量貨幣。黃金計算的單位有兩種，一是「斤」，合十六兩；一是「鎰」，合二十兩（另一說，二十四兩）。楚國多產黃金，也是使用黃金最早的國家。黃金單位叫做「爰」，後世在楚地出土爰金也最多。東漢以降，史籍中使用黃金為貨幣的記載明顯減少，轉為另一種用途。有一種比較流行的說法，即「佛教耗金說」，認為由於佛教的傳入，大量黃金用於塑佛金身、書寫金經，致使漢金消失。魏晉南北朝至隋期間，黃金愈加貴重，人們對黃金的用途有了很大改變，更有了「高檔」用途，黃金的身價大增。用於大額支付和商品交易的情況銳減，皇帝對臣屬的賞賜也是黃金的出路，僅西漢二百十五年間賜黃金有一百多次。作貯藏飾品和其他方面用處大為增加。

　　中國一向不是產銀大國，唐代民間白銀已作為流通手段被廣泛使用。白銀的產量唐代每年不過一、二萬兩。江西德興占唐朝產銀量的一半。北宋天禧末年產 85875 兩。北宋白銀產量雖然較多，但南渡以後，阬冶大部分廢棄，礦藏枯竭。南宋以後，白銀主要倚靠外國的輸入為主。元代歐亞交通方便，往來頻繁，白銀的流通毫無阻礙。到了明代，白銀充當交易手段的職能比以前更為重要了。白銀貨幣地位上升是與中國和西方之間的貿易擴大相關聯，最早是從中國與羅馬的絲綢交易開始，這規模非常大的生意是由中東的商人經營。由於中國對進口西方國家的貨物不感興趣，唯有珠寶、金銀才是真正的喜愛之物，而且金銀是國力最重要的標誌，羅馬的金銀只好不斷外流。由於明代與日本及歐洲間出口貿易的發展，大量白銀從海外通過東南沿海流入內地。明永樂九年（公元 1411 年），政府曾一度解禁金銀，在交易中會有大量的白銀流入。康熙年間（公元 1662～1722 年）白銀流入中國大增。1684 年，開放海禁，乾隆年間（公元 1736～1795 年）外國銀幣在中國流通更廣。元、明、清至鴉片戰爭前，中國是白銀積累時期。清代末年，由於戰敗賠款及國外實行金本位壓低銀價，使白銀大量流失。

　　1929 年 10 月，世界經濟危機開始席捲全球，長達四年之久。帝國主義國家為了擺脫經濟危機，從 1932 年開始，英、美、日等國相繼放棄了金本位，貨幣不斷貶值。施行金匯兌本位制，也叫做虛金本位制。本國並不鑄造、流通金幣，而與其他施行金本位制的貨幣保持一定的比價。當時我國仍是施行

銀本位的主要國家，在國際貿易中，造成大量白銀外流，國內銀根吃緊，購買力下降，擠兌銀圓，貨幣基礎動搖。1935 年 5 月，英國派經濟代表團幫助國民政府策劃幣制改革。同年 11 月 4 日國民政府財政部，公布了施行新貨幣制度和白銀國有化命令。規定以中央銀行、中國銀行、交通銀行（後又加入中國農民銀行）發行紙幣為「法幣」。從此，基本結束了五金貨幣使用的歷史，只剩下一些合金鑄造的小額找零貨幣在流通著。但是，我們仍然要研究金屬貨幣的使用歷史，以探討發展經驗教訓，為現代金融業服務。

三、五金貨幣的比價關係

秦代統一貨幣，實行黃金和銅錢並行的二等幣制。漢承秦制，因循未改。漢代作為貨幣的黃金，以斤為計算單位，一斤金又稱為一金。《漢書》卷二四《食貨志下》說：「漢興，以為秦錢重難用，更令民鑄莢錢，黃金一斤。」顏師古注：「以斤名金。」又《史記》卷三十《平準書》《正義》引臣瓚也說：「漢以一斤金為一金。」兩漢朝廷常常以大量黃金賞賜貴族大臣，無一例外都是以斤為計算單位的。漢武帝後五銖錢為計算單位，千錢稱為一貫或一緡。漢代有很嚴格的規定：一斤黃金等於一萬銅錢。《漢書·食貨志下》說：「黃金一斤，值錢萬。」何休《公羊解詁》隱公五年云：「金重一斤，若今萬錢矣。」何休說的「今」，是指東漢。《漢書》記載，「黃金方寸，而重一斤。」西漢的一斤約合今二百五十克，所以出土的金餅以二百五十克重的最為常見。漢代黃金與銅錢的比價，法定是黃金一斤值銅錢一萬。但在民間實際流通中，則因時因地而有高有低。《九章算術》中曾記載：金一斤值錢「六千二百五十」，「金價九千八百」。

金銀的比價在漢代比較低，大約為 1：5。此後白銀比價不斷提高，從 1600 年前後的 1：8 上漲到 20 世紀中期和末期的 1：10。根據顧炎武的《日知錄》卷 11《鈔》、錢泳的《履園叢話》上《叢話一》和《明太祖實錄》等記載：洪武初年，定黃金一兩換白銀四兩，銀一兩合錢 1000 文或寶鈔 1000 文。18 年後，金一兩當銀五兩，永樂十七年，則當銀七兩五錢，銀錢比價尚未大變。但鈔價已大落，按《明會典》規定：都是銀一兩，錢 1000 文當鈔 80 貫鈔，已貶值至八十分之一。根據明憲宗、孝宗兩朝實錄，明代中期以銀易金，仍為七換，史載「金一兩以銀七兩易之」。至於銀錢比價則一般是銀一兩換錢 700 文至 800 文。成化二年，令京師通錢法，明定銀一錢折銅錢 80 文。弘治十七

年，令山東將十七、十八兩年稅課錢鈔均折銀徵收，以備賑濟之用，均為「錢七文折銀一分」。清代用銀量不斷提升，乾隆年間達到 1：15。可知歷代較長時期是 1 兩黃金約可兌換 8~11 兩白銀。道光初年，一兩白銀換錢一弔，也就是一千文；到了道光二十年鴉片戰爭的時候，一兩白銀就可以換到制錢一千六七百文了。咸豐以來，銀價猛漲，一兩白銀竟可以換到制錢兩千二三百文之多。可知正常情況下，1 兩白銀大約可換到 1000~1500 文銅錢，古時通常說的 1 貫錢或 1 弔錢就是 1000 文。

宋代川蜀一帶鐵錢流行很廣，其和銅錢的比價一般維持在 1：10 左右，南唐政府正式規定銅錢一文當鐵錢十文。銅與銀相比，歷代大致是一貫銅錢換一兩銀，一貫錢重約三千克餘（六市斤以上），一兩銀重三十克餘。

楚國曾經以金為貨幣，漢代曾用銀錫為白金貨幣，但銅幣仍然是主要的。黃金、白銀作為稱量貨幣形制與銅幣共同流通，長期處於「複本位制」狀態，互不隸屬，兌換比例因時而異。鐵質貨幣則始終被人蔑視，不願使用。所以各種金屬貨幣之間，始終存在著比價問題。有時錢貴銀賤，有時銀貴錢賤。

綜合以上資料說明：古代鐵、銅、銀、金四者鑄造的貨幣在政治經濟正常情況下，其價值比，大致為 10000：1000：10：1。（注：現今金價大幅度上升，四種金屬比價，特別是黃金價格變化很大。）就是說：十個鐵錢等於一個銅錢；一貫錢（即一千錢）等於一兩白銀（即十錢重）；十貫錢等於一兩黃金。

四、唐宋時期金屬貨幣價比與其產量有直接關係

唐、宋兩代，經濟發達，商品交易活躍，各種形制貨幣在市場使用頻繁，其貨幣價值與金屬產量關係也比較清楚，其比價基本和金屬產額量相符合。如唐代元和年間約計年產鐵 200 萬斤，銅 26 萬斤，銀 6 千餘斤（10 萬兩），金 160 斤（2500 兩）。（隋唐五代經濟史，金為估算，宋代金年產量為唐代 4 倍。）

據《新唐書・食貨志四》載：唐代有鐵礦 104 處，銅礦 62 處（不包括今雲南、貴州兩省地區）。元和初年（約公元 806~810 年）鐵的年產量約 200 萬斤，銅的年產量約 26 萬斤。大中年間（公元 847~859 年）銅的年產量增加到 65 萬多斤。唐代在武德四年（公元 621 年）開始鑄錢。肅宗乾元元年（公元 758 年）有鑄錢爐 99 座，都設在產銅地區：位於今山西絳縣的有 30 座，

江蘇揚州、鎮江，安徽宣城，湖北武昌和河北蔚縣各 10 座，四川成都，河南鄧縣，湖南郴縣各 5 座，陝西洋縣 3 座，河北定縣 1 座。絳縣一地的鑄錢爐相當於全國的三分之一。表明晉南中條山銅礦區在唐代開採極盛。唐代鑄錢爐，每爐每年可鑄錢 3300 緡，需用銅 21200 斤，（鉛錫合金）3700 斤，錫 500 斤。按 99 爐計算，每年用銅約 210 萬斤，錫 5 萬斤。唐代銀礦開採亦盛，最大的銀礦在饒州（今江西德興縣）。元和年間（公元 806～820 年）的年收入量曾達十餘萬兩。

　　宋代由於商業的發展，需要大量的金屬鑄造貨幣所以積極發展採礦業。據《宋史‧食貨志》記載：宋初全國「坑冶凡金、銀、銅、鐵、鉛、錫，監冶場務二百有一。」治平年間（公元 1064～1067 年），各州坑冶總數為 271 處。坑冶分布情況和唐代相比有顯著的變化，例如，絳縣的銅礦在宋代已不見記載，銅、鉛、銀集中於今江西、福建、廣東三省境內，規模遠遠超過唐代。金礦分布於 25 個州，年收入量一萬餘兩。其中登、萊兩州合計 9500 餘兩，相當於全國總收入量的 89%。銀礦分布於 68 州，年產量為 21 萬餘兩。產量較高的有南劍州將樂縣安福場，以及信州（今江西上饒）、潭州和虢州的銀場。以上四州總產量相當全國總產量的 66%。就銅、錫、鉛這三種鑄錢用的金屬原料來說，大體上是逐漸上升的。從皇祐到元豐元年（公元 1078 年）的近三十年內，銅的年產量由 500 多萬斤增至 1400 多萬斤（一度高達 2100 多萬斤）；錫由 30 多萬斤增至 200 多萬斤（一度高達 600 多萬斤）；鉛由 9 萬多斤增至 900 多萬斤。元豐元年全國金屬礦生產情況如下：鐵礦、鐵場分布於 36 個州，年總產量 550 多萬斤。主要鐵冶有邢州（今河北邢臺）綦村冶、磁州（今河北磁縣）武安縣固鎮冶務、徐州利國監、兗州和威勝軍（今山西沁縣）。邢、磁兩州的產量約占全國總產量的 74%。銅礦分布於 22 個州，年產量 1460 多萬斤。其中韶州岑水場（今廣東翁源縣北）、巾子場合計年產 1280 多萬斤，占全國總產量的 88%。應該指出，史書記載銅的年產量為鐵的三倍，這是由於經營制度及稅收辦法不同的結果，並不反映各金屬的產量。鉛量多於鐵，也是如此。錫礦分布於 10 個州，年產量 230 多萬斤。其中賀州（今廣西賀縣）87 萬多斤，占全國總產量的 38%。鉛礦分布於 32 個州，年產量 900 多萬斤。主要產地有連州（今廣東連縣）、虢州（今河南西部）等六個州，鉛的產量相當於全國總產量的 73%。南宋時，史書記載紹興二十二年（公元 1152 年）鐵、銅、錫、鉛四種金屬的產量均不及元豐元年的一半，除版圖縮小外，

礦藏減少可能是另一原因。

五、金屬貨幣和實物的價比

　　貨幣的價值最重要落實在換取多少實物上，主要是反映在穀米和布帛的價值。糧食（即指穀米）在人們用途上占第一位，所以有「民以食為天」的說法。歷代糧價波動較大，特別與年成好壞，國家興衰有關。《漢書‧食貨志》載，漢宣帝時：「用吏多選賢良，百姓安土，歲數豐穰，穀至石五錢，農民少利。」這就是「穀賤傷農」現象。《後漢書‧馮異傳》載有王莽失敗後的長安三輔一帶，「黃金一斤，易豆五升」。漢代城市不發達，農產品充足，糧價較低。《居延漢簡》中所見糧價每石不過 100 至 200 錢。居延又是在邊遠地區，糧價自然更低，不具代表性。魏晉南北朝時期的糧價，據《夏侯陽算經》提到：換算每石米應為 1200 文、1300 文、1350 文。唐代糧價資料頗為豐富。安史之亂以前，糧價低廉，北方粟米一般每石總不出 400 文。安史之亂以後至唐末，糧價大幅上漲，粟米石價總在 400、500 至 700、800 文之間。北宋時期，城市發展促使市場用糧加大，湖北沙市已經發展為一座巷陌三千家的「三楚米市名鎮」。兩宋都城的人口，均在一百萬上下，每人一天二升計算，每天耗糧即達數萬石。宋代糧價處上漲趨勢，北宋熙寧以前一般為每石六、七百文，徽宗時期每石米就高達二貫、三貫，甚至四貫了；南宋紹興初年，米漲至五、六貫一石，隨後開始下降，保持在一貫左右；孝宗時期又上升到每石二貫至二貫半左右。此後，明清兩代又漲由落，基本維持「石糧千文」的水平上下波動。《後漢書‧禮儀志》記：「權水輕重，水一升冬重十三兩。」十六兩為一斤，十升為一斗，十斗為一石，換算一石穀米重約七十至八十斤。

　　古代一般以麻、葛之織品為布，絲織品為帛，因以「布帛」統稱供裁製衣著用品的材料。布帛為次於糧食的民生必需物品，產品生產結果不像農業生產受自然影響產額波動很大。布帛早已成為商品，由於它具有比較穩定的價值，民間已將它作為價值尺度和支付手段，賦予它一定的貨幣功能。在徵調布帛的同時，布帛又成為貨幣。王莽時「貨幣雜用布帛金粟」，布帛開始具有法定貨幣的地位。東漢末，穀帛取代金屬貨幣成為主要貨幣。曹魏更以「穀帛為市」。兩晉南北朝並出現絹帛排斥其他實物與金錢兼行為幣的明顯趨向。到唐代，封建政權多次申明，對絹布綾羅絲綿諸物在市場交易中，「令錢物兼行，違者科罪」。布帛的法定貨幣地位始終穩定。國家徵調的大量絹布，除直

接使用一部分之外，大部分是要進入市場的。徵調布帛與布帛貨幣化相配套，更加增了布絹與市場聯繫的必然性。《居延漢簡》所載：布的每匹價格，都在200 至 400 錢之間。絲織品每匹可以達到 600 到 1000 錢。漢代的布價一般為匹二三百錢，帛四五百錢，縑六七百錢，素七八百錢，練則要千錢以上。帛、縑、素、練都是等級不同絲織品，一般絲織品為帛，細絹為縑，潔白的生絹為素，熟絲柔軟潔白為練。唐代實行「錢帛兼行」，貨幣商品的資格，布帛和銅錢一齊流通。《新唐書·食貨志》載：「貞觀初，……絹一匹易米一斗；至四年，米斗四 五錢。」《舊唐書·郭無振傳》載：（武后時）「甘州刺史李漢通開置屯田，盡其水陸之利。舊涼州粟斛售至數千，及漢通收率之後，數年豐稔，乃至一匹絹、粟數十斛。」同是穀物價格，前一則以絹表其貴，以錢表其賤；後一則反是。這說明，穀物有兩個價格：銅錢價格和絹帛價格。唐代甲子年氾懷通兄弟貸李法律白生絹壹匹，長三丈捌尺，幅闊貳尺半寸，到秋還利麥粟肆石。宋代紡織業以絲、麻為主。兩宋都城都是全國最大的紡織中心，除了朝廷官辦的紡織業具有規模大、製作精、分工細的特點外；民營的紡織也十分繁榮，尤其是兩蜀、江西、兩浙等地較為發達。杭州彩帛鋪出售的以全國各地名品與杭州土特珍品為多。絲綢主要有蘇州的織錦（稱為宋錦）、建康（今江蘇南京）的雲錦、四川之蜀錦、婺州之精羅、越州（今浙江紹興市）的越羅、亳州（今屬安徽）的輕紗。絲織品的質量提高，價格必然超過漢唐。布帛根據質量每匹價格在一貫錢上下徘徊。絹價：在北宋徽宗元符前，每匹約為一貫左右；大觀到紹興初年每匹二貫；南宋紹興至乾道時期，每匹為一至四貫。布價：北宋真宗時期每匹約為 150～300 文；仁宗時期每匹約 300 文；神宗時期每匹約 400～450 文。南宋時期（公元 1127～1279 年）為500 文，甚至高達 1～2 貫。《漢書·食貨志下》載：「布帛二尺二寸為幅，長四丈為匹。」（在古代人工織布，用手拋梭，幅度不能過寬。）

　　金屬貨幣和實物的價比：一兩白銀，相當一貫錢，或一匹布帛，或一石糧。

本文寫於 2011 年。參與者尚有：史自力、鄒蘭新、李帷筘

參考文獻

〔1〕王雷鳴：《歷代食貨志注釋》，農業出版社，1984 年出版。
〔2〕歐陽修等纂，《新唐書·食貨志四》，中華書局，1957 年版。

〔3〕歐陽玄等纂，《宋史‧食貨志》，中華書局，1957 年版。

〔4〕錢小安：《中國貨幣政策的形成與發展》，上海人民出版社，2001 年版。

〔5〕陳岱孫、商德文主編：《近現代貨幣與金融理論研究》，商務印書館，1997 年。

〔6〕曹爾階、李敏新、王國強：《新中國投資史綱》，中國財政經濟出版社，1992 年版。

〔7〕錢城編著：《中國貨幣知識百題》，安徽人民出版社，2005 年版。

〔8〕黃達：《貨幣銀行學》，中國人民大學出版社，1999 年版。